나만의 진로 가이드북

: 직업을 알면 학과가 보인다

공학계열

머리말

'좋아하는 일을 할까요, 잘하는 일을 할까요?'

　많은 학생들이 진로 상담을 할 때 하는 질문입니다. 물론 좋아하는 일을 잘 할 수 있다면 더할 나위 없이 좋겠지만, 그것이 아니라면 누구나 진로를 선택할 때 이와 같은 고민을 할 것입니다. 이런 학생들을 만날 때마다 '우선 너의 적성과 흥미에 맞는 일을 찾아라. 그러면 열심히 하게 되고, 비록 당장은 아니더라도 결국에는 잘하게 될 거야.'라고 답을 합니다. 그런데 자신이 좋아하는 일이 무엇인지 알고 있는 학생이라면 그나마 다행입니다. 그러나 많은 학생들은 자신이 무엇을 좋아하고, 어떤 일을 하고자 하는지조차 파악하지 못한 채, 자신의 성적에 맞춰 대학이나 학과를 선택하는 경우가 허다합니다.

'선생님, 제가 꿈꾸었던 학과가 아니에요.
전공을 바꿔야겠어요.'

　자신의 적성과 흥미에 적합할 것으로 예상되는 학과에 무난하게 진학한 경우라도 한 학기가 지나면 전공 적합성으로 고민하는 학생들이 많습니다.
　이는 진학한 학과에 대한 정확한 정보가 아닌, 피상적인 지식과 선입견으로 학과를 선택한 결과입니다.
　입시 준비에 열중하느라 바쁜 학생이 혼자서 학과에 대한 구체적인 정보를 찾기에는 어려움이 있을 뿐만 아니라, 비록 찾았다고 하더라도 진학을 위해 어떤 노력을 해야 할지 막막한 것이 사실입니다.

　이 책은 자신에게 적합한 전공 선택을 하고자 하는 중·고등학생들의 고민과 어려움을 해결하는 데 조금이라도 도움을 주기 위해 만들어졌습니다.

　대학 전공을 인문, 사회, 자연, 공학, 의약, 예체능, 교육 등 7개 계열로 나누고, 계열별로 20개의 대표 직업과 그 직업에 연관된 학과를 제시하여, 총 140개의 직업과 학과를 안내하고 있습니다. 해당 직업의 특성은 무엇인지, 하는 일은 무엇인지, 어떤 적성과 흥미를 지닌 학생에게 적합한지, 어떻게 진출할 수 있는지, 미래의 직업 전망은 어떤지, 어떤 자격증이 필요한지 등을 상세히 풀어놓았습니다.

　또한, 직업과 연관성이 큰 대표 학과에 대해 소개하면서 학과의 교육 목표, 학과에 적합한 인재상, 취득가능 자격증, 배우는 교과목, 졸업 후 진출 가능 직업을 제시하였습니다. 더불어 진로를 선택하는 데 도움이 되는 도서와 전공에 도움이 되는 고등학교 과목을 안내하였습니다. 마지막으로 원하는 학과에 진학하기 위해 중·고등학교 시절에 무엇을 어떻게 준비해야 하는지 알 수 있도록 수상, 자율, 동아리, 봉사, 진로, 교과, 독서 등의 항목으로 나누어 구체적으로 정리하였으니 이를 바탕으로 '학교생활기록부'를 잘 관리한다면 '학생부 종합 전형'을 대비하는 데 많은 도움이 될 것입니다.

　진로 계획을 잘 세우려면 시대의 변화에 관심을 가지고 그 흐름을 잘 파악해야 합니다. 평생직장의 개념이 사라진 현 시점에서는 자신에게 필요한 경험, 지식, 자격증, 학위를 쌓아가는 것이 좋습니다. 사회적으로 어떤 직업이 유망하고 안정적일 것인가에 초점을 두고 직업과 학과를 좇기보다는 자신이 어떤 일을 가장 즐겁게 할 수 있는가를 먼저 살피고, 그에 맞는 직업을 선택하여 꾸준히 능력을 개발하는 것이 중요합니다.

　'일을 즐기면 일의 완성도가 높아진다.'라고 한 아리스토텔레스의 말처럼, 좋아하는 일을 하게 되면 스스로 열심히 하게 되고, 어느 순간 그 분야의 전문가가 되어 있는 자신을 발견하게 될 것입니다. 그러나 그 과정이 순탄하지만은 않을 것입니다. 열심히 노력하더라도 극복해야 할 어려움들은 분명히 찾아올 것입니다. 그때마다 자신의 꿈에 대해 확신을 갖길 바랍니다. 간절히 원하는 만큼 노력한다면 무엇이든 이룰 수 있습니다. 그러한 여러분들을 열렬히 응원하겠습니다.

　끝으로, 이 책이 자신에게 적합한 진로를 찾아, 성공적인 직업 생활, 나아가 행복한 삶을 살아가는 데 조금이라도 도움이 되길 진심으로 기원합니다.

－ 저자 일동

이 책의 구성

책은 인문, 사회, 자연, 공학, 의약, 예체능, 교육 등 총 7개 계열로 구성되어 있으며,
계열별 20가지 대표 직업과 각 직업과 관련된 학과를 소개하고 있습니다.
각 직업과 학과에 대해 보다 심도 있게 이해할 수 있으며, 실질적인 직업 진출 계획을
세우는 데 도움이 될 수 있도록 구성하였습니다.

Jump Up

직업 관련 토막 상식,
세부 직업 소개,
자격시험(자격증),
용어 해설 등
다양한 관련 정보를
자유롭게 다루는 코너입니다.

직업

직업의 유래와 정의는
물론, 우리 주변에서
볼 수 있는 직업의 모습과
직업이 하는 일
등을 관련 이미지와 함께
소개합니다.

커리어맵(1p)

준비 방법, 관련 교과, 적성과 흥미, 흥미 유형, 관련 학과, 관련 자격,
관련 직업, 관련 기관 등 직업 진출을 위해 점검해야 할 요소들을
맵 형태를 활용하여 소개하였습니다.

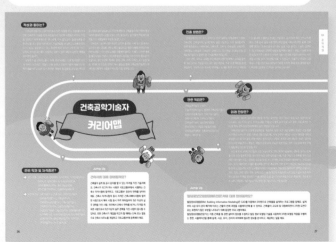

커리어맵(2p)

직업에 요구되는 적성과 흥미, 관련 학과와 자격증,
관련 직업, 직업의 진출 방법과 미래 전망을
객관적인 시각에서 상세하게 다루었습니다.

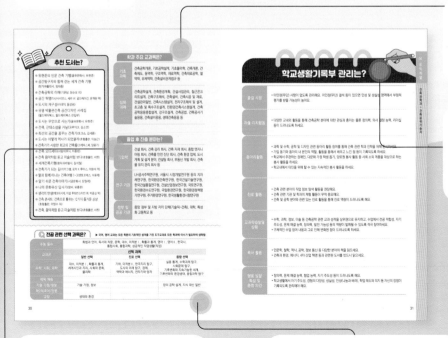

학과 전공 분석

각 직업과 관련되는 학과의
역할과 성격, 상세한 교육
목표와 교육 내용 등을
소개합니다.

주요 교육 목표

학과의 인재상을 통해
학과의 주요 교육 목표를
살펴봅니다.

추천 도서는?

학과 공부에 도움이 되는
주요 추천 도서 목록을
제시하였습니다.

진출 직업은?

학과 졸업시 실제 진출할 수 있는 직업과 분야를
보다 폭넓게 생각해 볼 수 있도록
다양하게 제시하였습니다.

관련 학과는?, 취득 가능 자격증은?

관련 학과나 유사 학과, 각 학과에서 취득
할 수 있는 자격증 등을 제시하였습니다.

학교 주요 교과목은?

각 학과 진학 시에 배우게 되는 다양한
교과목을 기초 과목과 심화 과목으로
분류하여 제시하였습니다.

학교생활기록부 관리는?

희망 학과 진학과 희망 직업 진출을 위해
중·고등학교 학교생활에서 어떠한
계획을 수립하고 실천해야 할지를
항목별로 정리하여 제시하였습니다.

졸업 후 진출 분야는?

학과 졸업시 실제 진출할 수 있는 직업과 분야를
보다 폭넓게 생각해 볼 수 있도록
다양하게 제시하였습니다.

전공 관련 선택 과목은?

희망 학과 진학을 위한 전공 관련 선택 과목에는
무엇이 있는지 확인할 수 있도록
표로 정리하였습니다.

Contents 공학계열

금속공학기술자
금속공학과

기계공학기술자
기계공학과

도시공학기술자
도시공학과

42

52

62

디지털포렌식수사관
컴퓨터공학과

72

섬유공학기술자
섬유공학과

사물인터넷개발자
반도체공학과

로봇공학기술자
제어로봇공학과

102

92

82

토목공학기술자
토목공학과

항공교통관제사
교통공학과

항공우주공학기술자
항공우주공학과

해양공학기술자
해양공학과

172

182

192

202

PART
04

공학계열
소개

1. 공학계열은?

공학계열은 사람들의 삶에 필수적인 제품 및 기술을 개발할 수 있는 인재를 양성하고, 제4차 산업 혁명 시대를 이끌어 갈 고급 인재를 양성하는 데 교육의 목표를 둡니다. 공학계열은 기계, 장비, 소재 등 사람이 만든 구체적인 구조물이나 장치를 활용하여 실생활에 필요한 무엇인가를 생산하는 실천적인 성격을 갖고 있는 분야입니다.

2. 공학계열의 분야는?

공학계열은 건축, 토목·도시, 교통·운송, 기계·금속, 전기·전자, 정밀·에너지, 소재·재료, 컴퓨터·통신, 산업, 화공, 기타 분야로 분류됩니다.

공학계열의 분야

가. 건축

건축학은 건축물의 설계, 건축, 유지 등을 위한 이론과 건물의 설계와 관련된 분야를 연구하는 건축학, 그리고 설계대로 지을 수 있도록 건축 공법, 역학, 재료, 계획, 환경 문제 등을 연구하는 건축공학으로 구성됩니다.

나. 토목·도시

토목공학은 도로, 하천, 도시 계획 등 토목에 관한 이론과 실제를 연구하여 국토를 보전, 개수, 개발하는 데 활용되는 학문입니다. 도시공학은 도시 공간에서 발생하는 여러 가지 문제에 대처하고, 쾌적하고 지속 가능한 도시 환경을 조성하기 위해 계획, 관리, 개발, 정책, 기술 등을 종합적으로 연구하는 학문입니다.

3. 무엇을 배울까?

공학계열에서는 각 분야별 기초 이론과 그와 관련된 과학적 지식을 배울 수 있습니다. 공학적·과학적 지식의 실용성을 높이기 위해 실험과 실습을 병행합니다. 물리학, 화학, 수학 등의 기초 과학을 토대로 하여 각 전공별로 배우는 내용은 다양합니다.

4. 졸업 후 진로는 어떨까?

대학교를 졸업하고 기업체나 전공 관련 연구소의 연구원으로 진출하거나 대학원에 진학하는 경우가 많습니다. 실무 중심의 전문 대학 공학계열 학과를 졸업하게 되면 '산업기사' 자격증을 취득하여 실제 산업 현장으로 바로 진출하는 경우가 많습니다.

다. 교통·운송

항공기, 철도 차량, 자동차, 선박 등의 교통기관과 도로, 항만, 교통관제, 보안, 인간 공학, 위생, 교통 계획 등을 종합적으로 연구하는 학문 분야입니다. 교통의 편리와 물자의 효율적인 수송을 위해 공학적인 입장에서 연구하는 분야입니다. 도로공학, 철도공학, 항만공학, 공항공학, 도로철도공학 등으로 구성됩니다.

라. 기계·금속

기계공학은 기계 및 관련 장치의 설계, 제작, 성능, 이용, 운전 등에 관하여 기초적 또는 응용적 학문을 연구합니다. 기초적 학문에는 재료역학, 재료학, 기계역학, 기구학, 유체역학, 열역학 등이 있고, 응용적 학문에는 기계 설계, 기계공작법 등이 있습니다.
금속공학은 금속에 대한 제련, 가공, 열처리, 표면 처리 등의 과목을 이론과 실습을 병행하여 연구하는 학문입니다.

마. 전기·전자

전기공학은 전기 및 자기에 관한 모든 현상을 탐구하고, 그 응용 분야를 개척하여 인류의 복지 향상에 이바지하는 것을 목표로 하는 학문입니다.
전자공학은 전자의 흐름으로 만들어진 전기를 에너지로 사용하는 제품들을 연구하고 개발하는 학문입니다.

바. 정밀·에너지

정밀공학은 정밀도가 높고 극히 작은 오차 범위가 요구되는 현상 및 기기 등을 공학적으로 연구하는 학문입니다.
에너지공학은 우리 생활에 활용되는 에너지의 원리 및 사용 방법, 효율성 향상 등에 대해 연구하는 학문입니다.

사. 소재·재료

다양한 산업 분야에서 사용되는 재료를 사용 목적에 맞게 개발하는 재료공학과 금속, 무기·유기 원료 등을 조합하여 새로운 소재를 개발하는 신소재공학으로 구성됩니다.

아. 컴퓨터·통신

컴퓨터공학은 컴퓨터의 하드웨어와 소프트웨어 그리고 통신 및 네트워크 기술을 연구하고 개발하여 사회 각 분야에 응용함을 목적으로 하는 학문입니다.
통신공학은 라디오, 전화 및 컴퓨터네트워크 등과 같은 다양한 통신 수단을 연구하고 개발하는 학문입니다.

자. 산업

산업공학은 인력, 재료, 설비 및 에너지로 구성되는 종합적 시스템으로 인한 결과를 파악·예측·평가하기 위해 공학적인 원리 및 방법과 수학, 자연과학, 사회과학으로부터 특화되는 전문 지식과 기술을 창출합니다. 이러한 복잡한 시스템의 운영을 기획, 조직 및 관리할 수 있는 인력이 필요하게 됨에 따라 산업 현장에서 꼭 필요한 학문이 되었습니다.

차. 화공

화학 제품의 제조 공정을 능률적·경제적으로 만들기 위한 화학 프로세스의 계획 및 제조 장치의 설계·건설·운전 등에 관한 공학으로, 화학 공업, 제철 공업, 환경 보전 등 여러 분야에 그 원리와 방법이 활용되는 학문입니다.

전공 관련 선택 교과 활용의 유의점

본 책에서 제시된 학과의 선택 과목 추천은 2022 개정 교육과정 고등학교 보통교과에 한정되어 있습니다. 광주광역시교육청 발간 〈2024 진로연계 과목 선택을 위한 학과 안내서〉, 부산광역시교육청 발간 〈청소년을 사로잡는 진로디자인5〉 자료집과 2024학년도 서울대 권장 이수과목 목록, 고려대 외 5개 대학이 제시한 자연계열 핵심 권장과목, 부산대에서 제시한 2024 이후 학생부위주전형 모집단위별 인재상 및 권장과목 자료를 참고로 2022 개정 고등학교 교육과정 교과에 맞게 재구성하였습니다.

본 책에서 **국어 교과와 영어 교과의 일반 선택 과목은 도구 교과(다른 과목을 학습하기 위한 기본적인 수단이 되는 교과 과목)인 성격을 고려하여 모든 학과 선택 과목에 포함하지 않았음을** 안내합니다. 아울러 **수능 필수 지정 교과인 국어(화법과 언어, 독서와 작문, 문학), 수학(대수, 미적분I, 확률과 통계), 영어(영어I, 영어II), 한국사, 사회(통합사회), 과학(통합과학), 성공적인 직업생활(직업) 교과는 필수 선택 과목 영역으로 구분하여 제시하였습니다.**

본 책에 제시된 학과 관련 선택 권장 과목은 절대적인 것이 아니라 하나의 예시 자료입니다. 본 자료가 절대성을 의미하는 것은 아니므로 최종 과목 선택시 단순 참고자료로 활용하기를 바라며, 학생 개인의 희망과 진로 등을 고려하여 최종 선택하는 것이 바람직합니다.

학생들의 이해를 돕기 위해 〈직업과 학과〉 시리즈 영상을 제작하고 있습니다. QR코드를 스캔하여 유튜브 페이지에서 영상을 확인하세요.

현직 교사가 알려주는
공사 관리 총 지휘자!
1층 위에 2층을 올리면 돼요
오호~
#건축공학기술자

04

공학계열

직 업	학 과
가상현실전문가	소프트웨어공학과
건축공학기술자	건축공학과
게임프로그래머	정보통신공학과
금속공학기술자	금속공학과
기계공학기술자	기계공학과
도시공학기술자	도시공학과
디지털포렌식수사관	컴퓨터공학과
로봇공학기술자	제어로봇공학과
사물인터넷개발자	반도체공학과
섬유공학기술자	섬유공학과
에너지공학기술자	에너지공학과
응용소프트웨어개발자	응용소프트웨어공학과
자동차공학기술자	자동차공학과
재료공학기술자	신소재공학과
전기공학기술자	전기공학과
전자공학기술자	전자공학과
토목공학기술자	토목공학과
항공교통관제사	교통공학과
항공우주공학기술자	항공우주공학과
해양공학기술자	해양공학과

가상현실전문가란?

　　많은 전문가들이 2030년경에는 수억 명이 하루 중 상당 시간을 가상 현실 환경에서 일하고 놀고 여행하면서 보낼 것이라고 예측하고 있습니다. 지금보다 훨씬 더 발전된 가상 현실 기술의 수준이 가상의 공간과 현실의 공간을 거의 구별할 수 없을 정도로 뛰어난 몰입감과 현실감을 제공할 것이기 때문입니다. 예를 들어, 실제와 다름없는 갤러리나 축구장, 유적지 등의 가상 현실은 굳이 현장에 가지 않고도 세계의 유수한 문화 시설, 스포츠 행사와 관광지를 실제 눈으로 보는 것과 같이 경험할 수 있게 되고, 가상 우주 비행을 통해서는 실제로 우주를 여행하는 것과 같은 체험도 할 수 있습니다.

　　이와 같이 가상 현실은 장소, 시간, 환경에 영향을 받지 않고, 상상 속에서만 가능한, 혹은 현실에 존재하지만 체험하기가 어려운 상황을 경험이 가능하도록 도와주는 기술입니다. 컴퓨터 기술을 사용해 인공적으로 만들어 낸, 실제와 유사하지만 실제가 아닌 어떤 특정한

가상현실전문가
소프트웨어공학과

Jump Up

증강 현실과 가상 현실은 어떤 차이가 있을까요?

증강 현실 기술과 가상 현실 기술은 서로 비슷한 것 같지만 그 주체가 가상이냐 현실이냐에 따라 구분돼요. 컴퓨터 게임으로 예를 들면, 가상 현실 격투 게임은 '나를 대신하는 캐릭터'가 '가상의 공간'에서 '가상의 적'과 대결하지만, 증강 현실 격투 게임은 '현실의 내'가 '현실의 공간'에서 가상의 적과 대결을 벌이는 형태가 되지요. 증강 현실이 가상 현실에 비해 현실감이 뛰어나다는 특징이 있어요. 이 밖에 가상 현실은 일반적으로 영화나 영상 등 특수 분야에서만 사용되지만, 증강 현실은 현재 일반인들에게도 널리 활용될 만큼 대중화된 상태예요. 인터넷을 통한 지도 검색, 위치 검색 등도 넓은 의미에서는 증강 현실에 포함되기 때문이지요.

환경이나 상황, 혹은 그 기술 자체입니다. 게임, 영상, 음악에서부터 엔터테인먼트, 스포츠, 쇼핑, 의료 산업에 이르기까지 우리 생활의 다양한 분야에 활용되고 있고, 앞으로도 성장 가능성이 높은 분야의 기술입니다. 가상 현실은 이처럼 컴퓨터가 만드는, 상호 작용이 가능한 디지털 세상이나 공간인 셈입니다. 이때 만들어진 가상 환경이나 상황은 사용자의 감각을 자극하고, 실제와 비슷한 공간적·시간적 체험을 하게 해, 마치 현실에서 일어나는 일인 것처럼 착각하도록 만듭니다. 특수한 안경 등의 장비를 착용하고, 실제 생활에서 직접 체험할 수 없는 상황이나 장소를 컴퓨터 소프트웨어 프로그램 내부에서 가상으로 체험해 보는 것입니다.

가상현실전문가는 이용자가 실제 세계와 상상의 세계를 거의 동일하게 느낄 수 있도록 컴퓨터 그래픽을 활용해 3차원 가상 현실 시스템을 개발하고 디자인하는 전문가입니다. 우리가 직접 경험해 보지 않은 일들을 실제 체험한 것처럼 현실감을 느낄 수 있도록 컴퓨터로 가상 공간을 만듭니다.

가상현실전문가가 하는 일은?

사람들을 몰입하게 만드는 가상 현실 공간은 만드는 사람의 상상력, 현실과 가상이 구분되지 않게 만드는 몰입감, 물건을 만지거나 던지는 등의 행동을 했을 때 현실과 같은 느낌을 이끌어내는 상호 작용이 있어야 합니다. 하나의 가상 현실 세계가 만들어지는 과정에서 가상현실전문가들은 다양한 일을 하게 됩니다.

가상현실전문가는 다른 직업에 비해 임금과 복리 후생 수준이 높은 편이고, 전문직으로서 새로운 기술 습득이 필요하므로 자기 계발 가능성이 높으며, 능력에 따른 승진 및 직장 이동의 가능성이 높은 편입니다. 그러나 개발 과정에서 근무 시간이 길고, 정신적 스트레스가 심한 편에 속한다는 특징이 있습니다.

> » 사용자가 어떤 종류의 가상 세계를 만들 것인지 요구 사항을 파악합니다.
> » 만들고자 하는 가상 세계의 전체적인 구조를 파악한 후 개발하려고 하는 전체 시스템을 꼼꼼히 검토·분석해 개발 방향을 기획하고 설정합니다.
> » 가상 현실 시스템 개발 방향이 정해지면 3차원 컴퓨터 그래픽 제어 기술을 활용해 프로그래밍을 합니다.
> » 가상 현실 시스템 디자인 과정에서 각종 사물을 스케치하고, 포토샵, 일러스트, 에펙, 프리미어 등 3차원 컴퓨터 그래픽 디자인 프로그램을 융합해 사물에 맞는 색상을 입히거나 질감을 입히는 디자인 작업을 합니다.
> » 물체의 다양한 효과를 줄 수 있도록 Visual basic, C++ 등의 컴퓨터 프로그래밍 언어를 사용해 프로그램을 작성합니다.
> » 가상 현실이 개발된 후 사용자 체험 테스트를 통해 오류나 문제점을 발견하고 개선합니다.
> » 가상 현실 콘텐츠가 가상 현실 기기로 구현될 수 있도록 시스템에 탑재하여 사용자가 가상 현실을 체험할 수 있도록 합니다.

Jump Up

증강현실전문가에 대해 알아볼까요?

증강현실전문가는 증강 현실 기술이 구현될 수 있도록 알고리즘을 개발하고 응용하는 일을 해요. 사용자가 원하는 정보를 얻을 수 있도록 증강 현실 시스템을 파악하고, 각종 정보를 수집하여 개발 방향을 정하며, 신제품에 대한 기획안을 만들어요. 이후 알고리즘을 개발하여 시스템이 개발되면 개별 및 통합 테스트, 통합 프로그램의 최적화 작업 등을 거쳐 증강 현실 기술을 완성해요.

가상현실전문가
커리어맵

- 컴퓨터 그래픽스 활용 능력 배양
- 컴퓨터 프로그래밍 언어 (파이썬, C언어) 학습
- 영어 실력 향상
- 미술 관련 동아리 활동
- 가상현실전문가 직업 체험 및 학과 탐방
- 다양한 분야 독서
- 소프트웨어 관련 전시회 참가

- 한국정보통신진흥협회 www.kait.or.kr
- 한국가상현실전문가협회 www.kvrpa.org

- 무한한 상상력
- 창의력
- 공간 지각 능력
- 분석 능력
- 예술적인 감각
- 폭넓은 응용력
- 협동심
- 대인관계 능력
- 컴퓨터 그래픽스 활용 능력
- 컴퓨터 프로그래밍 능력
- 의사소통 능력

- 탐구형
- 현실형

관련기관

준비방법

적성과 흥미

관련자격
- 정보처리기사
- 정보처리산업기사
- 시각디자인산업기사
- 시각디자인기사
- 컴퓨터그래픽스운용기능사

가상현실전문가

흥미유형

관련교과
- 영어
- 수학
- 과학
- 정보
- 미술

관련학과

관련직업

- 컴퓨터공학과
- 컴퓨터과학과
- 소프트웨어공학부
- 소프트웨어융합공학과
- 소프트웨어융합학과
- 소프트웨어학과
- 미디어소프트웨어학과
- 응용소프트웨어학과
- 인공지능소프트웨어학과
- 인공지능공학과
- 지능형소프트웨어학과
- 컴퓨터소프트웨어공학과
- 컴퓨터소프트웨어학과
- 응용소프트웨어공학과
- 전자공학과
- 정보통신공학과

- 증강현실전문가
- 가상현실공간디자이너
- VR그래픽디자이너
- 기업관리소프트웨어개발자
- 과학용소프트웨어개발자
- 교육용소프트웨어개발자
- 통신공학기술자
- 통신기술개발자
- 통신망운영기술자

적성과 흥미는?

가상의 체험 공간은 사용자가 실제 환경과 공간처럼 느낄 수 있도록 만들어야 하기 때문에 무한한 상상력과 창의력이 필요합니다. 가상 현실을 나타내기 위해서는 현실과 가상의 세계를 종합적으로 보는 분석력이 필요합니다. 가상 현실 속 여러 요소들을 응용할 수 있는 능력과 더불어 가상의 시간과 공간을 다루므로 공간 지각 능력도 필요합니다.

새로운 기기를 만들려면 논리적이고 분석적이며 창의적인 사고력이 필요합니다. 호기심이 많고 다양한 분야에 흥미를 가지며, 꼼꼼하고 끈기가 있는 사람에게 적합합니다. 가상 현실 콘텐츠를 만드는 것은 가상 현실 속 다양한 요소들을 실감나게 만들어야 하기 때문에 예술적인 감각도 갖추어야 합니다. 개발 과정에서 여러 사람들과 의견을 조율하거나 팀을 이루어 일하는 경우가 많으므로 협동심과 원만한 대인 관계 능력을 갖추는 것도 중요합니다. 탐구형, 현실형 흥미를 가진 사람에게 적합한 직업입니다.

가상현실전문가를 꿈꾼다면 컴퓨터를 다루는 능력과 포토샵, 일러스트, 프리미어 등 3차원 컴퓨터 그래픽 디자인 프로그램을 활용할 수 있는 능력을 갖추도록 노력해야 합니다. C언어나 파이썬과 같은 프로그래밍 언어 실력을 갖추게 되면 대학 진학 후 학과 전공 학습을 할 때 도움이 됩니다. 가상 현실 기술의 대부분은 해외 서적이나 논문을 참고해야 하기 때문에 영어 등 외국어를 잘하면 도움이 됩니다. 또한 컴퓨터 및 미술 관련 동아리 활동, 창의력을 키울 수 있는 다양한 체험 활동과 함께 추리 소설이나 공학 및 컴퓨터 관련 독서 활동, 특히 교과 수업에서 새로운 아이디어를 설계하고 구체화해 발표하는 활동을 하는 것을 추천합니다.

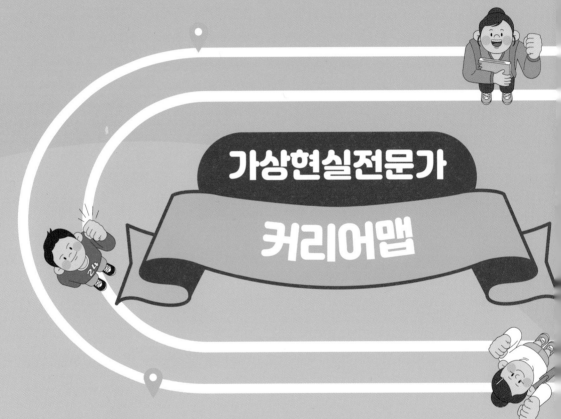

관련 학과 및 자격증은?

→ 관련 학과: 컴퓨터공학과, 컴퓨터과학과, 소프트웨어공학부, 소프트웨어융합공학과, 소프트웨어융합학과, 소프트웨어학과, 미디어소프트웨어학과, 응용소프트웨어학과, 인공지능소프트웨어학과, 인공지능공학과, 지능형소프트웨어학과, 컴퓨터소프트웨어공학과, 컴퓨터소프트웨어학과, 소프트웨어공학과, 응용소프트웨어학과, 전자공학과, 정보통신공학과 등

→ 관련 자격증: 정보처리기사, 정보처리산업기사, 시각디자인산업기사, 시각디자인기사, 컴퓨터그래픽스운용기능사 등

진출 방법은?

가상현실전문가가 되기 위해서는 전문 대학 및 대학교에서 소프트웨어공학, 전자공학, 정보통신공학, 전파통신공학, 컴퓨터정보통신공학 등을 전공하는 것이 유리합니다. 그러나 가상 현실 공간을 만들기 위해서는 컴퓨터 비전, 그래픽스, 상호 작용, 네트워크, 데이터베이스, 시스템 관리 업무뿐만 아니라 인간 심리, 인문, 사회, 디자인, 예술 등 다양한 분야의 전문가와 협업하여 업무를 진행하는 경우가 많으므로 가상 현실 분야로 진출하고 싶다면 다양한 세계를 볼 수 있는 안목을 가지는 것이 좋습니다. 가상현실전문가는 디자인 개념, 과학에 대한 기초 지식 및 창의력, 인내력 등이 필요하며, 컴퓨터 프로그램을 통해 현실과 가상을 연결하려면 소프트웨어의 분석과 프로그래밍 능력, 인간공학, 기계에 대한 전문적인 지식을 갖추어야 합니다.

대부분 기업의 공개 채용이나 특별 채용을 통해 취업하게 되는데, 연구소의 경우 석사 이상의 학력을 요구하기도 합니다. 가상 현실 분야는 비전공자라도 실무 능력에 따라 취업이 결정되기 때문에 학력이나 전공에 상관없이 가상 현실 기술 개발에 흥미를 갖고, 가상 현실 기술을 다루는 게임 영화 산업 현장, 교육 훈련 기관, 관련 사설 연구소 등에서 일정 기간 교육 및 현장 경험을 쌓고 가상현실전문가가 되기도 합니다. 취업을 하게 되면 2~3년 정도 실무 경험을 쌓은 후에 본격적으로 가상현실전문가로서 역할을 수행하게 됩니다.

보통 기업에서 가상현실전문가를 채용할 때에는 주로 3D 모델링·조명·질감 활용 능력과 3D 시각화 소프트웨어 사용 능력, 컴퓨터 프로그래밍 능력, 360° 시야 기술 능력, 시각 효과에 대한 전문 지식, 가상 현실 개발 관련 실무 경험, 의사소통 능력, 협업 능력을 요구합니다. 관련 국가 자격증인 컴퓨터그래픽스운용기능사, 시각디자인산업기사, 시각디자인기사를 취득하는 것도 도움이 됩니다.

관련 직업은?

증강현실전문가, 가상현실공간디자이너, 가상환경전문가, 가상세계기술전문가, 가상인식전문가, VR그래픽디자이너, 과학용소프트웨어개발자, 산업용소프트웨어개발자, 교육용소프트웨어개발자, 통신공학기술자, 통신기술개발자, 통신망운영기술자 등

미래 전망은?

2025년에는 가상 공간 기술 분야에서 새롭게 만들어질 일자리가 수백만 개에 이를 것이라고 예측하고 있습니다. 전 세계 산업 가운데 가장 흥미롭고 창의적인 직업이 될 것이라고 주장하는 보고서들도 발표되고 있습니다.

가상 현실 기술 시장은 고속 데이터 처리, 카메라, GPS, 5G(5세대 이동 통신) 등의 기능을 갖춘 스마트폰이 등장하면서 폭발적으로 성장하고 있습니다. 우리나라의 가상 현실 관련 시장 규모도 매년 급성장하고 있으며, 국내 통신사를 중심으로 가상 현실 기반 기술 개발에 많은 투자를 하고 있습니다.

현재 가상 현실 콘텐츠 시장은 게임, 테마파크 등 놀이 문화나 시뮬레이션 같은 분야에서 시작해 제조업이나 쇼핑, 군사, 교육, 고고학, 건축, 미술, 음악, 의료 등 다양한 분야로 확대되고 있는 추세입니다. 특히 의료 분야의 경우, 외상 후 스트레스 장애와 같은 정신과 치료에 가상 현실 기술을 적용하고 있는데, 향후 관련 시장의 성장성은 매우 밝을 것으로 전망됩니다. 미래에는 로봇, 인공 지능, 놀이 기구 등을 이용한 가상 현실 서비스가 많이 늘어날 것이며, 영화·게임·오락 산업, 교육 분야에도 널리 활용될 것으로 보여 가상현실전문가에 대한 수요가 증가할 것입니다.

그러나 가상 현실 게임을 하기 위해서는 별도의 기기를 구매해야 하며, 어지럼증 등의 신체적 부작용이나 가상 현실 기기가 대중화될 경우 뛰어난 몰입감 등으로 인한 중독성이 발생할 수 있어, 이를 예방하는 대책도 같이 준비해야 합니다.

Jump Up

가상현실공간디자이너에 대해 알아볼까요?

가상현실공간디자이너는 가상 현실 공간을 디자인하고, 적절한 환경을 만드는 역할을 해요. 가상 현실에 등장할 사람, 동식물, 사물, 배경 환경(숲, 바다, 하늘, 바닥 등)을 구체적인 형상으로 모델링해요. 가정과 학교, 직장, 쇼핑몰, 놀이공원 등에서 다양한 가상 현실 공간이 필요해지면서 이 직업이 유망해지고 있어요.

소프트웨어공학과
가상현실전문가 전공 분석

어떤 학과인가?

소프트웨어공학이란 소프트웨어의 개발과 운용, 유지, 보수에 적용할 체계적이고 숙련된 접근법들에 관해 연구하는 학문입니다. 최근에는 모든 산업 분야에서 소프트웨어의 중요성이 부각되고, 소프트웨어의 비중이 점차 커져가고 있어 소프트웨어 개발 및 유지, 보수에 필요한 지식과 기술을 보유한 전문 인력의 양성이 중요해지고 있습니다. 이러한 요구를 해결하려고 생겨난 학문이 바로 소프트웨어공학입니다.

소프트웨어공학 기술은 컴퓨터나 모바일 기기에서 사용되는 소프트웨어뿐만 아니라 로봇, 자동차, 헬스 케어, 환경 에너지, 의료 기기 등과 같은 여러 IT 산업에서 필요로 하는 소프트웨어를 기획하고 설계·개발·운용하는 총체적인 종합 기술입니다.

소프트웨어공학과는 컴퓨터 과학 지식을 기반으로, 애플리케이션(응용) 소프트웨어 및 임베디드(내장형) 소프트웨어 관련 전문 엔지니어의 양성을 위한 교육 과정을 운용하고, 소프트웨어 개발 및 운용 과정에서 발생하는 문제를 해결 가능한 전문 소프트웨어공학자를 양성하는 학과입니다. 소프트웨어 산업의 중요성이 커지면서 기존의 컴퓨터공학과에서 분화되어 소프트웨어 분야만을 전문적으로 학습하는 특화된 학과입니다.

교육 목표와 교육 내용은?

소프트웨어는 컴퓨터가 다양한 일을 할 수 있도록 만들어 주는 도구입니다. 예를 들어, 컴퓨터가 수식을 빠르게 계산하게 하고, 음악이나 영화를 재생하도록 하며, 엄청난 양의 데이터로부터 새로운 정보를 가공해 내고, 자동차를 스스로 운전하게 하며, 미사일이나 우주선의 운항을 제어하게도 합니다.

소프트웨어공학과에서는 이러한 소프트웨어를 더 효율적으로 만들기 위해 개발자가 갖추어야 할 필수적인 역량을 길러줄 뿐만 아니라, 컴퓨터가 기존에 없던 새로운 일을 할 수 있도록 하는 창의적인 소프트웨어 개발 역량을 갖춘 인재를 양성합니다. 소프트웨어공학과에서는 최소 비용으로 단시간 내에 정확성, 신뢰성, 안정성, 효율성을 충족시켜 사용자의 요구를 만족시키는 고품질의 소프트웨어를 개발하는 방법과 기술을 교육하고 연구하는 것을 교육 목표로 하고 있습니다.

학과에 적합한 인재상은?

소프트웨어학과에서는 새로운 학문을 끊임없이 연구하는 집중력과 끈기, 문제를 논리적으로 분석하는 논리적 분석력, 적극적으로 실행하는 도전 정신과 평범함을 뛰어넘는 창의력이 요구됩니다. 소프트웨어 개발 과정은 혼자가 아닌 팀을 구성하여 작

» 문제 해결 능력을 갖춘 창의적 소프트웨어 융합 기술 전문가를 양성합니다.
» 소프트웨어 산업의 국제화를 선도할 국제적 경쟁력을 갖춘 인재를 양성합니다.
» 디지털 콘텐츠의 기획·설계·운영·관리 능력을 갖춘 디지털 콘텐츠 제작 전문가를 양성합니다.
» 소프트웨어 분야의 실무적인 문제 해결 능력을 갖춘 인재를 양성합니다.
» 사회 발전에 기여할 수 있는 전문 소양과 책임 의식을 갖춘 인재를 양성합니다.
» 소프트웨어공학 분야의 설계와 응용에 창의적인 능력을 적용할 수 있는 전문인을 양성합니다.

업이 진행되기 때문에 원만한 대인 관계 능력, 협업 능력, 의사 결정 능력을 갖추어야 합니다. 또한 개인 정보 보호 등 인권과 관련해 관심이 높아지고 있기 때문에 강한 책임감과 도덕성도 요구됩니다.

컴퓨터 과학 분야에 대한 관심과 활용 능력을 겸비하고, 기계를 다루는 데 흥미와 손재주가 있어야 합니다. 새로운 분야에 대한 호기심과 상상력도 풍부해야 하고, 소프트웨어 개발은 대부분 긴 시간이 소요되는 작업이기 때문에 집중력과 인내심도 갖추는 게 좋습니다.

공학, 과학의 기초 지식을 바탕으로 새로운 분야를 개척하여 인터넷과 멀티미디어공학 분야의 미래를 이끌어 가고자 하는 의지를 지닌 사람에게 적합합니다. 첨단 정보 시대를 이끌어 갈 기술 지향적인 자세와 기초 과학과 응용과학에 흥미를 가지고 끊임없이 탐구하는 자세를 갖추고, 공학적 현상과 사회적 변화를 관찰하는 능력이 뛰어난 학생에게 적합한 학과입니다.

관련 학과는?

소프트웨어공학부, 소프트웨어융합공학과, 소프트웨어융합학과, 소프트웨어학과, 미디어소프트웨어학과, 응용소프트웨어학과, 인공지능소프트웨어학과, 인공지능공학과, 지능형소프트웨어학과, 컴퓨터소프트웨어공학과, 컴퓨터소프트웨어학과, 게임소프트웨어공학과, 게임소프트웨어학과, 게임콘텐츠학과, 메타버스게임학과 등

진출 직업은?

가상현실전문가, 게임프로그래머, 네트워크관리자, 네트워크프로그래머, 디지털영상처리전문가, 모바일콘텐츠개발자, 음성처리전문가, 사물인터넷개발자, 스마트폰소프트웨어개발자, 시스템소프트웨어개발자, 애니메이터, 웹디자이너, 웹마스터, 인공지능연구원, 임베디드전문가, 정보시스템운영자, 컴퓨터프로그래머, 컴퓨터보안전문가 등

주요 교육 목표

창의적 소프트웨어 융합 기술을 지닌 인재 양성

실무적인 문제 해결 능력을 지닌 인재 양성

전문 소양과 책임 의식을 갖춘 인재 양성

디지털 콘텐츠를 제작할 수 있는 전문 인재 양성

팀 프로젝트 수행 능력을 지닌 인재 양성

소프트웨어 분야 국제 경쟁력을 갖춘 인재 양성

취득 가능 자격증은?

☑ 정보처리기사
☑ 정보처리산업기사
☑ 정보관리기술사
☑ 정보통신기사
☑ 정보통신산업기사
☑ 정보통신기술사
☑ 리눅스마스터
☑ 전자계산기조직응용기사
☑ 소프트웨어자산관리사
☑ 국가공인SQL전문가
☑ 국가공인데이터분석전문가
☑ 빅데이터분석준전문가(ADsp)
☑ 빅데이터분석전문가(ADP)
☑ Microsoft공인자격증
☑ VMware공인자격증 등

소프트웨어공학과 - 가상현실전문가

추천 도서는?

- 인간의 얼굴을 한 과학
  (서울대학교출판문화원, 홍성욱)
- 거의 모든 것의 역사
  (까치, 빌 브라이슨, 이덕환 역)
- 철학 콘서트 1~3 (생각정원, 황광우)
- 행복한 프로그래밍 (한빛미디어, 임백준)
- 이기적 유전자
  (을유문화사, 리처드 도킨스, 홍영남 외 역)
- 바이오테크 시대
  (민음사, 제레미 리프킨, 전영택 외 역)
- 일렉트릭 유니버스
  (글램북스, 데이비드 보더니스, 김명남 역)
- 페르마의 마지막 정리
  (영림카디널, 사이먼 싱, 박병철 역)
- 창의성의 또다른 이름 트리즈: TRIZ
  (인피니티북스, 김효준)
- 소프트웨어 세상을 아는 컴퓨터 과학
  (한빛아카데미, 김종훈)
- 알고 있니? 알고리즘 (우리학교, 소이언)
- 웹 3.0이 온다 (위키북스, 장세형 외)
- 추천 알고리즘의 과학 (로드북, 박규하)
- 프로그래머, 수학의 시대 (로드북, 이재현 외)
- 프롬프트 엔지니어링 교과서 (애드앤미디어, 서승완)
- 한눈에 보이는 인공지능 수학 그림책
  (성안당, 한선관 외)

학과 주요 교과목은?

기초 과목	소프트웨어학개론, 프로그래밍, 프로그래밍활용, 컴퓨터구조론, 데이터구조론, 프로그래밍언어실습, 운영체제, 멀티미디어개론, 비주얼프로그래밍 등
심화 과목	객체지향프로그래밍, 고급데이터베이스, 데이터베이스기초, 데이터마이닝, 딥러닝/클라우드, 멀티미디어시스템, 멀티미디어신호처리, 모바일플랫폼, 소프트웨어공학, 서비스플랫폼, 시스템분석 및 설계, 시스템프로그래밍, 시큐어코딩, 악성코드분석, 알고리즘, 영상정보처리, 오토마타와 컴파일러, 운영체제보안, 웹프로그래밍, 이산수학, 인공지능, 자료구조, 창의적공학설계, 컴퓨터네트워크, 컴퓨터와 통신, Design Pattern, IOT플랫폼, SW보안개론, 가상현실 등

졸업 후 진출 분야는?

기업체	소프트웨어·게임·모바일·웹 개발 업체, 홈페이지 구축 업체, 영상물 제작 업체, 애니메이션 관련 업체, 웹프로그래밍 업체, 금융권, IT 정보 보안 회사 등
연구 기관	정보 통신 관련 민간·국가 연구소(한국전자통신연구원, 국가보안기술연구소, 소프트웨어정책연구소) 등
정부 및 공공 기관	전산직 공무원, 국가 기관(행정자치부, 미래창조과학부, 한국인터넷진흥원, 한국정보화진흥원), 사이버수사대, 교육 기관 등

전공 관련 선택 과목은?

▶ 국어, 영어 교과는 모든 학문의 기초적인 성격을 가진 도구교과로 모든 학과에 이수가 필요하여 생략함

수능 필수	화법과 언어, 독서와 작문, 문학, 대수, 미적분 I, 확률과 통계, 영어 I, 영어 II, 한국사, 통합사회, 통합과학, 성공적인 직업생활(직업)		
교과군	선택 과목		
	일반 선택	진로 선택	융합 선택
수학, 사회, 과학	대수, 미적분 I, 확률과 통계, 세계시민과 지리, 사회와 문화, 현대사회와 윤리, 물리학	기하, 미적분 II, 인공지능 수학, 한국지리 탐구, 경제, 윤리와 사상, 역학과 에너지, 전자기와 양자	실용 통계, 수학과제 탐구, 사회문제 탐구, 융합과학 탐구
체육·예술			
기술·가정/정보	기술·가정, 정보	인공지능 기초, 데이터 과학	창의 공학 설계, 지식 재산 일반, 소프트웨어와 생활
제2외국어/한문			
교양		논리와 사고	

학교생활기록부 관리는?

출결 사항	• 미인정 출결 내용이 없도록 관리하세요. 미인정 출결 내용이 있으면 인성, 성실성 영역 등에서 부정적 평가를 받을 가능성이 높아요.
자율·자치활동	• 소프트웨어공학과 관련된 다양한 교내외 활동에 자기 주도적 참여하여 흥미, 창의적 문제 해결 능력, 의사소통 능력, 협업 능력, 발전 가능성 등이 드러나도록 하세요.
동아리활동	• 공학, 과학 실험, 과학 탐구, 수학, 컴퓨터, 코딩 관련 동아리 활동을 통해 소프트웨어공학 전공에 대한 진학 준비를 하세요. • 가입 동기, 본인의 역할, 배운 점, 느낀 점 등 소프트웨어공학과 진학을 위해 한 활동과 노력이 드러나도록 참여하세요. • 학교에서 주관하는 장애인, 다문화 가정 학생 돕기, 양로원 봉사 활동 등 사회 소외 계층을 대상으로 하는 봉사 활동을 하세요. • 학교내에서 타인을 위해 할 수 있는 지속적인 봉사 활동을 하세요.
진로 활동	• 소프트웨어공학 분야의 직업 정보 탐색 활동을 권장해요. • 소프트웨어 관련 기관 및 학과 체험 활동이 무척 중요해요. • 소프트웨어 분야에 대한 적극적인 진로 탐색 활동을 통해 자신의 진로 역량, 전공 적합성, 발전 가능성 등이 드러나도록 하세요.
교과학습발달 상황	• 수학, 과학, 정보 등 이공계와 관련된 교과 성적은 상위권으로 유지하고, 관련 교과 수업에서 학업 역량, 전공 적합성, 자기 주도성, 문제 해결 능력, 창의력, 발전 가능성 등의 역량이 발휘될 수 있도록 적극 참여하세요.
독서 활동	• 인문학, 철학, 역사, 과학, 공학 등 다양한 분야의 책을 읽으세요. • 프로그래밍, 정보 통신, 4차 산업 혁명 분야의 독서 활동을 통해 소프트웨어공학 관련 기본 지식을 쌓는 것이 중요해요.
행동 발달 특성 및 종합 의견	• 창의력, 문제 해결 능력, 의사소통 능력, 협업 능력, 리더십, 발전 가능성, 전공 적합성 등이 드러나도록 하세요. • 자기 주도성, 경험의 다양성, 성실성, 인성(나눔과 배려), 학업 태도와 학업 의지에 대한 자신의 장점이 학교생활기록부에 기록되도록 관리하세요.

건축학과 건축공학의 차이점에 대해 알아볼까요?

건축학은 건축물의 형태 및 공간을 디자인하는 능력을 기르는 것에 중점을 두고 있는 반면, 건축공학은 디자인된 설계안을 실물로 구현하는 공학적 기술(구조, 시공, 환경) 능력을 기르는 것에 중점을 두고 있어요. 하지만 건축 분야에서는 다른 분야와 협업 과정을 통해 건축물을 완성하기 때문에, 건축학 전공자에게는 건축공학에 대한 기초적인 이해가, 건축공학 전공자에게는 건축학에 대한 기초적인 이해가 필요해요.

건축공학기술자란?

1883년 착공해서 133년째 공사 중인 미완의 대작 사그라다 파밀리아 대성당. 세계적인 건축가 '가우디'의 건축물 중 하나인 이 성당은 스페인 바르셀로나에 위치하며, 전 세계에서 찾아오는 관광객들의 눈을 사로잡고 있습니다. 사그라다 파밀리아 대성당은 가우디 사후 200년이 되는 2026년에 완공을 목표로 지금도 건축되고 있습니다. '바르셀로나는 가우디가 먹여 살린다'는 말이 있을 정도로 가우디의 몇몇 건축물(구엘 성지, 구엘 공원, 카사밀라)은 바르셀로나에 위치하며, 현재 유네스코(UNESCO) 세계문화유산에 등재되어 있습니다. 이렇듯 잘 만들어진 건축물은 생활의 영역을 넘어 관광 분야에도 영향을 주고 있습니다.

건축공학이라는 학문을 논하기 위해서는 우선 건축이란 용어를 정의해야 합니다. '건축'의 어원은 라틴어의 '아키텍투라(architectura)'로, 예술+기술의 의미를 포함하고 있습니다. 현대 건축의 아버지로 불리는 '르 코르뷔지에'는 '건축은 빛에 의하여 종합적이며 정확하고도

건축공학기술자
건축공학과

웅대하게 보이는 덩어리들의 행위'라고 하였으며, '루이스 이사도어 칸'은 '건축이란 자연은 만들 수 없는 무엇'이라 하였고, '윌리엄 코딜'은 '건축은 개인적이고 즐길 수 있으며 필수적인 경험'이라고 하였습니다. 최근에는 건축을 '예술과 기술의 복합물'로 정의하기도 합니다.

건축공학은 크게는 건축 설계, 건축 계획, 건축 의장, 인테리어와 같은 디자인 분야와 건축 시공, 건축 구조, 건축 재료, 건축 환경, 건축 설비, 건설 관리 등의 기술적 분야를 포함하며, 작게는 기술적 분야만을 의미합니다. 그러나 최근에는 초고층·최첨단 건축물들이 만들어지고 있기 때문에 건축공학을 기술적 분야로만 한정짓기에는 무리가 있습니다.

건축공학기술자는 건축사가 건축물에 대한 계획 및 설계를 하고 나면 이를 바탕으로 실제 건축물 공사를 진행하는 직업으로, 건축물이 완공되기까지 건설 공사에 대한 전반적인 관리와 감독, 인력 관리와 건설 업무 수행을 위한 행정적인 업무를 수행합니다.

건축공학기술자가 하는 일은?

하나의 건축물은 여러 분야의 건축 관련 전문가들의 협업 작업으로 완성됩니다. 협업 과정에는 건물을 계획하고 설계하는 건축사, 건축물의 구조 설계를 담당하는 건축구조설계기술자, 건물이 설계대로 시공되는지를 감독하는 건축감리사, 건설 자재의 품질을 측정하고 검사하는 건설재료품질시험원, 건축물을 직접 시공하는 건설기능공, 건설기능공을 관리·감독하는 건축시공기술자 등이 참여합니다. 이 과정에서 건축공학기술자는 건축물이 완성되기까지 전체적인 공사 관리 감독 및 총지휘자의 역할을 합니다.

건축공학기술자는 전문 분야에 따라 정해진 공사 기간 내에 건축물을 완성하기 위해 작업 지시 및 관리하는 공정관리기술자, 경제적이고 품질이 뛰어난 시공이 될 수 있도록 관리하는 품질관리기술자, 건축 현장에서 일하는 사람들의 안전을 책임지는 안전관리기술자, 시공 과정에서 발생할 수 있는 환경 오염을 줄이는 데 관여하는 환경관리기술자 등으로 구분됩니다.

건축공학기술자들은 일정 기간 현장에서 근무하다가 공사가 완료되면 다른 공사 현장으로 옮겨 일을 합니다. 건축공사 현장은 항상 사고의 위험이 높기 때문에 안전사고 예방에 많은 신경을 써야 하고, 건축 공사 중 콘크리트 타설 작업 등과 같이 중간에 멈추면 안 되는 작업을 진행할 경우 연장 근무를 하기도 합니다. 공사 현장의 근무 환경상 남성 건축공학기술자가 대부분이지만 최근에는 여성 현장 근무자도 증가하고 있습니다. 임금이 높고, 복리 후생이 좋은 편이며, 주로 공기업이나 대기업의 정규직으로 고용되어 안정적이고, 자기 계발성, 승진 가능성도 높은 편입니다.

» 건축물 공사 전 과정을 관리하고 감독하며, 구조를 설계하거나 기타 시공에 관련된 기술적 자문을 합니다.
» 설계 도면대로 공사가 진행되는지 관리하고 감독합니다.
» 공사 현장의 안전, 환경, 건축물의 품질, 공사를 위한 재료나 인력 등을 관리하고 감독합니다.
» 공사 견적이나 발주, 설계 변경, 원가 관리 등의 행정적인 업무를 처리합니다.
» 도면, 구조 계획서, 공사 설계 설명서 등 공사에 필요한 서류를 작성합니다.
» 설계도서에서 의도한 바를 해설하고 조언합니다.
» 건축물의 조사 또는 감정 업무, 건축물의 유지 관리 및 건설 사업 관리 업무, 특별 건축 구역 내 건축물에 대한 모니터링 및 보고서 작성 업무를 수행합니다.

Jump Up

건축감리사에 대해 알아볼까요?

건축물 시공 시 품질 관리, 예산 관리, 공정 관리의 목표를 달성하기 위해 시공의 전반적인 과정을 확인하고, 감독하는 사람을 말해요. 감리 방법, 감리 방향 등을 수립하고, 설계도서와 시방서에 표시된 대로 시공이 이루어지는지 점검하는 일을 해요. 또한 정해진 재료의 사용이나 요구하는 품질 확보 여부를 확인하기 위해 시험 과정에 참여하여 측량된 결과를 확인하고, 문제점에 대해 발주자에게 보고하며 시공자에게는 시정을 요청해요.

건축공학기술자

커리어맵

준비방법
- 수학 및 과학 교과 역량 키우기
- 과학 및 공학 관련 동아리 활동
- 건축 관련 기업이나 학과 탐방 활동
- 건축공학기술자 직업 체험 활동
- 미술 및 디자인 소양 키우기

관련기관
- 한국건축가협회 www.kia.or.kr
- 한국여성건축가협회 www.kifaonline.com

적성과 흥미
- 수학과 물리학에 대한 흥미
- 공간 지각 능력
- 대인 관계 능력
- 의사소통 능력
- 인내심과 끈기
- 책임감과 진취성
- 리더십
- 창의력
- 강인한 체력
- 협업 능력
- 미술적 지식(디자인)
- 꼼꼼함
- 책임감
- 진취성
- 도덕성

관련학과
- 건축공학과
- 도시공학과
- 건축학과
- 실내건축학과
- 토목건축공학과
- 스마트플랜트공학과
- 철도건설공학과
- 철도건설안전공학과
- 건설공학교육과

건축공학기술자

흥미유형
- 예술형
- 탐구형

관련교과
- 수학
- 과학
- 기술·가정
- 정보
- 환경

관련자격
- 건축기사
- 건축산업기사
- 건축구조기술사
- 건축산업설비기사
- 건축설비기사
- 건축설비산업기사
- 건축설비기술사
- 건축일반시공산업기사
- 건축시공기술사
- 건축목공산업기사
- 건설안전산업기사
- 건설안전기술사
- 건설안전기사
- 건설재료시험기사
- 도시계획기사
- 도시계획산업기사
- 도시계획기술사
- 실내건축기사
- 실내건축산업기사
- 지적기사
- 지적산업기사
- 지적기술사

관련직업
- 건축가
- 건축설계기술자
- 건설기계공학기술자
- 건축구조설계기술자
- 건축구조기술자
- 건축시공기술자
- 건축감리기술자
- 빌딩정보모델링(BIM) 전문가
- 건설공사품질관리원
- 리모델링컨설턴트
- 인테리어디자이너
- 측량사
- 캐드원

적성과 흥미는?

건축공학기술자는 공사 현장에서 단순 작업을 하는 사람에서부터 전문 건축공학 기술을 갖춘 사람들까지 다양한 사람들과의 협업 작업을 진행하기 때문에 원만한 대인 관계, 의사 결정 능력, 협업 능력을 갖추어야 합니다. 또한 여러 분야의 기술자들을 관리하고 감독해야 하므로 리더십도 필요합니다. 공사 현장에 따라 장기간 근무하기도 하고, 공사의 성격상 야간에도 작업하는 경우가 많기 때문에 강인한 체력을 갖추어야 합니다.

공학과 기술, 디자인, 물리, 역학, 안전과 보안, 기계 등 다양한 분야의 지식이 요구되고, 더불어 건축 분야는 문화적·기술적·예술적인 능력의 통합적인 소질과 공간 지각력, 적응성 및 융통성, 꼼꼼함, 책임감

과 진취성 등이 필요합니다. 다양한 형태의 건축물을 다루기 때문에 창의력과 합리적인 사고를 갖추는 것이 좋습니다. 탐구형과 예술형의 흥미를 가진 사람들에게 적합한 직업입니다.

건축공학기술자에 대한 관심이 있다면 물리학, 수학 등 이공계에서 요구하는 필수 교과에 대한 노력이 필요하고, 컴퓨터 활용 능력과 미술적인 소양을 키우는 등의 노력을 기울여야 합니다. 아울러 강인한 체력을 필요로 하는 직업이기 때문에 평상시 체력을 키우기 위한 활동을 권장합니다. 또한 인문학, 역사학, 공학, 건축, 기계, 디자인, 4차 산업 혁명, 미래학 등 다양한 분야의 독서 활동을 통해 건축공학기술자가 지녀야 할 다방면의 소양을 키워나갈 것을 권장합니다.

건축공학기술자
커리어맵

관련 학과 및 자격증은?

➡ 관련 학과: 건축공학과, 건축학과, 도시공학과, 지역건설공학과,
   건축학과, 실내건축학과, 토목건축공학과,
   스마트플랜트공학과, 철도건설공학과,
   철도건설안전공학과, 건설공학교육과 등

➡ 관련 자격증: 건축산업기사, 건축기사, 건축구조기술사,
   건축설비산업기사, 건축설비기사,
   건축일반시공산업기사, 건축시공기술사,
   건축목공산업기사, 건설안전산업기사,
   건설안전기술사, 건설안전기사, 건설재료시험기사,
   도시계획기사, 도시계획산업기사, 도시계획기술사,
   실내건축기사, 실내건축산업기사, 지적기사,
   지적산업기사, 지적기술사 등

Jump Up

건축사에 대해 알아볼까요?

건축물의 설계 및 공사 감리를 할 수 있는 자격을 가진 기술자예요. 건축사가 되고자 하는 사람은 국토교통부에서 시행하는 건축사 자격시험에 합격하고, 국토교통부 장관의 면허를 받아야 해요. 건축사 자격시험의 응시 자격은 건축사예비시험에 합격한 사람으로서 예비 시험 응시 자격 취득일부터 5년 이상의 실무 경력을 가진 사람, 외국에서 건축사 면허를 받거나 자격을 취득한 사람으로서 5년 이상의 실무 경력을 가진 사람이 응시할 수 있어요. 또한 건축사가 개업을 하고자 할 때에는 단독 또는 합동으로 건축사 사무소를 개업하고 국토교통부에 등록해야 해요.

진출 방법은?

건축공학기술자가 되기 위해서는 전문 대학 및 대학교에서 건축학, 건축공학, 건축설비학, 실내건축학 등을 전공하는 것이 필요합니다. 관련 학과에서는 건축학개론, 건축이론, 건축사, 건축설계, 건축구조, 건축재료, 건축설비, 건축법규, 건축CAD, 도시개발, 조경설계 등 건축공학기술자가 알아야 할 지식을 배우게 됩니다.

전문 대학, 대학교, 대학원의 건축공학 관련 학과에서 교육을 받은 후 관련 분야로 취업을 하는 것이 일반적인데, 주로 공개 채용을 통해 취업하며, 규모가 작은 회사의 경우에는 소개를 통해 수시로 채용하기도 합니다. 진출하는 분야는 건설 회사, 감리 전문 회사, 엔지니어링 회사, 건축 설비 설계·시공 업체, 측량 업체, 인테리어 전문 업체, 건축 관련 연구소, 정부(기술직 공무원), 공공 기관 등이고, 기술직 공무원이 되기 위해서는 공무원 시험에 합격해야 합니다. 취업 시 관련 자격증 소지가 의무 사항은 아니지만 기술직 공무원 시험의 경우에는 자격증을 소지할 경우 가산점을 받을 수 있습니다. 드물지만 특성화 고등학교나 직업 전문 학교 등에서 건축을 전공한 후에 현장 경력을 쌓아 건축공학기술자로 근무하는 경우도 있습니다.

관련 직업은?

건축설계기술자, 건축가,
건설기계공학기술자, 플랜트기계공학기술자,
건축구조설계기술자, 건축구조기술자,
건축시공기술자, 건축감리기술자,
건축설비기술자, 빌딩정보모델링
(BIM)전문가, 건설공사품질관리원,
리모델링컨설턴트, 인테리어디자이너,
측량사, 캐드원 등

미래 전망은?

건축공학기술자의 일자리에 영향을 미치는 요인에는 여러 가지가 있습니다. 대표적인 요인으로는 1인 가구의 증가, 주택 보급률, 저출산 고령화 등이 있습니다. 또한 건설 경기는 국내 및 해외 경제 환경 변화에 따라 많은 영향을 받습니다.

건축공학기술자의 고용에 긍정적으로 작용하는 점은 최근 건설 업계의 중요한 시장 흐름이 친환경과 에너지 효율 건축에 대한 관심인데, 이와 관련한 새로운 시장이 확대될 것으로 예상됩니다. 또 국민들의 생활 수준이 높아지면서 문화와 여가에 대한 관심과 수요가 증가하면서 각종 박물관이나 미술관, 체험관 등의 문화 시설과 숙박 시설, 레저 시설 등에 대한 건축이 활발해질 것으로 전망됩니다.

최근에 우리나라에 지진 발생 빈도가 높아지고, 지진 피해가 발생하는 경우도 생겨나 건축물 구조 진단 업무와 지진 대비 안전 보강 관련 업무를 위해, 구조 기술자나 건축물 안전 진단 전문가에 대한 수요가 증대할 것으로 보입니다. 오래된 도심 건축물의 재건축이나 리모델링 공사, 도시 재생 관련 사업도 활성화될 것으로 예상되어 관련 분야 건축공학기술자의 전망을 밝게 하고 있습니다. 또한 남북통일이 되면 건설업에서 가장 많은 일자리가 생겨날 것입니다. 도로, 철도, 교량, 항만, 공항, 전력 공급 시설 등 북한의 뒤떨어진 사회 간접 시설에 대한 투자와 노후화된 주택을 정비하기 위해 대규모 건설 공사가 이루어질 것으로 예상되는 가운데 우리나라 건축공학기술자들의 수요 또한 증가할 것으로 전망됩니다.

Jump Up

빌딩정보모델링(BIM)전문가에 대해 알아볼까요?

빌딩정보모델링(BIM, Building Information Modeling)은 CAD를 이용해서 3차원으로 건축물을 설계하는 프로그램을 말해요. 설계부터 시공·유지·관리·폐기에 이르는 건물의 전체 과정을 시뮬레이션해 볼 수 있어요. 건축물이 고도화 및 대형화되면서 2차원 도면으로는 표현하기 힘든 부분을 나타내기 위해 등장한 프로그램이에요.
빌딩정보모델링전문가는 각종 건축물 및 관련 설비의 정보를 수집하고 빌딩 정보 모델링 기술을 사용하여 3차원 모델링 작업을 수행하는 한편, 시뮬레이션을 통해 설계, 시공, 유지, 관리의 최적화에 필요한 정보를 분석하고, 제공하는 일을 해요.

건축공학과
건축공학기술자 전공 분석

어떤 학과인가?

건축 영역은 크게 건축물을 설계하고 건축하기 위한 이론과 기술 등을 종합적으로 공부하는 건축학과 건축물의 구조, 공법, 재료, 역학 등을 주로 공부하는 건축공학으로 구분합니다. 건축공학 분야는 건축물의 역학적 구조를 설계하고 해석하는 건축 구조 분야와 건축물을 친환경적이고 에너지 절약형으로 계획하기 위한 건축 환경 분야, 계획된 건축물을 실제로 만드는 건설 기술 분야로 나누어집니다. 건축 구조 분야는 물리학적 원리를 통해 건축물을 지지하는 구조에 대한 힘의 흐름을 이해하고, 그 것을 토대로 공학적인 재료를 이용하여 안전하고 창조적인 건축 구조를 설계하는 방법을 연구합니다. 건축 환경 분야는 건축물의 환경을 조성하는 여러 요소와 이를 조정하는 설비 기관에 대해 이해하고, 기존의 건축 개념에 환경 및 에너지라는 요소를 도입하는 방법을 연구합니다.

건축공학과는 건축공학의 다양한 설계 기술 능력과 엔지니어로서의 기본 지식을 활용하여, 보다 안전하고 경제적이며 사람이 사용하기에 편리한 건축물을 만드는 방법을 교육하는 학과입니다. 다른 산업 분야와의 융합 교육을 통해 현장에서 적용 가능한 건축 공학 기술을 습득하도록 도와주며, 경제 및 경영에 대한 기본 소양도 함께 교육합니다.

교육 목표와 교육 내용은?

건축공학과에서는 건축 구조와 재료, 시공, 건설 관리, 환경 설비 등에 관한 이론 및 실습 교육을 중심으로, 산업 현장에서 요구하는 건축 전문 인력을 양성하는 데 교육 목표를 두고 있습니다. 국가 기간산업인 건설 산업의 혁신과 지속적인 발전을 선도할 수 있는 건축공학 분야의 전문 인력을 배출하고, 기초 과학적 소양과 건설 엔지니어링 전문 지식에 대해 균형 잡힌 교육을 실시하는 것이 목표입니다.

학과에 적합한 인재상은?

건축공학과는 국가의 가장 기반이 되는 시설물과 건축물을 만들기 위해 높은 수준의 기술적 이론과 현장 중심의 실무 경험을 요구합니다. 따라서 건축공학과에 진학하려는 학생은 과학, 수학 등에 대한 실력을 갖추고, 수리 및 자연 과학의 통합적 사

> » 폭넓은 기술적 소양과 경영 마인드를 가진 건설 현장의 리더를 양성합니다.
> » 지식 기반 사회에서 요구되는 소양과 국제 감각을 겸비한 글로벌 리더를 양성합니다.
> » 건축공학 분야 전문 지식의 특성화를 통한 실무 능력을 지닌 인재를 양성합니다.
> » 국제화 및 정보화 능력 강화를 통한 의사소통 능력을 지닌 인재를 양성합니다.
> » 창의력과 학과 지식을 이용하여 종합적인 설계를 수행할 수 있는 능력을 지닌 인재를 양성합니다.
> » 건축공학 분야의 전문 지식과 실험 실습 및 설계 기법을 통한 종합적 실용 능력을 지닌 인재를 양성합니다.
> » 공학인으로서 갖추어야 할 의사 표현 능력과 협동 능력, 지속적 자기 계발 능력을 지닌 인재를 양성합니다.
> » 세계 문화에 대한 폭넓은 이해력과 국제적 협동 능력을 지닌 인재를 양성합니다.

고로 문제 해결 능력을 갖추어야 합니다. 최근에는 건설 산업이 세계화되고 있기 때문에 외국어 실력, 컴퓨터 활용, 통계적 해석 등에 대한 실력을 갖추는 것도 중요합니다.

공간 지각력과 설계 도면에 대한 이해도가 높은 사람, 미술 및 공작 수업에서 공간에 대한 호기심과 창의력을 발휘하는 사람, 기능적이고 실용적인 공간을 만들 수 있는 예술적 재능과 미적 감각을 지니고 있는 사람, 각종 사물에 대한 호기심과 환경에 대한 관심이 높은 사람에게 추천합니다.

인류의 역사와 문화에 대한 인문학적 소양, 자연과 도시의 환경에 대한 관심, 사회적 역할과 책임을 인식할 줄 아는 태도, 미래의 사회적 변화에 능동적으로 대처할 수 있는 적응 능력, 논리적으로 문제를 해결해 나가는 능력 등을 갖추어야 합니다.

관련 학과는?

건축공학부, 건축공학전공, 건축도시부동산학부, 건축도시시스템공학과, 그린스마트건축공학과, 스마트건축공학과, 도시건축학부, 토목건축공학과, 한옥건축학과, 해양환경건축학부, 건축학과, 건축학부, 실내건축학과, 실내건축디자인학과, 건축디자인학과 등

진출 직업은?

건축공학기술자, 건축 및 토목 캐드전문가, 건축설계기술자, 건축시공기술자, 녹색건축전문가, 도시계획 및 설계사, 인테리어디자이너, 해양설비(플랜트)설계사, 건설공사품질관리원, 리모델링컨설턴트, 측량사, 캐드원, 건축직 공무원, 중등학교 교사(건설) 등

주요 교육 목표

건축공학 분야의 종합적
실용 능력을 지닌 인재 양성

- - - - - - - - - - - - - - - - - - -

건설 현장 및 기업의 리더 양성

- - - - - - - - - - - - - - - - - - -

창의적 문제 해결 능력을
지닌 인재 양성

- - - - - - - - - - - - - - - - - - -

국제적 수준의 연구 개발
능력을 지닌 인재 양성

- - - - - - - - - - - - - - - - - - -

기술적 소양과 경영 마인드를
갖춘 인재 양성

- - - - - - - - - - - - - - - - - - -

책임감 및 윤리 의식을
지닌 인재 양성

취득 가능 자격증은?

- ☑ 건축기사
- ☑ 건축산업기사
- ☑ 실내건축기사
- ☑ 실내건축산업기사
- ☑ 건설안전기사
- ☑ 건설기계설비기사
- ☑ 건축기계설비기술사
- ☑ 건설재료시험산업기사
- ☑ 건축일반시공산업기사
- ☑ 중등학교 2급정교사(건설)
- ☑ 건설기계설비산업기사
- ☑ 측량 및 지형공간정보기사
- ☑ 측량 및 지형공간정보산업기사 등
- ☑ 건설안전산업기사
- ☑ 건설재료시험기사
- ☑ 건축설비기사
- ☑ 건축설비산업기사

추천 도서는?

- 유현준의 인문 건축 기행(을유문화사, 유현준)
- 공간탐구자와 함께 걷는 세계 건축 기행 (한겨레출판사, 정태종)
- 건축공학의 이해(기문당, 정순오 외)
- 공간 혁명(다산사이언스, 세라 W. 골드헤이건, 윤제원 역)
- 도시의 재구성(이데아, 음성원)
- 유명 박물관건축 공간디자인 사례집 (월드해피북스, 월드해피북스 편집부)
- 도시는 무엇으로 사는가(을유문화사, 유현준)
- 건축, 근대소설을 거닐다(루아크, 김소연)
- 최선의 공간을 꿈꾸는 건축가(토크쇼, 김세종)
- 도시는 어떻게 역사가 되었을까(효형출판, 이성근)
- 건축가가 사랑한 최고의 건축물(크레파스북, 양용기)
- 건축 오디세이(사람의무늬, 이중원)
- 건축 음악처럼 듣고 미술처럼 보다(효형출판, 서현)
- 세계건축기행(창작과비평사, 김석철)
- 건축가가 되는 길(아키그램, 로저 K 루이스, 이원석 역)
- 딸과 함께 떠나는 건축여행 1~3(멘토프레스, 이용재)
- 알기 쉬운 건축이야기(시공문화사, 장정제)
- 나의 문화유산 답사기(창비, 유홍준)
- 생각의 탄생(에코의서재, 미셸 루트번스타인 외, 박종성 역)
- 건축 콘서트: 건축으로 통하는 12가지 즐거운 상상 (효형출판, 이영수 외)
- 건축, 음악처럼 듣고 미술처럼 보다(효형출판, 서현)

학과 주요 교과목은?

기초 과목	건축공학개론, 기초공학설계, 기초물리학, 건축개론, 건축제도, 동역학, 구조역학, 재료역학, 건축재료공학, 열역학, 유체역학, 건축설비관계법규 등
심화 과목	건축공학설계, 건축환경계획, 건설사업관리, 철근콘크리트설계, 건축구조해석, 건축설비, 건축시공 및 재료, 건설관리일반, 건축시스템설계, 전자구조해석 및 설계, 초고층 및 특수구조설계, 친환경건축시스템설계, 건축공학응용종합설계, 강구조설계, 건축공법, 건축공사기술응용, 건축설비응용, 생태건축응용 등

졸업 후 진출 분야는?

기업체	건설 회사, 건축 감리 회사, 건축 자재 회사, 종합 엔지니어링 회사, 건축물 안전 진단 회사, 건축 환경 업체, 도시계획 및 설계 분야, 컨설팅 회사, 부동산 개발 회사, 건축물 유지 관리 회사 등
연구 기관	LH공사주택연구원, 서울시 시정개발연구원 등의 지자체연구원, 한국환경건축연구원, 한국건설기술연구원, 한국건설품질연구원, 건설산업정보연구원, 국토연구원, 한국환경수도연구원, 국립환경연구원, 한국환경정책평가연구원, 주거환경연구원, 한국생활환경시험연구원
정부 및 공공 기관	중앙 정부 및 지방 자치 단체(기술직-건축), 대학, 특성화 고등학교 등

전공 관련 선택 과목은?

▶ 국어, 영어 교과는 모든 학문의 기초적인 성격을 가진 도구교과로 모든 학과에 이수가 필요하여 생략함.

수능 필수	화법과 언어, 독서와 작문, 문학, 대수, 미적분 I, 확률과 통계, 영어 I, 영어 II, 한국사, 통합사회, 통합과학, 성공적인 직업생활(직업)		
교과군	선택 과목		
	일반 선택	진로 선택	융합 선택
수학, 사회, 과학	대수, 미적분 I, 확률과 통계, 세계시민과 지리, 사회와 문화, 물리학	기하, 미적분 II, 한국지리 탐구, 도시의 미래 탐구, 경제, 역학과 에너지, 전자기와 양자	실용 통계, 수학과제 탐구, 사회문제 탐구, 기후변화와 지속가능한 세계, 기후변화와 환경생태, 융합과학 탐구
체육·예술			
기술·가정/정보	기술·가정, 정보		창의 공학 설계, 지식 재산 일반
제2외국어/한문			
교양	생태와 환경		

학교생활기록부 관리는?

출결 사항	• 미인정(무단) 사항이 없도록 관리해요. 미인정(무단) 결석 등이 있으면 인성 및 성실성 영역에서 부정적 평가를 받을 가능성이 높아요.
자율·자치활동	• 다양한 교내외 활동을 통해 건축공학 분야에 대한 관심과 흥미는 물론 창의력, 의사 결정 능력, 리더십 등이 드러나도록 하세요.
동아리활동	• 과학 및 수학, 공학 및 디자인 관련 동아리 활동 참여를 통해 건축 관련 학과 진학을 위해 준비하세요. • 가입 동기와 동아리 내 본인의 역할, 활동을 통해서 배우고 느낀 점 등이 기록되도록 하세요. • 학교에서 주관하는 장애인, 다문화 가정 학생 돕기, 양로원 봉사 활동 등 사회 소외 계층을 대상으로 하는 봉사 활동을 하세요. • 학교내에서 타인을 위해 할 수 있는 지속적인 봉사 활동을 하세요.
진로 활동	• 건축 관련 분야의 직업 정보 탐색 활동을 권장해요. • 건축 관련 기관 및 학과의 체험 활동이 무척 중요해요. • 건축 및 공학 분야와 관련 있는 진로 활동을 통해 진로 역량이 드러나도록 해요.
교과학습발달 상황	• 수학, 과학, 정보, 미술 등 건축공학 관련 교과 성적을 상위권으로 유지하고, 수업에서 전공 적합성, 자기 주도성, 문제 해결 능력, 창의력, 발전 가능성 등의 역량이 발휘될 수 있도록 적극 참여하세요. • 구체적인 수업 참여 내용과 그로 인해 변화된 점이 드러나도록 하세요.
독서 활동	• 인문학, 철학, 역사, 공학, 정보 통신 등 다양한 분야의 책을 읽으세요. • 건축과 환경, 에너지, 4차 산업 혁명 등과 관련된 도서를 반드시 읽으세요.
행동 발달 특성 및 종합 의견	• 창의력, 문제 해결 능력, 협업 능력, 자기 주도성 등이 드러나도록 해요. • 학교생활에서 자기 주도성, 경험의 다양성, 성실성, 인성(나눔과 배려), 학업 태도와 의지 등 자신의 장점이 기록되도록 관리해야 해요.

게임의 종류에 대해 알아볼까요?

▶ 롤플레잉 게임(RPG): 가상 시나리오 내에서 주어진 역
할을 수행하는 게임이에요.

▶ 어드벤처 게임: 탐험, 수수께끼 놀이 등의 스토리에 주
인공으로 참여하는 게임이에요.

▶ 시뮬레이션 게임: 특수한 상황의 가상 공간에서 현실
과 유사한 시뮬레이션 경험을 하도록 유도하는 게임이
에요.

▶ 액션 게임: 신체나 무기를 이용해 대전하는 격투 게임
이에요.

▶ 스포츠 게임: 축구, 농구, 야구 등 다양한 스포츠 종목을
게임화한 것이에요.

▶ 보드 게임: 현실의 판 위에서 벌어지는 오락거리를 게
임화한 것이에요.

게임프로그래머란?

얼마 전 세계인들을 사로잡은 게임이 있었습니다. 플레이어는 스마트폰으로 게임에 접속한 후에 자신의 아바타를 생성하고 성별, 머리 스타일, 피부색, 눈동자 색, 옷 등을 선택해서 아바타를 완성합니다. 아바타가 만들어진 후에는 플레이어가 위치한 주변 지역의 지도와 함께 아바타가 플레이어가 있는 장소에 나타납니다. 플레이어는 자신의 아바타와 함께 현실 세계를 이동하면서 스마트폰 속의 몬스터 캐릭터를 찾고 몬스터볼을 포획하기 위해 다양한 장소로 이동합니다. 이 게임은 증강˙현실 기술을 게임에 적용하여 많은 사람들에게 즐거움을 가져다주었습니다.

이와 같은 게임은 대부분 기획→제작→테스트→배포의 과정을 거쳐 만들어집니다. 처음 새로운 아이디어가 만들어지면, 기획서가 작성되고, 게임 시나리오와 배경 스토리 구성, 게임 방법과 그래픽 작업이 진행됩니다. 다음으로는 가장 중요한 프로그램을 개발하고, 각종

게임프로그래머
정보통신공학과

배경 음악과 효과음을 삽입하는 작업이 이어집니다. 완성된 게임은 사전 참여자들을 대상으로 베타테스트를 거친 후 최종 수정 작업을 하고 시중에 판매됩니다. 하나의 게임이 만들어지기까지 이러한 과정을 거치게 되고, 그 과정에서 게임기획자, 게임프로그래머, 시나리오작가, 그래픽디자이너, 사운드엔지니어 등 여러 전문가들이 협업을 하여 작업을 진행합니다.

　게임 개발 과정에서 가장 핵심적인 일이라 할 수 있는, 게임에 생명을 불어넣는 일을 하는 사람이 바로 게임프로그래머입니다. 게임프로그래머는 게임의 전체 구조를 설계하고, 사운드 효과와 그래픽 데이터를 통합하여 게임을 완성하는 일을 합니다. 게임프로그래머는 '게임서버프로그래머'와 '게임클라이언트프로그래머'로 구분합니다. '게임서버프로그래머'는 온라인 네트워크와 데이터베이스 관련 프로그래밍을 작업합니다. 이는 여러 게임 플레이어가 인터넷을 통해 같이 게임을 할 수 있도록 가상 공간을 만드는 작업입니다. '게임클라이언트프로그래머'는 컴퓨터에서 직접 실행되는 프로그램을 만듭니다. 게임상에서 각 유닛의 이동이나 전투 등 눈에 보이는 모든 부분을 개발하는 프로그래머입니다.

게임프로그래머가 하는 일은?

게임프로그래머는 프로그래밍을 통해 맵 디자인, 캐릭터 디자인, 사운드, 각종 시스템 등을 혼합해서 게임이라는 하나의 결과물을 만들어 내는 직업입니다. 하나의 게임이 완성되는 과정에서 가장 중요한 역할을 담당하는 사람입니다.

게임프로그래머는 컴퓨터 앞에 앉아서 오랜 시간 동안 작업해야 하므로 각자의 체형에 맞는 작업 환경을 만들기 위해 의자와 책상을 조정하고, 모니터, 키보드, 마우스는 인체 공학적으로 설계된 제품을 사용하는 것이 좋습니다. 쾌적한 실내 환경을 위한 적정 온도, 방음, 방습, 방진도 요구됩니다. 오랜 시간 컴퓨터 작업으로 인해 발생하는 VDT 증후군, 목 디스크, 허리 디스크, 시력 저하, 안구 건조증 등이 발병할 가능성이 높기 때문에 건강 관리에 유의해야 합니다.

> » 게임기획자, 그래픽디자이너, 음악 제작자로부터 넘겨받은 자료를 바탕으로 어떻게 프로그램으로 만들 것인지 설계합니다.
> » 게임 제작을 위한 엔진을 개발합니다.
> » 영상을 컴퓨터 모니터에 출력하는 데 필요한 제반 함수와 그래픽 특수 효과, 입력 장치 제어 루틴, 툴 등을 제작합니다.
> » 오버랩, 페이드인, 페이드아웃, 모자이크, 그레이 스케일, 셀로판 효과 등 그래픽 특수 효과를 제작합니다.
> » 플레이어가 게임이란 개체를 향해 특정 메시지를 전달할 수 있도록 키보드, 마우스 등의 입력 장치 제어 루틴을 제작합니다.
> » 그래픽 파일이나 사운드 파일이 정상적으로 게임 속에서 작동될 수 있도록 해 주는 프로그램을 작성합니다.
> » 게임을 테스트하여 에러를 수정하고 버그를 찾아냅니다.
> » 최신 게임 개발 기술 현황을 파악하고, 응용 방법을 연구합니다.

Jump Up

게임프로그래머의 분야별 역할에 대해 알아볼까요?

▶ 물리프로그래머: 현실 세계와 같은 물리 현상을 게임 플레이에 접목하여 사실감 있는 게임을 만드는 역할을 해요.

▶ 사운드프로그래머: 게임 내 모든 사운드 처리를 담당하며, 기획한 콘셉트에 따라 효과음이나 배경음이 적절하게 출력될 수 있도록 조절하는 역할을 해요.

▶ 렌더링프로그래머: 게임 화면에 나오는 모든 업무를 담당하며, 게임 엔진으로 구현한 기능들이 게임에서 잘 동작할 수 있도록 최적화하는 역할을 해요.

▶ 툴프로그래머: 게임 내에서 사용될 목적으로 만들어진 텍스처나 모델은 게임에서 바로 사용할 수 없기 때문에, 이러한 텍스처나 모델 등을 게임 제작 시에 사용할 수 있는 툴을 제작하는 역할을 해요.

▶ AI(인공 지능)프로그래머: 게임 내 등장하는 생명체들이 지능적으로 움직일 수 있도록 만들어 주는 역할을 해요.

▶ 애니메이션프로그래머: 게임원화가가 만든 캐릭터의 동작들을 게임 내에서 사용하기 위해 로직을 만드는 역할을 해요.

▶ 서버프로그래머: 게임을 위한 서버(가상 세계)를 구축하고, 플레이어가 보내주는 데이터를 처리하는 역할을 해요.

게임프로그래머 커리어맵

관련기관
- 한국게임개발자협회 www.kgda.or.kr
- 한국게임산업협회 www.kgames.or.kr
- 한국콘텐츠진흥원 www.kocca.kr

준비방법
- 수학 및 과학 교과 역량 키우기
- 게임 및 컴퓨터 관련 동아리 활동
- 게임 및 소프트웨어 기업 탐방
- 게임프로그래머 직업 체험 활동
- 컴퓨터 프로그래밍 언어(파이썬, C언어, JAVA 등) 습득

적성과 흥미
- 수학과 물리학에 대한 흥미
- 공간 지각 능력
- 대인관계 능력
- 의사소통 능력
- 리더십
- 책임감과 성실성
- 유창한 영어 실력
- 프로그래밍 언어 공부
- 논리적 사고력
- 상상력

관련학과
- 게임공학과
- 게임소프트웨어공학과
- 게임소프트웨어전공
- 게임소프트웨어학과
- 게임콘텐츠학과
- 게임학과
- 디지털게임공학과
- 게임콘텐츠학과
- 소프트웨어공학과
- 응용소프트웨어공학과
- 멀티미디어공학과
- 정보통신공학과
- 컴퓨터공학과

흥미유형
- 탐구형
- 현실형

관련교과
- 수학
- 과학
- 정보
- 음악
- 미술

관련자격
- 게임프로그래밍전문가
- 정보처리기사
- 정보처리산업기사
- 게임기획전문가
- 게임그래픽전문가
- MCSD
- SCJP
- 컴퓨터그래픽스운용기능사

관련직업
- 게임개발자
- 프로젝트매니저
- 게임기획자
- 웹마스터
- 웹프로그래머
- 게임그래픽디자이너
- 게임시나리오작가
- 게임음악가
- 게임음향기술자
- 게임프로듀서
- 게임디렉터
- 비디오게임디자이너
- 프로게이머
- 비디오게임해설자

게임프로그래머

35

게임프로그래머는 시나리오, 프로그래밍, 디자인, 음악 등 게임을 구성하는 모든 요소를 운영해야 하기 때문에 여러 분야에 걸쳐 풍부한 지식을 갖추어야 합니다. 게임 분야는 새로운 기술이 빠르게 등장하는 분야이므로 항상 공부하는 자세가 필요합니다. 기본적으로 수학, 물리학에 대한 흥미와 기본적인 지식을 갖추고 있어야 합니다. 높은 수준의 컴퓨터 그래픽 능력은 물론 음향, 색감, 정교한 움직임을 나타내려면 수학적 지식도 갖추어야 하고, 캐릭터들의 움직임을 현실감 있게 표현하려면 물리학 지식이 필요합니다.

C언어를 기본적으로 공부한 후에 C++, MFC, API, JAVA 등의 프로그래밍 언어를 배우면 좋습니다. 대부분 프로그래밍 기술이 영어로 쓰여 있어 기본적인 영어 실력은 갖추어야 합니다. 게임 프로그램을 만드는 과정은 여러 전문가의 협업으로 진행되기 때문에 프로젝트를 통합·관리할 수 있는 리더십, 원만한 대인 관계, 원활한 의사소통 능력을

갖추는 것도 필수적입니다. 항상 새로운 것을 탐구하기 좋아하고, 인간의 심리와 사회 변화에 관심을 가지며, 자신이 맡은 일을 끝까지 마무리할 수 있는 성실성과 책임감이 있고, 성격이 꼼꼼하며, 논리적 사고력과 상상력을 지닌 사람, 자신의 아이디어를 구체화하여 문서 및 시각화할 수 있는 창의적인 사람이 유리합니다. 게임 콘텐츠에 관심을 갖고, 다양한 프로그램을 활용하여 게임을 영상으로 표현하는 데 흥미가 있으며, 다양한 컴퓨터 프로그램을 다루는 능력을 지닌 사람에게 적합합니다. 탐구형과 현실형의 흥미 유형에 해당하는 사람이 적합합니다.

게임프로그래머에 관심이 있다면 수학, 물리학 교과에 대한 지식을 습득하는 데 노력해야 합니다. 파이썬이나 C언어를 배우는 것도 좋고, 평소 컴퓨터 프로그램 활용 능력을 쌓는 것도 권장합니다. IT 및 다양한 분야의 독서와 컴퓨터 관련 잡지나 신문을 구독하는 것을 권장합니다.

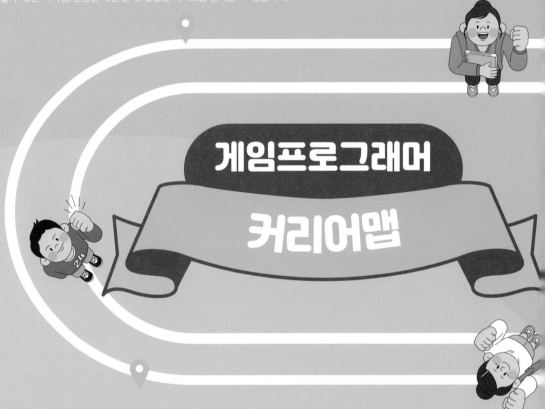

게임프로그래머 커리어맵

➡ 관련 학과: 게임공학과, 게임소프트웨어공학과, 게임소프트웨어전공, 게임소프트웨어학과, 게임콘텐츠학과, 게임학과, 디지털게임공학과, 게임콘텐츠학과, 소프트웨어공학과, 응용소프트웨어공학과, 멀티미디어공학과, 정보통신공학과, 컴퓨터공학과 등

➡ 관련 자격증: 게임프로그래밍전문가, 정보처리기사, 정보처리산업기사, 게임기획전문가, 게임그래픽전문가, SCJP, MCSD 등

Jump Up

게임마케터에 대해 알아볼까요?

게임마케터는 온라인이나 모바일 게임 이용자들의 동향과 성향을 분석하여 게임 홍보 전략을 수립·시행하고, 게임 및 게임 아이템 판매를 통해서 이익을 얻는 업무를 해요. 게임마케터가 되기 위해서는 상경계열, 홍보 및 게임학과 등 관련 전공 분야에서 마케팅 전략, 광고, 홍보 등에 관한 전문 지식을 배우거나 민간 기관의 게임마케터 전문 교육 프로그램을 이수하면 취업에 유리해요.

진출 방법은?

　게임프로그래머가 되기 위해서는 전문 대학 및 대학 졸업 이상의 전산 관련 전공이 우선시되기는 하지만, 전공 제한은 없습니다. 게임 프로그래밍 실력만 갖추었다면 전공과 상관없이 고등학교나 전문 대학을 졸업한 경우에도 가능합니다. 또는 게임 관련 인력 양성을 전문적으로 하는 게임 아카데미나 대학에서 운영하는 사회 교육원 등에서 교육을 받아도 됩니다. 그러나 게임 관련 학과에서는 게임 기획, 게임 연출, 게임 프로듀싱 및 아이디어 발굴을 위한 교육, 게임 시나리오 작성, 게임 그래픽 디자인, 게임 프로그래밍, 게임 음악 등을 체계적으로 배우기 때문에 게임프로그래머로 진출하는 데 비교적 유리합니다. 게임프로그래머는 Visual Tool, 컴퓨터 그래픽 애니메이션 개발 능력과 Windows, 포토샵, 프리미어, 프로그래밍 언어(C/C++등), 자료 구조 등에 대한 지식을 갖추는 것이 필요합니다.

　게임프로그래머는 게임 제작 업체, 소프트웨어 개발 업체, 영화사, 광고 제작 업체, 출판사, 애니메이션 제작 업체, 컴퓨터 활용 분야, 게임 프로그램 업체, 솔루션 개발 업체 등에 주로 취업하고, 경력 및 실력 여하에 따라 P2P 및 클라이언트 분야의 업무를 담당하기도 합니다. 게임프로그래머로 처음 진출하게 되면 3년 정도 P2P&클라이언트 분야의 서브 프로그래머로 근무합니다. 이후 5년 정도 근무하면 리드 프로그래머가 되어 웹PD 및 웹디자이너로 이동이 가능하고, 게임기획자로 직업을 옮기는 것도 가능합니다. 리드 프로그래머로 8년 정도 근무하면 게임 프로젝트 매니저로 승진할 수 있으며, 웹프로그래머, 소프트웨어개발자, 모바일게임프로그래머로 전직이 가능합니다. 게임 프로그램 개발 총괄 팀장이 되려면 10년 정도의 경력이 필요합니다.

관련 직업은?

게임개발자, 프로젝트매니저, 게임기획자, 웹마스터, 웹프로그래머,
게임그래픽디자이너, 게임시나리오작가, 게임음악가,
게임음향기술자, 게임프로듀서, 게임디렉터, 게임감시관 및 조사관,
비디오게임디자이너, 프로게이머, 비디오게임해설자, 게임마케터,
게임딜러, 일러스트레이터, 시나리오디자이너 등

미래 전망은?

　우리나라는 세계 최초로 온라인 게임 상용화에 성공하였습니다. 발달된 IT 인프라와 반도체, TFT, LCD, 모바일 분야 세계 1위의 기술력을 기반으로 세계 온라인 게임 분야의 발전을 선도하며, 아시아는 물론 유럽과 북미에서까지 우리나라의 온라인 게임이 서비스되어 게임 플레이어들을 열광시키고 있습니다.

　PC와 모바일 등 다양한 디지털 기기의 보급량이 급격히 증가하면서, 유아기부터 디지털 기기를 접해 온 청소년 세대들은 거부감 없이 디지털 기기를 능숙하게 다룰 줄 압니다. 또한 1인 가구의 증가와 개인주의의 확대 등으로 혼자서 여가 시간을 보내며 게임 콘텐츠를 이용하는 경우가 많은 것으로 나타나 게임프로그래머를 비롯한 게임 관련 직업의 전망을 밝게 하고 있습니다.

　온라인 게임에는 여러 가지 종류가 있는데, 그중 스마트폰을 이용한 모바일 게임이 가장 유망한 분야이기 때문에 모바일 게임 개발 부문의 인력에 대한 수요가 증가하고 있습니다. 우리나라의 게임 산업은 세계에서 선두권이고, 게임의 종류와 콘텐츠도 다양해지고 있으며, 국가 차원에서 전략적으로 육성하고 지원하는 분야이기도 합니다. 이렇듯 문화 산업의 중요성이 갈수록 증대하고 있는 상황은 게임프로그래머에 대한 고용에 긍정적인 영향을 미치고 있습니다. 또한 최근 게임 업계에서는 전문 게임프로그래머의 인력 부족 현상이 갈수록 심화되고 있어 인디 게임 업체, 중견 게임 개발 회사분만 아니라 대기업 게임 개발팀에서도 게임프로그래머 인력을 구하는 데 어려움을 겪고 있다고 하니 실력을 갖춘다면 취업에는 큰 걱정이 없을 것으로 예상됩니다. 게임프로.그래머의 경우에도 기업 규모에 따라 근무 환경의 차이가 크기 때문에 근무 여건이 상대적으로 열악한 중소기업보다는 대기업으로의 취업 경쟁은 치열할 것으로 예상됩니다.

정보통신공학과
게임프로그래머 전공 분석

어떤 학과인가?

정보는 "특정 목적을 위하여 광(光) 또는 전자적 방식으로 처리되어 부호, 문자, 음성, 음향 및 영상 등으로 표현된 모든 종류의 자료 또는 지식"이라고 정의되어 있습니다. 다시 말해 정보는 '의미를 갖는 자료' 또는 '자료를 목적에 따라 가공한 것'이라고 말할 수 있습니다.

정보통신공학은 이러한 정보를 전달하는 문제를 다루는 학문입니다. 여기에 정보를 저장하고 처리하는 영역까지 포함하면 넓은 의미의 정보통신공학을 의미합니다. 정보통신공학은 대용량의 정보를 빠르고 안정적으로 전송하기 위한 방법과 데이터 통신, 광통신 등을 연구하는 첨단 공학 분야로, 각종 인터넷이나 스마트폰 등을 비롯해 항공기, 자동차 등에 적용하기 위한 것까지를 포함합니다. 정보통신공학은 정보 통신 기술 중에서도 전자, 통신, 정보, 컴퓨터 기술을 묶어 주는 핵심 분야이며, 정보 통신 관련 기업체나 연구소에서는 많은 인재를 필요로 합니다.

정보통신공학에서는 기초 이론을 비롯해 정보 수집 및 관리 기술, 정보 분석, 정보 처리, 컴퓨터 시스템, 네트워크, 인공 지능 등 다양한 과목을 배웁니다.

교육 목표와 교육 내용은?

정보통신공학과는 정보를 효율적으로 전달하는 방법을 배우는 학과입니다. 유·무선과 컴퓨터 통신 기술을 활용하여 정보 전달을 실천하고, 스스로 문제를 해결할 수 있는 능력을 지닌 인재를 양성하는 것이 교육 목표입니다.

학과에 적합한 인재상은?

정보통신공학과의 특성상 평소에 통신, IT 기기, 컴퓨터 작동에 흥미가 있는 사람에게 적합합니다. 특히, 통신 기기나 컴퓨터를 조작하는 것에 흥미가 있고, 잘 다룰 수 있다면 공부를 하는 데 유리합니다. 더욱이 C언어나 파이썬과 같은 프로그래밍 언어를 다룰 줄 알고, 애플리케이션을 제작할 수 있는 능력이 있다면 매우 유리합니다.

> » 정보 통신 분야 시스템의 분석 및 설계 능력을 겸비한 전문 능력을 갖춘 인재를 양성합니다.
> » 전공 기초의 내실화를 통해 다양한 문제를 해결할 수 있는 창의력을 갖춘 인재를 양성합니다.
> » 문제 해결 능력과 미래 첨단 산업 선도 능력을 겸비한 정보통신공학인을 양성합니다.
> » 사회 발전을 위한 국제적 협동 능력을 갖춘 인재를 양성합니다.
> » 국제 사회에서 고부가 가치 창출 능력을 갖춘 글로벌 인재를 양성합니다.
> » 문제 해결 능력과 미래 첨단 산업 선도 능력을 겸비한 정보통신공학인을 양성합니다.
> » 국제적인 감각과 지역을 위해 봉사할 수 있는 지역형 리더를 양성합니다.
> » 실무 능력과 창의적 문제 해결 능력을 갖춘 성실한 인재를 양성합니다.
> » 타인과 의사소통을 원만히 수행할 수 있는 인재를 양성합니다.

컴퓨터와 정보 통신은 매우 밀접한 관계를 가지기 때문에 두 영역을 이해하는 것은 필수 요소입니다. 수학, 물리학 등의 교과에 흥미가 있는 사람, 전기전자공학에 대한 기본적인 지식이 있는 사람, 정보 기술을 응용할 수 있는 능력이 있는 사람, 공학 분야의 문제를 해결하고자 하는 열정이 있는 사람에게 적합합니다. 실험을 계획하고 수행하고자 하는 흥미와 적성을 가진 사람, 정보통신공학 분야에 대한 이해를 바탕으로 소프트웨어를 배우고자 하는 의지가 있는 사람, 최신 IT 기술을 활용하여 창의적인 소프트웨어를 개발하는 것에 관심이 있는 사람에게 적합합니다. 논리적인 사고력과 과학적인 응용력을 지니고, 정확한 판단력과 기계나 사물의 원리에 대한 호기심과 탐구심을 지니며, 창의적인 문제 해결 능력과 팀워크 능력을 갖추는 것이 필요합니다.

관련 학과는?

정보통신학과, 정보통신공학부, 정보통신공학전공, 정보통신군사학과, 정보통신보안학과, 정보통신융합공학과, 정보통신전자공학부, 정보통신학부, 스마트정보통신공학과, 전자정보통신공학과, 전자정보통신공학부, 전파정보통신공학과, 지능정보통신공학과, 컴퓨터정보통신공학과 등

주요 교육 목표

정보통신공학의 핵심 지식을
갖춘 인재 양성

- - - - - - - - - - - - - - - - -

시스템 분석 및 설계 능력을
지닌 인재 양성

- - - - - - - - - - - - - - - - -

직업적·도덕적·사회적
책임감을 지닌 인재 양성

- - - - - - - - - - - - - - - - -

다양한 문제를 해결할
수 있는 인재 양성

- - - - - - - - - - - - - - - - -

고부가 가치 창출 능력을
갖춘 글로벌 인재 양성

- - - - - - - - - - - - - - - - -

사회 발전을 위한 국제적
협동 능력을 지닌 인재 양성

취득 가능 자격증은?

☑ 정보통신기사	☑ 인터넷정보설계사
☑ 정보통신기술사	☑ 인터넷시스템관리사
☑ 네트워크관리기사	☑ 네트워크관리사
☑ 정보보호전문가	☑ 정보처리기사
☑ 정보검색사	☑ 정보처리산업기사
☑ 전자기사	☑ 전자계산기기사
☑ 방송통신기사	☑ 정보기술사
☑ 무선설비기사	☑ 정보관리기술사
☑ 인터넷정보관리사	☑ 전파통신기사
☑ 전자상거래관리사	
☑ 사무자동화산업기사	
☑ 정보시스템감사전문가(CISA)	
☑ 전자계산기조직응용기사	
☑ 컴퓨터시스템응용기술사 등	

진출 직업은?

가상현실전문가, 게임프로그래머, 네트워크관리자, 네트워크엔지니어, 네트워크프로그래머, 데이터베이스개발자, 디지털영상처리전문가, 모바일콘텐츠개발자, 시스템소프트웨어개발자, 응용소프트웨어개발자, 정보시스템운영자, 정보통신컨설턴트, 컴퓨터보안전문가, 컴퓨터시스템감리전문가, 컴퓨터프로그래머, 컴퓨터하드웨어기술자, 정보통신공학기술자, 통신기기기술자, 통신기술개발자, 통신망운영기술자, 통신장비기사, 통신장비기술자, 드론개발자, 변리사 등

추천 도서는?

- 정보 통신 배움터
  (생능, 정진욱 외)
- 지능정보사회와 AI 윤리
  (배움터, 한국정보통신보안윤리학회)
- AI 리터러시 시대의 정보통신개론
  (한빛아카데미, 고웅남)
- 정보통신과 신소재
  (과학동아북스, 과학동아북스 편집부)
- 4차 산업혁명과 미래사회
  (길벗캠퍼스, 안병태 외)
- 호모 컨버전스 (이사이, 권호정 외)
- 공학 윤리: 개념과 사례들
  (북스힐, 권오양 외)
- 메타버스 시대의 사물 인터넷
  (생능출판, 양순옥 외)
- 미래를 바꾼 아홉 가지 알고리즘
  (에이콘출판, 존 맥코익, 안병균 역)
- 미래 세상의 모빌리티
  (한빛아카데미, 임덕신 외)
- 십대를 위한 SW 인문학 (영진닷컴, 두일철 외)
- 프로그래머 수학의 시대 (로드북, 이재현 외)
- 메타 도구의 시대 (넥서스BIZ, 최윤석)
- 일렉트릭 유니버스
  (글램북스, 데이비드 보더니스, 김명남 역)
- 세상을 바꾼 작은 우연들
  (윌컴퍼니, 마리 노엘 샤를, 김성희 역)

학과 주요 교과목은?

기초 과목	이산수학, 기초미적분학, 컴퓨터개론 및 실습, 논리회로 및 실험, 확률과 통계, 컴퓨터프로그래밍실습, 컴퓨터통신개론, 자료구조, 정보통신개론, 회로이론의 이해, 디지털시스템, 디지털통신 등
심화 과목	컴퓨터구조, 통신시스템프로그래밍 및 실습, 회로해석 및 실험, 신호 및 시스템, 데이터통신 및 실험, 컴퓨터네트워크 및 실습, 디지털통신 및 실습, 마이크로프로세서응용설계, 이산신호처리, 네트워크설계, 정보통신종합설계, 정보통신망설계, 멀티미디어통신 등

졸업 후 진출 분야는?

기업체	정보 통신 기기 제조 업체, IT 업체, 네트워크 및 통신 업체, 시스템 통합 업체, 정보 통신 서비스 업체, 부가 통신 서비스 사업자, 이동 통신 사업자, 금융 기관, 방송국 등
연구 기관	정보 통신 관련 국가·민간 기업 연구소 등
정부 및 공공 기관	기술직 공무원, 정보 통신 관련 공공 기관 등

전공 관련 선택 과목은?

▶ 국어, 영어 교과는 모든 학문의 기초적인 성격을 가진 도구교과로 모든 학과에 이수가 필요하여 생략함.

수능 필수	화법과 언어, 독서와 작문, 문학, 대수, 미적분 I, 확률과 통계, 영어 I, 영어 II, 한국사, 통합사회, 통합과학, 성공적인 직업생활(직업)		
교과군	선택 과목		
	일반 선택	진로 선택	융합 선택
수학, 사회, 과학	대수, 미적분 I, 확률과 통계, 세계시민과 지리, 사회와 문화, 현대사회와 윤리, 물리학, 화학	기하, 미적분 II, 인공지능 수학, 한국지리 탐구, 경제, 윤리와 사상, 역학과 에너지, 전자기와 양자, 물질과 에너지, 화학 반응의 세계	수학과제 탐구, 사회문제 탐구, 융합과학 탐구
체육·예술			
기술·가정/정보	기술·가정, 정보	인공지능 기초	창의 공학 설계, 지식 재산 일반
제2외국어/한문			
교양			

학교생활기록부 관리는?

출결 사항	• 미인정 출결 내용이 없도록 관리하세요. 미인정 출결 내용이 있으면 인성, 성실성 영역 등에서 부정적 평가를 받을 가능성이 높아요.
자율·자치활동	• 정보통신공학 분야에 대한 관심과 흥미를 바탕으로 다양한 교내외 활동을 통해 창의적 문제 해결 능력, 의사 결정 능력, 협업 능력, 리더십 등이 드러나도록 하세요.
동아리활동	• 공학, 과학 실험, 과학 탐구, 수학, 컴퓨터, 코딩 관련 동아리 활동을 통해 정보통신공학 관련 학과에 대한 진학 준비를 하세요. • 가입 동기, 본인의 역할, 배운 점, 느낀 점, 진학에 도움이 되는 활동 등이 드러나도록 참여하세요. • 학교에서 주관하는 장애인, 다문화 가정 학생 돕기, 양로원 봉사 활동 등 사회 소외 계층을 대상으로 하는 봉사 활동을 하세요. • 학교내에서 타인을 위해 할 수 있는 지속적인 봉사 활동을 하세요.
진로 활동	• 정보통신공학 분야의 직업 정보 탐색 활동을 권장해요. • 정보통신공학 관련 기업 및 학과 체험 활동이 무척 중요해요. • 정보통신공학 분야에 대한 적극적 진로 탐색 활동을 통해 자신의 진로 역량, 전공 적합성, 발전 가능성 등이 드러나도록 하세요.
교과학습발달 상황	• 수학, 과학, 정보 등 이공계와 관련된 교과 성적은 상위권으로 유지하고, 관련 교과 수업에서 전공 적합성, 자기 주도성, 문제 해결 능력, 창의력, 발전 가능성 등의 역량이 발휘될 수 있도록 적극 참여하세요. • 구체적인 수업 참여와 그로 인해 변화된 점이 드러나도록 하세요.
독서 활동	• 인문학, 철학, 역사, 과학, 공학 등 다양한 분야의 책을 읽으세요. • 정보 통신, 4차 산업 혁명, IT 관련 독서를 통해 해당 전공에 대한 지식을 쌓는 것이 중요해요.
행동 발달 특성 및 종합 의견	• 창의력, 문제 해결 능력, 협업 능력, 리더십, 발전 가능성, 전공 적합성 등이 드러나도록 하세요. • 학교생활에서 자기 주도성, 경험의 다양성, 성실성, 인성(나눔과 배려), 학업 태도와 학업 의지 등 장점이 기록되도록 노력하세요.

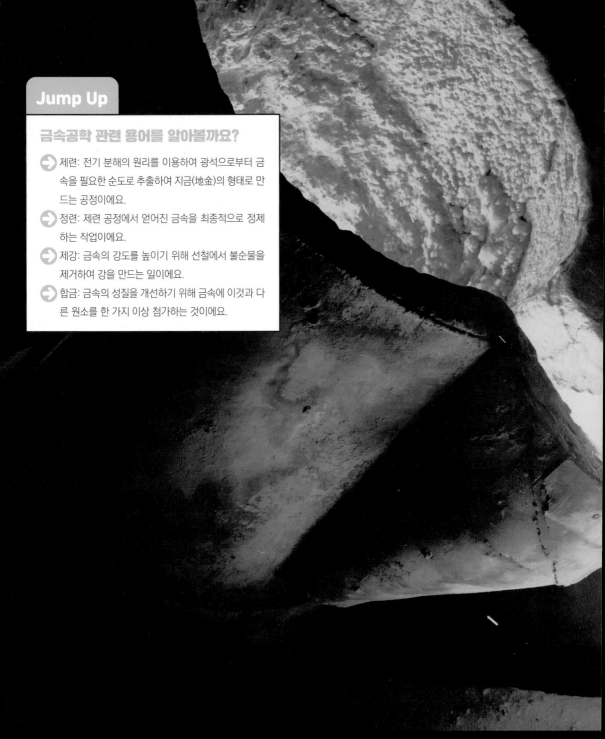

Jump Up

금속공학 관련 용어를 알아볼까요?

🡆 제련: 전기 분해의 원리를 이용하여 광석으로부터 금속을 필요한 순도로 추출하여 지금(地金)의 형태로 만드는 공정이에요.

🡆 정련: 제련 공정에서 얻어진 금속을 최종적으로 정제하는 작업이에요.

🡆 제강: 금속의 강도를 높이기 위해 선철에서 불순물을 제거하여 강을 만드는 일이에요.

🡆 합금: 금속의 성질을 개선하기 위해 금속에 이것과 다른 원소를 한 가지 이상 첨가하는 것이에요.

금속공학기술자란?

　인류의 문명은 불의 발견으로 시작해서 철금속으로 완성되었다고 표현할 만큼, 철금속은 인류 문명의 발전에 결정적인 영향을 미쳤습니다. 석기 시대를 지나 청동기 시대까지 느리게 발전해 오던 문명은 철기 시대를 맞이하면서 급속하게 발전하였습니다.

　철은 지구상의 주요 금속 원소 가운데 그 양이 가장 많습니다. 철을 재료로 사용한 모든 제품들은 녹여서 재활용할 수 있으며, 재활용을 하지 않더라도 다시 철광석으로 변하므로 자연을 오염시키지 않는 친환경적인 자원입니다. 철은 비교적 형태를 쉽게 바꿀 수 있으며, 한번 바뀐 형태는 다른 형태로 쉽게 변하지 않습니다. 이러한 특성으로 인해 수저, 그릇 등의 생활용품에서부터 철도, 자동차, 비행기 등의 교통수단, 우주항공 등의 첨단 산업 분야에 이르기까지 다양한 곳에서 활용되고 있습니다. 또한, 철을 다양한 곳에 사용하기 위해 다

금속공학기술자

금속공학과

른 금속과 합금을 하여 그 성질을 개선하기도 합니다. 이는 철금속이 우리 생활에 없어서는 안될 만큼 중요한 역할을 하기 때문입니다.

금속공학은 산업의 기초와 근간이 되는 다양한 금속을 연구하는 학문입니다. 금속 재료의 개발, 제강 공정 기술, 금속 가공 기술 및 고급 금속 재료 등에 관해 연구하는 학문입니다.

금속공학기술자는 원광석에서 유용한 금속을 추출하는 제련 및 정련 공정에서부터 각종 금속을 합금하거나 금속 제품을 생산하는 제조 공정에 이르는 일을 수행하는 직업입니다. 금속공학기술자의 업무는 항공 우주, 정밀 기계, 에너지 등의 첨단 산업에 이를 정도로 그 범위가 매우 넓으며, 국가 경쟁력을 높일 수 있는 중요한 직업이기도 합니다.

금속공학기술자가 하는 일은?

　금속공학기술자는 공학적 원리를 적용하여 원광석을 녹인 후 금속의 제련 및 정련 등의 공정 작업, 각종 금속을 이용한 합금 작업, 금속 제품을 생산하는 제조 작업 등의 업무를 담당합니다. 업무 내용에 따라 금속 제련 분야, 금속 재료 분야, 금속 가공 분야로 나눌 수 있습니다.

　금속공학기술자는 다른 직업에 비해 근무 시간이 길지 않고, 정신적·육체적 스트레스가 비교적 적어 근무 여건이 좋은 편입니다. 일자리 수요도 많아 취업 경쟁률도 낮은 편이고, 전문성을 갖춘 직업이라 고용 유지 수준이 높은 편입니다. 능력에 따른 승진 가능성이 높고, 발전 가능성이 높은 직종에 해당합니다.

> » 금속 및 합금의 제조 및 가공 방법을 개발하기 위한 응집·추출·제련·처리 공정을 개발합니다.
> » 금속의 특성에 관해 연구하고, 금속의 주형, 조형, 열처리를 위한 공정을 설계합니다.
> » 금속의 재료를 응집시키고 추출·제련·처리하는 공정을 계획·설계·개발합니다.
> » 금속 분야에 대한 자료를 수집·분석하여 사업체 운영에 맞는 생산 기술을 향상시키거나 신기술을 개발합니다.
> » 기존 설비의 시설 용량, 규격 및 형식 등을 검토하여 설비 개선 방안을 연구합니다.
> » 화학적·물리적 분석 등의 연구와 재료의 설계, 공정 검사 등에 대해 연구합니다.
> » 산업표준화 및 사내기술규격표준 등을 조정하여 생산 효율성을 높이고, 인허가 업무를 수행합니다.
> » 금속 제품의 제조, 가공, 합금, 금속 조직과 합금 시료 등 금속 분야에 대한 각종 자료를 수집·분석합니다.
> » 사업체 운영에 맞는 장단기 기술 정책을 입안하고, 생산 기술 향상 및 신기술 개발을 위한 방안을 연구합니다.
> » 금속 분야에 관련된 각종 설비 계획에 대해 기술적 조언을 제공합니다.
> » 기술 용역 계약에 포함되는 기술 사항을 작성하고 검토하는 업무를 총괄합니다.
> » 용역의 범위, 건설용원 소요, 구입 사양서 검토 등 각종 기술적 업무를 지원합니다.
> » 금속 기술에 관한 기술적인 사항을 교육합니다.

Jump Up

금속공학기술자의 업무 종류에 대해 알아볼까요?

▶ 금속 제련 분야: 원광석에서 필요한 금속을 추출하는 공정에 해당하는 기술을 다루어요. 각 금속의 특성을 파악하고, 화학적 성질을 이용하여 유용한 금속의 효과적인 추출 방법을 연구하고 추출 공정을 개발해요.

▶ 금속 재료 분야: 각 금속의 원자 구조, 결정 구조, 재료의 성질 등에 따른 기계적·화학적 성질을 변환하여 필요한 성능을 얻어요.

▶ 금속 가공 분야: 주조, 단조, 압연, 용접, 표면 처리 등의 방법을 사용하여 필요한 제품을 제조하며, 다양한 금속 재료와 합금 재료를 연구하여 특성에 따른 주조 방법이나 용접 방법을 개발해요.

금속공학기술자

커리어맵

관련기관
- 대한금속·재료학회 www.kim.or.kr
- 한국비철금속협회 www.nonferrous.or.kr

준비방법
- 자연과학 기초 지식 습득
- 공학 관련 동아리 활동
- 다양한 분야의 독서 활동
- 창의 공학 캠프 참여
- 금속공학기술자 직업 체험
- 금속공학 관련 기관 및 학과 탐방

적성과 흥미
- 기초 과학 교과 지식
- 수학, 물리학, 화학에 대한 흥미
- 인내심
- 대인관계 능력
- 의사 전달 능력
- 창의력
- 분석적 사고 능력
- 수리적 능력
- 진취성과 혁신성
- 융통성
- 적응성
- 혁신적 사고력

관련학과
- 금속공학과
- 금속재료공학과
- 기계금속재료전공
- 신소재공학과
- 재료공학부
- 재료화학공학과
- 나노신소재공학과
- 나노신소재학과
- 소재부품융합공학과
- 스마트그린소재공학과
- 신소재공학부 전자재료공학전공
- 유기재료공학과
- 융합소재공학부
- 인테리어재료공학과
- 전기재료공학과
- 전자재료공학과

흥미유형
- 탐구형
- 현실형

관련교과
- 수학
- 과학
- 기술·가정
- 정보

관련자격
- 금속기사
- 비철야금기술사
- 금속제련기술사
- 비파괴검사기술사
- 비파괴검사기사
- 비파괴검사산업기사
- 금속가공기술사
- 금속재료산업기사
- 금속재료기사
- 표면처리기술사
- 표면처리산업기사
- 금속재료시험기능사
- 주조기능장
- 주조산업기사
- 원형기능사
- 열처리기능사

관련직업
- 재료공학기술자
- 나노공학기술자
- 금속재료공학시험원
- 금속가공장치조작원
- 금속품질관리기술자
- 비파괴검사원
- 항공기루터조작원
- 금형주조기조작원
- 신소재공학기술자

금속공학기술자

적성과 흥미는?

금속공학기술자는 화학, 물리학, 수학과 같은 기초 과학 분야에 대한 지식을 습득해야 하고, 다양한 금속에 대해 흥미가 있어야 합니다. 연구 업무에 종사하는 경우, 다양한 실험을 통해 새로운 금속 재료를 개발해야 하므로 연구, 계획, 공정, 설치, 조작에 대한 공학적 개념과 원리를 이해하고, 실제로 적용할 수 있는 학습 능력, 분석적 사고 능력, 창의력, 수리적 사고 능력, 혁신적 사고 능력을 갖추어야 합니다.

새로운 소재를 개발하기 위해 새로운 기술을 빨리 받아들이고, 그것을 바탕으로 더 나은 소재를 개발하려는 진취적인 자세가 필요합니다. 실생활에서 사용하고 있는 다양한 소재에 대해 관심을 갖고, 새로운 소재 개발에 적용할 수 있는 능력을 갖추면 좋습니다.

첨단 금속 소재 분야 분야에서 근무하게 되면, 업무상 복잡한 구조의 기계 장치나 컴퓨터를 활용해야 하므로 기계, 전자, 컴퓨터 관련 기술을 습득하거나 장치를 다루는 것에 흥미가 있어야 합니다.

금속 재료를 개발하는 과정에서 측정 및 분석 업무를 하는 경우가 많으므로 인내심이 요구됩니다. 다른 분야의 전문가와 협업하는 경우가 많으므로 서로의 의견을 정확히 주고받을 수 있는 의사소통 능력, 의사 전달 능력, 대인 관계 능력, 협업 능력이 요구됩니다. 문제 해결 능력과 의사소통 능력이 부족하다면, 이를 향상시키기 위해 다양한 프로그램에 참여하거나 다양한 분야의 독서를 권장합니다. 이 외에도 문제를 해결하려는 의지, 상황 적응성, 융통성이 요구됩니다. 재료나 물체의 질감을 감지하고, 색상을 구별하며, 확대경이나 실험 기구를 사용하여 정밀 측정을 하기 위해서는 이에 적합한 시력을 갖는 것도 중요합니다. 탐구형과 진취형의 흥미를 가진 사람에게 적합한 직업입니다.

금속공학기술자 커리어맵

관련 학과 및 자격증은?

→ 관련 학과: 금속공학과, 금속재료공학과, 기계금속재료전공, 신소재공학과, 재료공학부,
　　　재료화학공학과, 나노신소재공학과, 나노신소재학과, 소재부품융합공학과,
　　　스마트그린소재공학과, 신소재공학부 전자재료공학전공, 유기재료공학과,
　　　융합소재공학부, 인테리어재료공학과, 전기재료공학과, 전자재료공학과 등

→ 관련 자격증: 금속기사, 금속재료기술사, 금속가공기술사, 금속재료기능장,
　　　금속재료산업기사, 금속재료기사, 금속제련산업기사, 금속재료시험기능사,
　　　주조기능장, 주조산업기사, 주조기능사, 원형기능사, 열처리기능사,
　　　중등학교 2급 정교사(재료) 등

진출 방법은?

금속공학기술자가 되기 위해서는 전문 대학 또는 대학에서 금속공학과, 재료공학과, 신소재공학과 등의 관련 학과를 졸업하는 것이 유리합니다. 전문 대학 교육을 받은 경우에는 교육과 현장 실무 경력을 통해 금속공학기술자가 될 수 있습니다. 대학 교육 과정에서는 금속 및 비금속 재료의 제조 및 가공, 광석에서 금속을 얻는 제련, 제련된 금속의 순도를 높이는 정련, 금속 재료 개발 및 금속 가공, 금속의 원자 구조 및 결정 구조, 합금의 현미경 조직과 기계적·화학적·물리적 성질, 금속의 소성 가공, 용접 가공, 분말 야금, 표면 처리 등의 기본 이론과 응용 방법을 배웁니다.

금속공학은 자동차, 반도체, 철강, 화학, 화공, 섬유, 전기, 전자, 조선, 항공 등 많은 영역과 관련되기 때문에 졸업 후에는 제철소, 철강 회사, 시멘트 회사, 중공업 회사, 기계 가공 회사, 자동차 회사, 항공기 재료 회사, 반도체 회사 등 다양한 분야로 진출할 수 있습니다. 그 외에도 정부 기관, 연구소 및 교육 기관에서 연구 개발 업무를 담당할 수 있는데, 그러한 업무를 수행하려면 석사 이상의 학력을 갖추어야 합니다.

관리 및 감독의 업무를 하는 경우, 일정한 경력을 쌓은 후 금속 제조 혹은 관련 기술 부문의 관리자로 승진할 수 있으며, 연구 개발 업무를 하는 경우, 충분한 경력을 쌓거나 박사 학위를 취득하게 되면 연구 책임자로 승진하여 독립적으로 프로젝트를 수행할 수 있게 됩니다. 금속 공학에 대한 풍부한 지식과 경험을 쌓은 전문가는 정부 기관 및 산업체의 컨설턴트로 진출할 수 있습니다.

관련 직업은?

재료공학기술자, 나노공학기술자, 금속재료공학시험원,
금속가공장치조작원, 금속품질관리기술자, 비파괴검사원, 비철주조원,
신소재공학기술자, 주화압연원, 용융도금원, 금형주조기조작원,
원료제어실운전원 등

미래 전망은?

현재 사용하고 있는 금속은 대략 70여 종에 달하고 있는데, 이것의 대부분은 산업 혁명 이후 19세기부터 사용되기 시작했습니다. 또한 금속의 1/3 이상이 제2차 세계 대전 이후부터 사용되기 시작했습니다. 즉, 현재 사용되고 있는 대부분의 금속은 산업의 발달과 함께 사용되기 시작했고, 앞으로 첨단 기술의 발달로 새로운 금속이 개발될 것으로 예상됩니다.

미래에는 금속 이외의 재료가 보다 많이 사용될 것으로 예상되나 금속은 여전히 중요한 역할을 할 것으로 보입니다. 금속 재료는 제철·제강·자동차·중공업·항공 우주·조선·원자력 산업은 물론 반도체·전자 산업 등의 많은 분야에서 기본 재료로 활용되고 있기 때문에 앞으로도 중요한 역할을 하게 될 것입니다. 최근에는 지구 환경과 에너지 절약이 큰 이슈가 되고 있는 만큼 각종 제철 폐기물을 재활용하는 분야도 각광받고 있습니다.

정부에서도 금속 소재 분야를 지원하기 위해 다양한 지원 사업을 실시하고 있고, 새로운 소재를 개발하기 위해 미래 핵심 기술인 BT(생명 공학 기술), IT(정보 통신 기술), NT(나노 기술), ET(환경 공학 기술) 등을 중점적으로 육성하고 있습니다. 이러한 산업의 발전에 따라 새로운 금속 소재에 대한 관심과 수요는 빠른 속도로 증가하고 있으며, 기업체에서도 기존 금속 소재의 성능을 향상시키는 기술 개발과 함께, 새로운 기능을 가진 금속 재료의 개발에 몰두하고 있습니다. 새로운 금속을 개발하기 위해 연구하는 분야에서는 뛰어난 역량을 갖춘 금속공학기술자에 대한 수요가 증가할 것으로 전망됩니다.

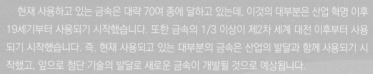

금속공학과

금속공학기술자 전공 분석

어떤 학과인가?

금속공학은 산업이 발전하는 데 있어 핵심적인 역할을 하는 중요한 공학 분야로, 물질의 구조와 특성을 이해하고, 이를 바탕으로 새로운 금속 소재를 개발·응용하는 데 필요한 학문입니다. 그리고 금속 재료의 생산 업무와 특수한 용도로 사용되는 신금속, 첨단 금속, 복합 재료 등의 개발 업무를 수행할 수 있는 자질을 키우는 학문입니다. 금속공학은 철강 및 비철 금속, 자동차, 반도체, 디스플레이, 생체 및 의학 분야 등 거의 모든 공학 분야와 관련되어 있습니다.

금속공학과는 생활용품 및 산업 제품을 생산을 하는 데 있어 가장 기본이 되는 금속 물질을 다루며, 금속 물질의 물리적·화학적·기계적·전기적 특성에 대한 이해와 응용 방법을 배우는 학과입니다. 금속의 제철·제강 작업에서부터 신소재 금속의 개발까지 다양한 과정을 배우게 됩니다. 또한 각종 물질이 다른 물질의 특성에 어떠한 영향을 미치는지를 연구하여 기존 물질을 개선하거나 새로운 물질을 개발하는 방법을 배우게 됩니다.

교육 목표와 교육 내용은?

금속공학과는 전체 산업 분야의 발전을 선도하고, 새로운 기술 개발의 기반이 되는 금속 재료의 연구 및 신소재 개발에 필요한 지식을 갖춘 금속공학 엔지니어의 양성을 목표로 합니다. 그리고 금속 재료의 연구·개발·제조와 특수한 기능이 요구되는 신소재·첨단·복합 금속 재료의 개발 및 생산 현장에서 생산·공정·자재·품질 관리 및 기술 영업 등의 업무를 수행할 수 있는 인재를 양성하는 것이 교육 목표입니다.

> » 신소재 개발 및 그 응용 기술에 대한 연구 능력을 갖춘 인재를 양성합니다.
> » 금속 소재 산업 분야의 유능한 기술인을 양성합니다.
> » 사회 및 국가 발전에 공헌할 수 있는 인재를 양성합니다.
> » 지성, 창의력, 리더십을 지닌 우수한 인재를 양성합니다.
> » 합리적인 사고방식을 갖춘 금속공학 분야의 고급 인재를 양성합니다.

Jump Up

항공기루터조작원에 대해 알아볼까요?

항공기 부품에 사용되는 비철 금속판이나 플라스틱판 제품을 비정형의 형상으로 가공할 수 있는 루터기(Router; 홈파기, 면 정리, 모양내기 등을 작업할 수 있는 기계)를 조작하는 직업이에요.

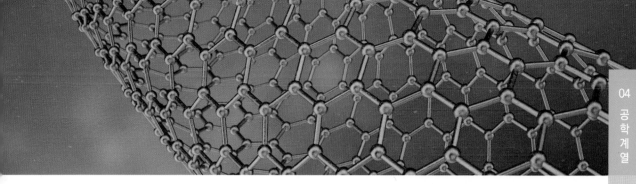

학과에 적합한 인재상은?

금속공학을 전공하려면 수학, 물리학, 화학 교과에 대한 기초 지식이 있어야 하고, 그 지식을 응용하는 데 관심이 많아야 합니다. 사물의 근원에 대해 관심을 갖고, 체계적으로 분석할 수 있는 능력과 분석한 것을 응용하려는 자세가 요구됩니다. 지적 호기심을 채울 수 있는 탐구심, 모든 일을 적극적인 자세로 해결하려는 자기 주도성과 문제 해결 능력, 복잡한 문제를 차근차근 풀어 낼 수 있는 인내심과 열정이 필요합니다.

각종 첨단 기술에 대해 관심을 갖고, 공학 기술을 적용하는 대상인 사회 문화의 다양성을 인정하며, 공학 기술의 공익적인 기능에 대해 관심 있는 사람에게 적합합니다.

금속공학은 첨단 기술 분야의 학문이므로 관련 서적의 대다수가 영어로 되어 있습니다. 따라서 원서를 읽고 이해할 수 있는 영어 실력도 중요합니다. 팀을 이루어 실험과 실습을 하게 되는데, 그러한 경우 대인관계 능력, 의사소통 능력, 협업 능력, 리더십 등이 요구되며, 변화를 주도하는 적극적인 자세와 다양성 시대에 맞게 가치 창조를 지향하는 자세를 갖추는 것이 필요합니다.

관련 학과는?

금속재료공학과, 기계금속재료전공, 신소재공학과, 재료공학부, 재료화학공학과, 나노신소재공학과, 소재부품융합공학과, 유기재료공학과, 융합소재공학부, 전기재료공학과, 전자재료공학과 등

진출 직업은?

금속공학기술자, 금속재료공학시험원, 금속품질관리기술자, 자동차소재연구원, 전자계측제어기술자, 나노소재품질시험원, 나노소재연구원, 반도체품질관리시험원, 비금속공학기술자, 비누 및 화장품공학기술자, 비파괴기술자, 신소재공학기술자, 재료공학기술자, 전자계측제어기술자, 전자의료기기개발자, 전자제품개발자, 품질관리사무원 등

주요 교육 목표

과학적·공학적 문제 해결
능력을 지닌 인재 양성

신기술 개발을 위한
창조적 연구 능력을 지닌 인재 양성

금속공학 분야의 발전을
선도하는 인재 양성

국가와 사회 발전에
기여할 수 있는 인재 양성

지성, 창의력, 리더십을 지닌 인재 양성

합리적인 사고방식을 지닌 인재 양성

취득 가능 자격증은?

- ☑ 침투비파괴검사기사
- ☑ 표면처리산업기사
- ☑ 금속제련산업기사
- ☑ 금속재료산업기사
- ☑ 금속가공기술사
- ☑ 금속재료기능장
- ☑ 금속재료기사
- ☑ 금속재료기술사
- ☑ 금속기사(재련분야)
- ☑ 금속기사(가공분야)
- ☑ 누설비파괴검사기사
- ☑ 방사선비파괴검사기사
- ☑ 와전류비파괴검사기사
- ☑ 자기비파괴검사기사
- ☑ 초음파비파괴검사기사
- ☑ 중등학교 2급정교사(재료) 등
- ☑ 제강기능사
- ☑ 제강기능장
- ☑ 제선기능사
- ☑ 제선기능장
- ☑ 사출금형산업기사
- ☑ 사출금형설계기사
- ☑ 프레스금형산업기사
- ☑ 프레스금형설계기사

추천 도서는?

- 10대를 위한 총균쇠 수업(넥스터써, 김정진)
- 총 균 쇠(김영사, 재레드 다이아몬드, 김주헌 역)
- 공학의 미래(쌤앤파커스, 김정호)
- 공학의 눈으로 미래를 설계하라
  (해냄출판사, 연세대학교 공과대학)
- 반도체 열전(비즈니스맵, 유웅환)
- 신소재 쫌 아는 10대(풀빛, 장홍제)
- 위험한 과학자, 행복한 과학자(행복에너지, 정용환)
- 코스모스(사이언스북스, 칼 에드워드 세이건, 홍승수 역)
- 이기적 유전자(을유문화사, 리처드 도킨스, 홍영남 외)
- 문과 남자의 과학 공부(돌베개, 유시민)
- 최소한의 과학공부(웨일북, 배대웅)
- 정보 통신과 신소재(과학동아북스, 과학동아북스 편집부)
- 쇼클리가 들려주는 반도체 이야기
  (자음과모음, 류장렬)
- 세상의 모든 원소 118
  (영림카디널, 시어도어 그레이, 꿈꾸는 과학 역)
- 파인만의 여섯 가지 물리 이야기
  (승산, 리처드 파인만, 박병철 역)
- 과학의 미래 청소년이 묻고 과학자가 답하다
  (자유로운상상, 박승덕 외)
- 이기적 유전자(을유문화사, 리처드 도킨스, 홍영남 외 역)
- 춤추는 술고래의 수학 이야기
  (까치, 레오나르도 믈로디노프, 이덕환 역)
- 부분과 전체(서커스, 베르너 하이젠베르크, 유영미 역)

학과 주요 교과목은?

기초 과목	소재기초과학, 소재열역학, 무기화학, 재료공학실험, 세라믹공정, 입문설계, CAD, 일반야금학, 금속열역학, 철강제련공학, 재료과학, 화학야금실험 및 종합설계, 철강재료학, 전기화학, 비철제련공학 등
심화 과목	재료설계학, 재료선택 및 활용, 재료소성론, 재료기기분석, 재료설계학, 반도체공학, 디스플레이공학, 나노재료, 소자재료, 복합재료, 캡스톤디자인, 금속강도학, 신금속재료학, 표면개질학, 접합공학, 합금설계학, 금속재활용, 에너지금속학, 결정분석학, 부식방식학, 나노금속재료, 분말야금학, 금속상변태, 금속물성학 등

졸업 후 진출 분야는?

기업체	반도체 제조 업체, 반도체 장비 및 소재 관련 기업, 석유화학 회사, 종합 제철소, 비철금속 제련 업체, 금속 가공 업체, 자동차 제조 업체, 조선 건조 업체, 항공기 제조 업체, 유리·도자기 등 전통 요업 업체, 전자 정보 소재 관련 업체, 염색 가공 업체, 섬유 제조 및 가공 업체, 엔지니어링 업체 등
연구 기관	반도체·금속·신소재·섬유·가공 관련 기업의 연구소, 대학 내 연구소 등
정부 및 공공 기관	재료·금속 관련직 공무원, 한국전자통신연구원, 한국과학기술원, 한국생산기술연구원, 요업기술원, 한국산업기술시험원, 한국기계연구원 부설 재료연구소, 한국기계연구원 등

🔍 전공 관련 선택 과목은?

▶ 국어, 영어 교과는 모든 학문의 기초적인 성격을 가진 도구교과로 모든 학과에 이수가 필요하여 생략함

수능 필수	화법과 언어, 독서와 작문, 문학, 대수, 미적분Ⅰ, 확률과 통계, 영어Ⅰ, 영어Ⅱ, 한국사, 통합사회, 통합과학, 성공적인 직업생활(직업)		
교과군	선택 과목		
	일반 선택	진로 선택	융합 선택
수학, 사회, 과학	대수, 미적분Ⅰ, 확률과 통계, 물리학, 화학	미적분Ⅱ, 역학과 에너지, 전자기와 양자, 물질과 에너지, 화학 반응의 세계	수학과제 탐구, 기후변화와 지속가능한 세계, 기후변화와 환경생태, 융합과학 탐구
체육·예술			
기술·가정/정보	기술·가정, 정보		창의 공학 설계, 지식 재산 일반
제2외국어/한문			
교양	생태와 환경		

학교생활기록부 관리는?

출결 사항	• 미인정(무단) 결석이나 지각, 조퇴 등이 있으면 인성 영역 등에서 부정적 평가를 받을 가능성이 높아요. • 근태 사항이 개근이 되도록 관리해요.
자율·자치활동	• 다양한 교내 활동 참여를 통해 공학 분야에 대한 관심과 참여가 드러나도록 해요. • 리더십, 책임감, 창의력, 문제 해결 능력, 의사 결정 능력, 협업 능력이 드러나도록 하세요.
동아리활동	• 공학 관련 동아리 활동에 꼭 참여하세요. • 과학실험, 과학탐구, 수학 관련 동아리 활동도 권장해요. • 가입 동기, 본인의 역할, 배운 점, 느낀 점 등이 기록되도록 하세요. • 코딩, 파이썬, 아두이노, C언어 등 프로그래밍 관련 동아리 활동을 권장해요. • 학교내에서 타인을 위해 할 수 있는 지속적인 봉사 활동을 하세요. • 학교에서 주관하는 보건소, 병원, 재활원, 사회 복지 시설 등 사회 소외 계층 및 약자를 대상으로 하는 봉사 활동에 참여하세요.
진로 활동	• 금속공학 분야의 직업 탐색 활동을 권장해요. • 금속공학 분야 관련 기관, 기업에서의 직업 체험 활동이나 금속공학 관련 학과 체험 활동이 매우 중요해요. • 금속공학 분야의 진로 탐색 활동을 통해 진로 역량, 전공 적합성, 발전 가능성 등이 드러나도록 하세요.
교과학습발달 상황	• 수학, 물리학, 화학, 기술·가정 등 금속공학 관련 교과에 대한 지식을 습득하는 데 노력하세요. • 창의적 사고, 도전적이고 실천적인 자세를 통해 문제 해결 능력이 드러나도록 하세요. • 수업을 통해 과제를 탐구하고, 새로운 아이디어를 프로그램화하여 발표할 수 있도록 하세요.
독서 활동	• 인문학, 철학, 역사, 공학 등 다양한 분야의 책을 읽으세요. • 4차 산업 혁명, 인공 지능, 로봇 분야의 도서, 잡지, 신문 등을 읽으세요.
행동 발달 특성 및 종합 의견	• 문제 해결 능력, 전공 적합성, 발전 가능성, 리더십 등이 드러나도록 하세요. • 도전 정신, 인성(나눔과 배려), 성실성, 의사 결정 능력, 자기 주도성, 탐구 능력 등이 드러나도록 하세요.

기계공학기술자란?

　우리는 아침에 일어나 학교에 도착하기까지 스마트폰, 냉장고, 엘리베이터, 전철, 버스, 택시 등 수많은 기계를 이용하면서 생활하고 있습니다. 이제는 기계의 도움 없이 살아간다는 것을 상상하기도 어려운 세상이 되었습니다.

　가솔린 자동차, 디젤 자동차, 최근의 수소 자동차, 전기 자동차, 자율 주행 자동차에 이르기까지 자동차 기술의 급속한 발달과 변화의 중심에는 기계공학이라는 학문이 있습니다. 하늘을 날고 우주를 탐험하는 항공우주공학도 기계공학에서 출발했으며, 산업 사회의 발달로 인한 생산성 향상과 자동화에 적합한 최적의 기술을 연구하고 응용하는 산업공학도 기계공학에서 출발한 학문 분야입니다. 그 외에도 자동차공학, 조선공학, 항공우주공학, 컴퓨터공학 등이 기계공학에서 시작된 학문일 정도로, 기계공학은 다양한 곳에 적용되는 학문입니

기계공학기술자
기계공학과

다. 이렇듯 우리의 삶과 밀접한 관련이 있는 기계공학은 여러 산업의 기초가 되고, 그 연구 분야도 광범위합니다.

기계공학기술자는 매우 다양하면서도 광범위한 영역에 영향을 미치고 있으며, 산업 발전에 핵심적인 역할을 하고 있습니다. 기계공학기술자는 초음속 비행기, 로봇 약사, 자율 주행 자동차 등 여러 첨단 기술이 적용된 기계를 인간이 저렴하고 효율적으로 이용할 수 있도록 만드는 전문가입니다.

기계공학기술자들이 새로운 기계를 개발함으로써 인간은 힘든 육체노동에서 벗어나게 되었으며, 삶은 과거보다 풍요로워졌고, 생활 공간도 육지에서 바다를 넘어 우주로까지 확대되고 있습니다.

기계공학기술자가 하는 일은?

기계공학은 모든 공학 분야와 융합되어 있어 그 영역이 자동차공학, 조선공학, 항공공학, 플랜트공학, 산업기계공학, 마이크로기계공학, 지능화기계공학, 바이오 및 신에너지기계공학, 메카트로닉스, 정보통신공학, 생명공학, 나노공학, 환경공학, 우주항공공학, 초소형기전공학 등의 첨단 기술 분야로 확장되고 있고, 그에 따라 기계공학기술자가 하는 일도 다양해지고 있습니다. 대표적인 기계공학기술자로는 조선공학기술자, 항공공학기술자, 철도차량공학기술자, 자동차공학기술자, 플랜트공학기술자, 산업기계공학기술자, 메카트로닉스기술자 등이 있습니다.

기계공학기술자는 기계공학의 원리를 이용하여 일반 기계, 생산을 위한 설비, 생산 시스템 등을 연구·설계·제조 및 운영하고, 생산 분야의 작업 단계와 제품을 검사하고 감독합니다. 이와 함께 산업 설비를 통한 생산 관리와 기계 품질 관리 및 평가에 관한 연구와 자문 역할을 수행합니다.

기계공학기술자는 다양한 분야의 산업과 관련되어 일하므로 분야와 업무에 따라 근무 환경이 차이가 납니다. 일반적으로 연구·개발 및 설계 업무를 수행하는 경우에는 연구실이나 실험실 등 내부에서 근무를 하고, 생산 및 관리 업무를 담당하는 경우에는 업무에 따라서 현장 관리실 등 외부에서 근무를 하기도 합니다. 기계공학기술자는 기계를 통해 우리의 삶을 더 풍요롭게 하고, 인간의 육체적 노동을 덜어줄 수 있기 때문에 일을 하면서 가치와 보람을 느낍니다. 다른 분야와 협업을 하거나 팀을 이루어 작업하는 경우가 많기 때문에 의사소통 과정에서 많은 인내심이 필요하며, 스트레스를 받기 쉽습니다.

기계공학기술자는 다른 직업과 비교하여 임금이 높고, 복지가 좋은 편입니다. 공기업이나 대기업의 정규직으로 고용되며, 고용이 안정적인 편이고, 자기 계발 가능성과 승진 가능성이 높습니다. 업무 자율성이 높고, 직업에 대한 소명 의식도 높아 직업 전문성이 높은 직업입니다.

> » 새로운 기계나 생산 설비 시스템을 개발하기 위한 아이디어를 계획하고, 관련 시스템을 설계합니다.
> » 다양한 기계 분야의 정보를 수집·분석하고 기계와 시스템의 설계, 운영, 성능에 관해 연구합니다.
> » 로봇, 자동차, 항공기, 의료 장비, 나노 장비, 초소형 실험 장비, 대형 플랜트 설비와 같은 기계와 화학 공장에서의 생산 시설 등을 설계하고 제작합니다.
> » 각종 자동화 설비나 기계 설비를 설치하고 변경·확장하는 것과 관련한 전체적인 업무를 수행하고, 기존 설치 환경에서 규격이나 용량 등을 검토하여 개선 방안에 대해 연구합니다.
> » 각종 설비의 제작, 변경 및 확장 등과 관련하여 견적서, 보고서, 제안서 등을 작성하고 검토합니다.
> » 기계와 관련된 도면을 작성하고 변경하며, 기술 용역을 계약할 때 필요한 각종 서류를 작성하고 검토합니다.

Jump Up

메카트로닉스공학기술자에 대해 알아볼까요?

메카트로닉스공학기술자는 의복, 식품, 자동차, 항공기 등 각종 제품들의 생산 과정을 자동화하는 설비 기술을 연구하고 개발해요. 특정 제품 생산을 위한 최적의 생산 설비를 제작하기 위해 계획 수립부터 목적에 맞는 자동화 생산 설비를 개발하고, 자동화 설비가 제대로 작동하는지 점검해요.

메카트로닉스공학기술자는 전기나 기계와 관련된 일들을 좋아하고, 논리적이며 호기심이 많은 사람에게 적합하고, 스트레스를 견디어 내는 적응성, 융통성, 협동 정신, 원만한 대인 관계 능력, 분석적인 사고 능력, 문제 해결 능력, 창의적인 사고력이 높은 사람에게 적합해요.

기계공학기술자
커리어맵

관련기관
- 한국유체기계학회 www.ksfm.org
- 대한기계학회 www.ksme.or.kr
- 한국자동차모빌리티산업협회 www.kama.or.kr
- 한국건설기계산업협회 www.kocema.org

준비방법
- 수학 및 과학 교과 역량 키우기
- 과학 및 공학 관련 동아리 활동
- 기계 관련 각종 전시회 탐방
- 기계 관련 기업이나 학과 탐방 활동
- 기계공학기술자 직업 체험 활동

적성과 흥미
- 기계에 대한 흥미
- 논리적인 사고력
- 수리력과 분석력
- 문제 해결 능력
- 협업 능력
- 대인관계 능력
- 의사소통 능력
- 창의력
- 도전 정신
- 호기심과 상상력

흥미유형
- 탐구형
- 현실형

기계공학기술자

관련학과
- 기계IT융합공학과
- 기계자동차공학과
- 기계공학교육과
- 기계로봇에너지공학과
- 기계융합공학과
- 기계자동차융합공학과
- 기계정보공학과
- 기계항공공학과
- 무인항공기계학과
- 매카트로닉스공학과
- 미래모빌리티공학과
- 미래자동차공학과
- 스마트모빌리티공학과
- 스마트에너지기계공학과
- 융합기계공학과
- 정밀기계공학과
- 항공기계공학과
- 항공정비기계공학과
- 기계공학과
- 기계설계공학과
- 기계산업공학과
- 기계시스템공학과
- 자동차공학과
- 로봇공학과
- 기계정보공학과

관련교과
- 수학
- 과학
- 기술·가정
- 정보

관련자격
- 기계설계산업기사
- 기계설계기사
- 메카트로닉스산업기사
- 메카트로닉스기사
- 기계기술사
- 기계기사
- 기계산업기사
- 산업설비기술사
- 생산자동화산업기사
- 기계제작기술사
- 선박기계기술사
- 자동차정비기사
- 자동차정비산업기사
- 기계조립산업기사
- 중등학교 2급 정교사 (기계)

관련직업
- 산업기계공학기술자
- 조선공학기술자
- 자동차공학기술자
- 항공공학기술자
- 메카트로닉스공학기술자
- 건설기계공학기술자
- 엔진기계공학기술자
- 철도차량공학기술자
- 로봇공학기술자
- 플랜트기계공학기술자
- 중등학교 기계 교사

적성과 흥미는?

기계공학기술자라는 직업에 관심이 있다면 기본적으로 수학, 물리학, 화학 등의 교과에 대한 흥미와 실력을 갖추어야 합니다. 또한 기계공학은 다양한 분야의 학문과 융합되어 활용되기 때문에 컴퓨터, 전자, 생물, 의학 등 여러 분야에 관심을 가지고 탐구하는 자세가 필요합니다. 새로운 모델과 새로운 기술을 연구 개발하기 때문에 창의적인 생각과 함께 상상한 것을 실제로 만들어 내는 능력, 논리적이고 분석적인 자세, 혁신적인 자세가 요구됩니다. 연구 개발 과정에서 발생하는 수많은 문제를 해결하는 문제 해결 능력과 포기하지 않는 끈기도 갖추어야 합니다.

여러 분야의 전문가들과 함께 팀을 이루어 작업하는 경우가 많기 때문에 협업 능력, 의사소통 능력이 중요하고, 대인 관계 능력, 융통성, 다른 사람의 의견을 적극적으로 수용하는 자세가 필요합니다. 현실형

과 탐구형의 흥미를 가진 사람에게 적합하며, 높은 적응성과 스트레스를 감내하는 능력, 분석적 사고력을 가진 사람에게 유리합니다. 기계나 장치에 대한 호기심이 있고, 기계의 작동 원리를 탐구하기 좋아하며, 한번 시작한 일은 끝을 보는 인내심, 수리력과 분석력, 도전 정신, 혁신 능력도 필요합니다.

기계공학기술자에 관심이 있다면 학창 시절부터 수학, 과학, 물리학, 화학, 컴퓨터 실력을 쌓을 것을 권장하고, 인문학, 철학, 심리학, 공학 등 다양한 분야의 독서 활동을 통해 지식을 습득하는 것이 중요합니다. 더불어 공학 관련 전시회 참관, 과학 및 공학 관련 동아리 활동 참여, 기계공학 관련 직업 탐색, 학과 탐방 활동 등에 적극 참여하는 것이 좋습니다.

기계공학기술자
커리어맵

관련 학과 및 자격증은?

➡ 관련 학과: 기계IT융합공학과, 기계자동차공학과, 기계공학교육과, 기계로봇에너지공학과, 기계융합공학과,
기계자동차융합학과, 기계정보공학과, 기계항공공학과, 무인항공기계학과, 매카트로닉스공학과,
미래모빌리티공학과, 미래자동차공학과, 스마트모빌리티공학과, 스마트에너지기계공학과,
융합기계공학과, 정밀기계공학과, 항공기계공학과, 항공정비기계공학과, 기계공학과, 기계설계공학과,
기계산업공학과, 기계시스템공학과, 자동차공학과, 로봇공학과, 기계정보공학과 등

➡ 관련 자격증: 기계설계산업기사, 기계설계기사, 일반기계기사, 메카트로닉스기사, 정밀측정산업기사,
기계기술사, 기계기사, 기계산업기사, 산업기계설비기술사, 생산자동화산업기사, 기계제작기술사,
기계조립산업기사, 선박기계기술사, 자동차정비기사, 자동차정비산업기사, 건설기계기술사,
중등학교 2급 정교사(기계) 등

진출 방법은?

기계공학기술자가 되기 위해서는 전문 대학 및 대학의 기계공학, 기계설계공학, 생산기계공학, 컴퓨터응용기계학 등의 기계공학 관련 학과를 졸업하거나 자동차공학, 항공우주공학, 조선공학 및 철도공학과 같은 제품 분야별 세부 전공을 선택하는 것이 좋습니다. 로봇공학이나 메카트로닉스공학, 자동화공학 등 융합된 학문을 전공하는 사람도 많습니다.

기계공학기술자는 대학을 졸업한 후에 주로 자동차 회사에 취업하나 항공, 전자, 반도체, 건축, 토목 등의 분야에도 진출합니다. 기업체에 취업한다면 주로 제품을 설계하고 개발·생산하는 분야에 종사하며, 기타 엔지니어링 회사, 벤처 기업, 컨설팅 회사 등에도 취업합니다. 기계공학은 분야가 넓기 때문에 대학 졸업 후 연구 개발 업무나 높은 수준의 설계 업무를 수행하기 위해서는 대학원의 석사 및 박사 과정에 진학하여 더 전문적인 지식을 습득해야 합니다. 석사나 박사 학위 과정을 마치면 정부 출연 연구소나 기업의 연구소 등으로 진출할 수 있습니다.

생산 관리 및 감독 업무를 하는 경우에는 대리, 과장, 부장 순으로 승진하고, 연구 개발 분야에서는 연구원, 선임 연구원, 책임 연구원 및 수석 연구원 순으로 승진합니다. 일정 기간 경력을 쌓은 후에는 습득한 기술을 바탕으로 관련 분야의 벤처 회사나 스타트업을 창업하거나 기계공학 관련 컨설턴트로도 활동할 수 있습니다.

관련 직업은?

산업기계공학기술자, 조선공학기술자, 자동차공학기술자, 항공공학기술자, 메카트로닉스공학기술자, 건설기계공학기술자, 엔진기계공학기술자, 냉난방 및 공조공학기술자, 사무용기계공학기술자, 철도차량공학기술자, 로봇공학기술자, 열관리기계공학기술자, 플랜트기계공학기술자, 기계공학시험원, 비파괴검사원 등

미래 전망은?

기계공학은 기계 설계와 정밀 부품 기계의 제작 등을 기초로 자동차, 전기, 전자, 통신, 항공 우주, 조선 해양, 환경, 건설 등 산업 전반에 응용되고 있습니다. 또한 정보 통신 기술, 생명 공학 기술, 환경 공학 기술, 나노 기술, 항공 우주 기술 등과 밀접한 관련이 있으며, 정밀 부품 소재에서부터 첨단 복합 설비 플랜트를 하나로 융합하는 종합 기술에 이르기까지 그 중요성이 더욱 커지고 있습니다.

기계 산업 분야는 제조업의 경쟁력을 좌우하는 핵심 산업이자 기간산업입니다. 자본 집약적인 산업이지만 기술 인력에 대한 의존도가 높아 기계공학기술자의 고용 전망은 밝은 편이라 할 수 있습니다. 기계 산업 분야의 발전 여부는 국내외 경제 상황과 아주 밀접히 맞물려 있는데, 특히 해외 수출 비중이 크기 때문에 세계 경제 상황에 따라 많은 영향을 받습니다. 국내 경기는 좋지 않지만 국제 경기가 회복되면, 해외에서의 주문이 증가해 기계공학기술자의 수요는 다소 늘어날 전망입니다.

기계 산업 분야에서도 일반적인 분야보다는 자율 주행 자동차, 지능형 자동차, 스마트 공장, 인공 지능 등의 지능형 기계 분야와 친환경 기계 설비 분야의 기계공학기술자의 수요가 늘어날 가능성이 높습니다. 또한 미래의 주력 산업인 로봇 산업은 국가 차원에서 투자가 기대되고 있고, 의료 기기 산업, 항공 우주 산업 등의 분야도 성장하고 있어 이 분야의 기계공학기술자의 수요도 늘어날 것으로 예상됩니다.

로봇 산업의 경우에는 우리나라를 비롯한 전 세계에서 성장 동력 산업으로 많은 지원을 하고 있기 때문에 국내 투자 또한 증가하고 있습니다. 기업에서 로봇 활용도가 높아지고 있고, 자연재해나 환경 오염 등에 대응하는 로봇과 해저 자원 및 우주 자원 발굴을 위한 로봇도 도입되고 있습니다. 더불어 삶의 질이 높아지면서 각종 서비스가 로봇을 통해 이루어질 것으로 예상되며, 고령화와 저출산에 따른 생활양식의 변화로 애완 로봇, 소셜 로봇의 개발 및 수요도 확대될 전망입니다.

Jump Up

스타트업(Startup)이란 무엇을 의미할까요?

이제 막 사업을 준비하고 시작한 기업을 의미해요. 현재의 가치보다는 미래의 가치로 평가받을 수 있는 큰 잠재력과 성장 가능성을 갖춘 기술 중심의 회사를 뜻하지요. 캘리포니아 대학 버클리 비즈니스 스쿨의 스티브 블랭크 교수는 "스타트업은 기업이라기보다는 반복과 탐색 가능한 비즈니스 모델을 찾아가는 조직"이라고 정의하고 있고, 에릭 리스는 "스타트업은 고객들에게 제공할 새로운 제품과 서비스를 창조하는 조직이다."라고 정의하고 있어요. 하지만 팀이나 프로젝트는 스타트업에 해당되지 않으니 실제 회사의 형태를 갖추어야 해요.

기계공학과
기계공학기술자 전공 분석

어떤 학과인가?

세계적인 로봇공학자 데니스 홍과 한국 최초의 우주인 이소연은 대학에서 기계공학을 전공했다는 공통점이 있습니다. 기계공학은 모든 공학의 토대가 되는 학문이기 때문에 공학 분야에서 명성을 얻고 있는 엔지니어들의 상당수는 기계공학을 전공했다는 특징이 있습니다. 기계공학은 공학 중 가장 오랜 역사를 가지면서도 첨단 공학까지도 포괄하는 학문이며, 현대 공학 분야의 가장 선두에서 관련 산업 분야와 함께 급속한 발전이 이루어지고 있는 학문이기도 합니다. 기계공학은 흔히 역학 분야만을 깊게 연구하는 학문으로 알려져 있으나 사실 전자 전기, 통신, 생명 과학, 신소재, 화학 분야와 결합하여 융합 학문으로 발전하고 있습니다.

기계공학의 분야는 기계요소, 기계 구조물, 생산 설비의 설계 및 제작, 생산 공정의 개발 및 자동화, 로봇 및 메카트로닉스 제품, 자동차·선박 및 항공기, 엔진 및 추진 장치, 냉난방 및 공조 장치, 풍력·화력·원자력 에너지 설비, 환경 제어 장치 등과 같은 다양한 제품의 개발 및 제조와 관련되어 있습니다. 또한 반도체 공정, 철강, 화학, 생명 과학 분야와도 융합하여 의료 기기를 연구하는 생체 공학이나 재료 공학 분야로 응용 범위를 넓히면서 우리의 삶을 변화시키는 중추적인 역할을 수행하고 있습니다.

기계공학과는 변화하는 사회 요구에 부응하여 미래 기술을 예측하고, 이에 대비할 수 있는 기술 인력을 양성합니다. 실생활에서 필요한 기계의 설계와 생산에서부터 자동차, 초고속 열차, 인공위성, 에너지, 로봇, 인공 장기, 나노 기술 등 미래의 첨단 기술까지 다양하게 교육합니다.

교육 목표와 교육 내용은?

기계공학과에서는 과학, 수학 지식을 응용하여 체계적으로 제품을 설계·제작하고, 그와 관련된 인간 활동을 보조하는 것에 관한 지식을 배웁니다. 각종 소비재 생산에서부터 철강, 반도체 등의 중간재 생산, 운송 기계 및 여러 산업에 활용되는 장비의 제작, 제반 공정의 계획 관리에 이르기까지 습득하는 지식의 범위가 넓습니다. 기계공학과의 교육 목표는 21세기 국가 사회 발전을 이끌 전인적 인재 양성과 전문 공학 인력의 양성에 있습니다.

학과에 적합한 인재상은?

기계공학을 전공하려면 수학, 물리학 과목에 대한 흥미가 있어야 하며, 그렇지 못할 경우 진학하더라도 적응하기 쉽지 않습니다. 고교 교육 과정에서 수학과 물리학 과목에 대한 이해도가 높은 학생이 기계공학과에 진학하면 학업 성취도가 높습니다. 기계공학과에 진학을 희망하는 사람은 물리학 II 까지 학습할 것을 권장합니다.

> » 기초 학문과 실용 학문의 조화로운 교육을 통해 견실한 공학적 이해·분석 및 응용 능력을 지닌 인재를 양성합니다.
> » 최신 기술 및 정보의 습득과 활용에 능숙하고, 이를 기계공학 문제의 해결에 응용할 수 있는 인재를 양성합니다.
> » 기계공학 문제를 종합적이고 창의적으로 해결할 수 있는 능력을 지닌 인재를 양성합니다.
> » 세계적 환경 변화에 효과적으로 적응하면서 국가와 인류의 번영에 기여할 수 있는 자질을 갖춘 인재를 양성합니다.
> » 기계공학을 바탕으로 다양한 전문 분야에 대한 창의적·실용적인 종합 설계 능력을 지닌 인재를 양성합니다.
> » 협업 과정에서 효율적으로 의사소통하고, 조직 관리와 경영을 할 수 있는 글로벌 리더를 양성합니다.
> » 기계공학적 지식으로 문제를 해결하는 능력을 갖추고, 신기술 개발에 필요한 도전 정신을 갖춘 인재를 양성합니다.
> » 지속적으로 능력을 개발하고, 자신과 관련된 기술에 대해 사회적·윤리적인 책임 의식을 갖춘 인재를 양성합니다.

기계공학을 배우면서 관련 산업 분야에 대해서도 지식을 습득해야 하므로 다양한 분야에 흥미가 있으면 좋습니다. 각종 기계의 구조와 원리에 대해 흥미가 있는 사람, 풍부한 상상력과 주변 환경에 대한 호기심으로 새로운 분야에 도전하는 것을 즐기는 사람, 한번 시작하면 끝을 보는 끈기와 인내심이 있는 사람에게 적합한 학문입니다.

기계공학을 공부하는 과정에서 팀을 이루어 프로젝트를 진행하는 경우가 많은데, 팀원 간 의사소통이 원활하지 못할 경우 기획 단계부터 제작하여 완성하는 단계에 이르기까지 문제가 발생할 수 있으므로 원만한 대인 관계 능력, 의사 전달 능력, 의사소통 능력과 협동심도 필요합니다. 또한 다른 사람들의 의견을 받아들이는 수용력과 의견을 조율하여 프로젝트를 이끌어 갈 수 있는 리더십도 필요합니다.

관련 학과는?

기계IT융합공학과, 기계자동차공학과, 기계공학교육과, 기계로봇에너지공학과, 기계시스템공학과, 기계산업공학과, 기계설계공학과, 기계융합공학과, 기계자동차융합학과, 기계정보공학과, 기계항공공학과, 로봇공학과, 무인항공기계학과, 매카트로닉스공학과, 미래모빌리티공학과, 미래자동차공학과, 스마트모빌리티공학과, 스마트에너지기계공학과, 융합기계공학과, 정밀기계공학과, 항공기계공학과, 항공정비기계공학과 등

진출 직업은?

기계공학기술자, 3D프린터개발자, 산업기계공학기술자, 메카트로닉스기술자, 로봇공학기술자, 플랜트공학기술자, 엔진기계공학기술자, 연료전지시스템연구 및 개발자, 건설기계공학기술자, 자동차공학기술자, 친환경자동차연구개발자, 전기자동차배터리개발자, 철도차량공학기술자, 인공위성개발원, 항공우주공학기술자, 열관리기계공학기술자, 냉난방 및 공조공학기술자, 기계공학시험원, 산업안전 및 위험관리원, 공업기계설치 및 정비원, 비파괴검사원, 기관사, 철도 및 지하철기관사, 중등학교 기계 교사 등

주요 교육 목표

실용적인 종합 설계 능력을
지닌 인재 양성

창의적인 문제 해결 능력을
지닌 인재 양성

국제적 리더십을 갖춘 인재 양성

외국어 능력을 갖춘 인재 양성

사회적·윤리적인 책임 의식을
지닌 인재 양성

기계공학 문제 해결에 최신 기술과
지식을 응용할 수 있는 인재 양성

취득 가능 자격증은?

☑ 일반기계기사 ☑ 기계설계기사
☑ 기계기술사 ☑ 기계기사
☑ 기계산업기사 ☑ 건설기계기술사
☑ 공조냉동기술사 ☑ 철도차량산업기사
☑ 철도차량기사 ☑ 철도차량기술사
☑ 차량기술사 ☑ 건설기계설비기사
☑ 기계설계산업기사 ☑ 공조냉동기계기사
☑ 메카트로닉스기사
☑ 정밀측정산업기사
☑ 산업기계설비기술사
☑ 생산자동화산업기사
☑ 건설기계설비산업기사
☑ 공조냉동기계산업기사
☑ 중등학교 2급정교사(기계) 등

추천 도서는?

- 나노 기술의 이해(서울대학교출판문화원, 서갑양)
- 시간여행을 위한 최소한의 물리학
  (미래의 창, 콜린 스튜어트, 김노경 역)
- 양자역학, 보이지 않는 세계를 열다(미래아이, 김성호)
- 사이버 물리 공간의 시대(사이언스북스, 최준균 외)
- 알기쉬운 기계공학 기초(경문사, 유주식)
- 뉴턴의 법칙에서 아인슈타인의 상대론까지
  (전파과학사, 팜 리즈 외, 이정호 역)
- 함께 배우는 기계공학 개론(교육과학사, 유주식)
- 알기 쉬운 기계공학 기초(경문사, 유주식)
- 레고로 배우는 기계의 운동원리 152(메가피아, 김창량)
- 기계의 법칙(한빛미디어, 넬로 크리스티아닌나, 김정민 역)
- 미래로 나아가는 공학수업
  (픽, 플로어 테일러, 고호관 역)
- 공학자의 세상 보는 눈(시공사, 유안선)
- 로봇시대 일자리의 미래
  (미디어숲, 제이슨 쌩커, 유수진 역)
- 4차 산업혁명 로봇 산업의 미래(크라운출판사,
  고경철 외)
- 미래의 물리학(김영사, 미치오 카쿠, 박병철 역)
- 뉴턴도 놀란 영재들의 물리 노트1
  (이치, 도쿄물리서클, 영재들을위한과학교사모임 역)
- 현대 창의 공학(북스힐, 김관형 외)
- 도구와 기계의 원리 Now:
  그림으로 보는 재미있는 과학 원리
  (크래들, 데이비드 맥컬레이, 박영재 외 역)

학과 주요 교과목은?

기초 과목	기초공학설계, 물리학 및 실험, 미적분학, 일반생물학, 일반화학, 공학수학, 동역학, 열역학, 고체역학, 기계재료, 전자공학기초, 기초전기전자실험 등
심화 과목	계측공학, 공학프로그래밍입문, 기계공작법실습, 기계공학실험, 기계공학종합설계, 기계공학프로젝트, 기계설계학, 기계요소설계, 기계진동, 그래픽 및 공학설계, 나노재료와 응용, 내연기관, 로봇공학, 메카트로닉스, 생체공학, 수치해석, 시스템모델링, 실험통계학, 열에너지 시스템, 열전달, 유체역학, 응용재료역학, 자동제어, 전기전자회로, 재료역학, 지능형생산공학 등

졸업 후 진출 분야는?

기업체	기계 및 관련 장비 생산 업체, 산업 기계 제작 회사, 자동차 생산 업체, 자동차 부품 설계 및 생산 업체, 자동차 정비 및 검사 업체, 항공기 제작 회사, 항공기 부품 회사, 조선소 등
연구 기관	중앙 정부 및 지방 자치 단체 기술직 공무원, 한국전력공사, 국방부, 한국기계연구원, 한국생산기술연구원, 한국표준과학연구원, 한국과학기술연구원, 한국원자력연구원, 한국국방연구원, 산업연구원 등
정부 및 공공 기관	특성화 고등학교, 대학 등

전공 관련 선택 과목은?

▶ 국어, 영어 교과는 모든 학문의 기초적인 성격을 가진 도구교과로 모든 학과에 이수가 필요하여 생략함.

수능 필수	화법과 언어, 독서와 작문, 문학, 대수, 미적분Ⅰ, 확률과 통계, 영어Ⅰ, 영어Ⅱ, 한국사, 통합사회, 통합과학, 성공적인 직업생활(직업)		
교과군	선택 과목		
	일반 선택	진로 선택	융합 선택
수학, 사회, 과학	대수, 미적분Ⅰ, 확률과 통계, 물리학, 화학	기하, 미적분Ⅱ, 인공지능 수학, 역학과 에너지, 전자기와 양자, 물질과 에너지, 화학 반응의 세계	수학과제 탐구, 융합과학 탐구
체육·예술			
기술·가정/정보	기술·가정, 정보	로봇과 공학세계, 인공지능 기초	창의 공학 설계, 지식 재산 일반
제2외국어/한문			
교양			

학교생활기록부 관리는?

출결 사항	• 미인정(무단) 결석이나 지각, 조퇴 등이 있으면 인성 영역 등에서 부정적 평가를 받을 가능성이 높아요. • 출결 사항 결과가 개근이 되도록 관리해요.
자율·자치활동	• 과학 탐구 활동 등을 통해 공학 분야에 대한 관심과 흥미가 드러나도록 아이디어 제안 및 문제 해결, 완성 등 일련의 활동 내역을 기록하세요.
동아리활동	• 기계공학 관련 동아리 활동에 적극적으로 참여하세요. • 과학실험, 과학탐구, 수학, 코딩 관련 동아리 활동을 권장해요. • 가입 동기, 본인의 역할, 배운 점, 느낀 점 등이 기록되도록 하세요. • 학교에서 주관하는 장애인, 다문화 가정 학생 돕기, 양로원 봉사 활동 등 사회 소외 계층을 대상으로 하는 봉사 활동을 하세요. • 학교내에서 타인을 위해 할 수 있는 지속적인 봉사 활동을 하세요.
진로 활동	• 기계공학 분야의 학과 및 관련 직업 정보 탐색 활동을 권장해요. • 기계공학 관련 기관이나 기업에서의 직업 체험 활동, 기계공학 관련 학과 체험 활동이 매우 중요해요. • 기계공학과 관련 있는 탐구 활동을 통해 진로 역량이 드러나도록 하세요.
교과학습발달 상황	• 수학, 물리학, 화학 등 이공계 관련 교과의 성적은 상위권으로 유지하고, 수업에서 어떤 역량을 발휘했는지가 기록될 수 있도록 수업에 적극 참여하세요. • 수학, 물리학, 화학 관련 학습 성취도나 참여 노력 등이 교과 세부 능력 및 특기 사항에 기록될 수 있도록 노력하세요. • 구체적인 수업 참여와 그로 인해 변화된 점이 드러나도록 하세요.
독서 활동	• 인문학, 철학, 역사, 심리학 등 다양한 분야의 책을 읽으세요. • 기계공학, 일반공학, 4차 산업 혁명, 로봇, 인공 지능 분야의 독서와 과학 관련 잡지의 구독을 권장해요.
행동 발달 특성 및 종합 의견	• 인성, 발전 가능성, 학업 역량, 전공 적합성 등이 종합적으로 드러나도록 하세요. • 도전 정신, 인성(나눔과 배려), 성실성, 의사 결정 능력, 자기 주도성, 탐구 능력 등이 드러나도록 하세요.

도시공학기술자란?

　도시 계획의 형태는 각 나라의 문화, 사회적 배경, 환경, 도시의 발전 단계 등에 따라 여러 가지로 나타납니다. 고대에는 정치적인 영향으로 궁전이나 종교 건축물이 도시 계획의 중요한 요소였으나, 중세에는 국가의 권력이나 종교적인 권위를 최우선으로 내세우는 것이 도시 계획의 핵심 요소였습니다. 이러한 차이는 로마를 비롯한 유럽의 중세 도시와 중국의 고대 도시, 우리나라 경주의 도시 구조에서 확인할 수 있습니다.

　도시 계획은 산업 혁명을 계기로 급속히 이루어진 공업화로 인해 발생한 도시 환경 문제를 해결하기 위해 시작되었습니다. 산업 혁명 당시에는 주로 일반적인 도시 계획에 집중되었으나 1960년대 이후에는 사회적·경제적·정치적 요소를 종합적으로 검토하고 분석하여 도시를 계획하는 개념으로 바뀌었습니다. 오늘날의 도시 계획은 환경 보전의 중요성 증가, 국가간 교류의 중요성 인식, 지속 가능한 성장 및 관리로의 패러다임 전환 등으로 인해 한층 더 체계적이고 발전된 개념으로 자리 잡게 되었습니다.

　도시 계획은 넓은 의미에서 보면, 사회적·경제적 활동과 기능이 한곳에 집중되어 있는 도시를 대상으로 하여 사람들이 보다 쾌적한 삶

도시공학기술자
도시공학과

을 영위할 수 있는 곳으로 만들기 위한 계획입니다. 도시에서 생활하는 사람들에게 필요한 주택, 상가, 공장 등의 건축물, 공공시설 및 공원, 도로와 다리 등을 적절하게 배치하고, 사람들이 안심하고 편안하게 생활하며 자유를 누릴 수 있는 공간을 확보하기 위해 진행하는 하나의 시스템이라 할 수 있습니다.

도시공학은 20세기 이후부터 도시를 공학적으로 분석하여 신도시 건설 여부, 도시 계획의 작성 및 실시, 도시 문제의 해결 등을 목적으로 연구가 시작된 학문입니다. 도시 계획을 통해 쾌적하고 살기 좋은 도시를 조성하고, 경제 발전과 사회 환경을 적절하게 조화시키는 것을 목표로 삼고 있습니다. 토목공학, 건축학과 관련성이 깊으며, 그 외에도 경제, 사회, 교통, 주택, 환경, 복지, 생활 등의 부분과 관련되어 있습니다.

도시 계획을 하는 데 있어 건축, 조경, 사회적 환경 등을 복합적으로 고려하여 균형, 조화, 가치를 만들어 내는 사람이 도시계획가입니다. 도시계획가가 삶의 질을 최우선으로 고려한다면, 자연 친화적이고 재생 가능하며 쾌적한 도시가 만들어질 것이고, 그렇지 않다면 난개발로 인한 도시 과밀과 환경 파괴 등의 많은 부작용이 나타나는 도시가 만들어질 것입니다. 그만큼 현대 사회에서는 도시계획가의 역할이 중요하다고 할 수 있습니다.

도시공학기술자가 하는 일은?

도시계획가는 도시 인구가 급증하고 문화, 행정, 산업, 교통, 교육, 환경 등의 각종 기능이 도시로 집중됨에 따라 주어진 토지를 합리적으로 이용하고, 국토와 도시 기능의 효율성을 높이기 위한 도시 계획을 수립하고 설계하는 일을 합니다. 도시계획가는 전체 국토에 대한 계획, 시·도의 광역 도시 계획, 각 도시의 기본 계획 및 관리 계획을 비롯하여 신도시, 주택 단지, 산업 단지, 관광 단지 등 신시가지 개발, 도시의 미관 향상과 기능 회복을 위한 도시 경관 계획, 도시 재생 사업 등에 이르기까지 광범위한 일을 합니다.

도시계획가는 도시 계획 및 설계, 보고서 작성을 위해 사무실에서만 근무하는 것이 아니라 도시 설계 대상 지역을 방문하여 현지를 조사하거나 주민 등 이해 관계자의 의견을 듣고 협의하는 등의 업무를 수행합니다. 계획 수립과 의견 수렴 과정에서 다른 분야의 전문가와 이해 관계자의 각기 다른 의견을 듣고 조율하고 설득해야 하므로 그에 따른 스트레스를 받기도 합니다.

> » 기존 도시와 특정 단지의 재개발 또는 신도시 건설과 관련하여 도시 및 단지를 계획하고 설계합니다.
> » 해당 지역의 환경과 지리적 위치, 지형, 기후 등의 자연환경을 조사하고 분석하여 도시 계획을 수립합니다.
> » 토지의 활용, 물리적 시설의 관리, 도시 및 전원 지역, 지방을 위한 관련 서비스 계획을 수립합니다.
> » 국토의 효율적인 개발을 위한 계획 수립과 그 집행 과정에 참여합니다.
> » 각종 예측 기법을 통해 미래의 인구 규모, 경제적 여건 등을 예측하고, 이를 토대로 원활한 기능 수행이 가능한 각종 시설의 배치 계획을 수립합니다.
> » 인간과 자연환경, 자연 에너지를 효율적으로 활용할 수 있도록 도시를 계획합니다.
> » 친환경 도시 건설을 위해 환경과 지리적 위치, 지형 및 지세, 기후 등 자연환경을 조사하고 분석합니다.
> » 도시 계획 과정에서 기술적 자문을 담당하고, 계획안에 대한 이해를 도우며, 몇 번의 수정안을 작성하여 의견을 수렴합니다.
> » 시공에 따라 발생되는 여러 문제점을 해결하기 위해 현장 점검, 안전 진단 등의 업무 및 감리 업무를 담당합니다.

Jump Up

생태 도시란 무엇인지 알아볼까요?

생태 도시는 사람과 자연 혹은 환경이 조화를 이루며 공생할 수 있는, 도시의 체계를 갖춘 도시를 말해요. 도시의 환경 문제를 해결하고, 환경 보전과 개발을 조화시키기 위한 하나의 방안으로써, 도시 개발·도시 계획·환경 계획 분야에서 새롭게 등장한 개념이에요. 이러한 생태 도시는 도시를 하나의 유기적 복합체로 보아 다양한 도시 활동과 공간 구조가 생태계의 속성인 다양성, 자립성, 순환성, 안정성 등과 어우러지게 하여 인간과 자연이 공존할 수 있게 해요.

도시공학기술자 커리어맵

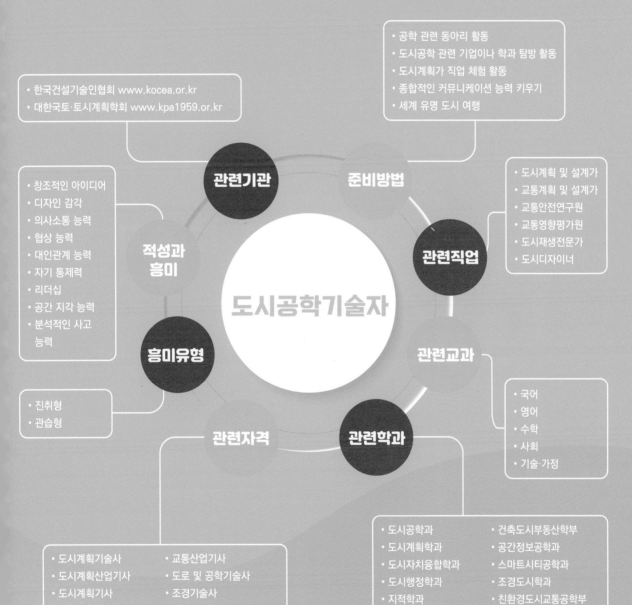

준비방법
- 공학 관련 동아리 활동
- 도시공학 관련 기업이나 학과 탐방 활동
- 도시계획가 직업 체험 활동
- 종합적인 커뮤니케이션 능력 키우기
- 세계 유명 도시 여행

관련기관
- 한국건설기술인협회 www.kocea.or.kr
- 대한국토·도시계획학회 www.kpa1959.or.kr

적성과 흥미
- 창조적인 아이디어
- 디자인 감각
- 의사소통 능력
- 협상 능력
- 대인관계 능력
- 자기 통제력
- 리더십
- 공간 지각 능력
- 분석적인 사고 능력

관련직업
- 도시계획 및 설계가
- 교통계획 및 설계가
- 교통안전연구원
- 교통영향평가원
- 도시재생전문가
- 도시디자이너

흥미유형
- 진취형
- 관습형

관련교과
- 국어
- 영어
- 수학
- 사회
- 기술·가정

관련자격
- 도시계획기술사
- 도시계획산업기사
- 도시계획기사
- 교통기술사
- 교통기사
- 교통산업기사
- 도로 및 공학기술사
- 조경기술사
- 조경기사
- 조경산업기사

관련학과
- 도시공학과
- 도시계획학과
- 도시자치융합학과
- 도시행정학과
- 지적학과
- 도시계획조경학부
- 도시계획부동산학과
- 도시인프라공학과
- 도시정보공학과
- 도시철도시스템학과
- 건축도시부동산학부
- 공간정보공학과
- 스마트시티공학과
- 조경도시학과
- 친환경도시교통공학부
- 도시교통공학과
- 스마트철도교통공학과
- 교통공학과
- 교통시스템공학과

적성과 흥미는?

　도시계획가에게는 도시와 인간, 자연에 대한 종합적 이해와 지식, 폭넓은 분석이 요구되며, 멀리 볼 수 있는 안목과 미래에 대한 장기적인 예측 능력이 필요합니다. 특히 도시를 계획하고 설계함에 있어서 창조적인 아이디어를 활용하고, 실제로 표현할 수 있는 디자인 감각이 요구됩니다. 많은 사람들의 의견을 듣고 가장 최선의 방법을 이용해 도시를 설계하고 계획해야 하기 때문에 수많은 이해 당사자들을 설득하고, 그들의 의견을 청취하고 조율할 수 있는 의사소통 능력과 협상 능력도 필요합니다.

　도시계획가는 업무를 수행하는 과정에서 팀으로 일하는 경우가 많으므로, 원만한 대인 관계 능력과 협동심, 자기 통제력, 리더십, 인내심, 어려운 상황에서도 효과적으로 대처할 수 있는 능력이 필요합니다. 진취적이면서 분명하고 체계적인 일을 좋아하는 사람에게 적합하고, 설계 도면을 작성하는 일들이 많기 때문에 공간 지각 능력도 갖추어야 합니다.

　거시적인 안목을 통한 분석적인 사고 능력과 각종 사물을 범주화하는 능력, 도시와 자연환경 등에 따라 인간의 삶이 어떻게 달라질 것인가를 내다볼 수 안목도 갖추면 도움이 됩니다. 진취형, 관습형의 흥미를 가진 사람에게 적합한 직업입니다.

　도시계획가에 관심이 있다면 국어, 사회, 기술 가정, 수학, 영어 교과에 대해 흥미를 갖고, 관련 교과의 기본 지식 습득에 노력을 기울여야 합니다. 자신이 만든 계획안을 여러 사람들 앞에서 설명하거나 설득해야 하는 일이 많으므로 말하기, 듣기, 글쓰기, 그림 그리기 등의 종합적인 커뮤니케이션 능력을 함양하는 것이 매우 중요합니다. 세계의 많은 도시들을 여행하면서, 도시계획자의 시선으로 해당 도시의 장단점을 직접 체험해 보는 것도 도움이 됩니다.

도시공학기술자 커리어맵

관련 학과 및 자격증은?

➡ 관련 학과: 도시공학과, 도시계획학과, 도시자치융합학과, 도시행정학과, 지적학과, 도시계획조경학부, 도시계획부동산학과, 도시인프라공학과, 도시정보공학과, 도시철도시스템학과, 건축도시부동산학부, 공간정보공학과, 스마트시티공학과, 조경도시학과, 친환경도시교통공학부, 도시교통공학과, 스마트철도교통공학과, 교통공학과, 교통시스템공학과 등

➡ 관련 자격증: 도시계획기술사, 도시계획기사, 도시계획산업기사, 교통기술사, 교통기사, 교통산업기사, 도로 및 공학기술사, 조경기술사, 조경기사, 조경산업기사 등

Jump Up

스마트 도로에 대해 알아볼까요?

정보 통신 기술(ICT)을 활용한 차세대 도로를 말해요. 기존에는 CCTV 등을 통해 얻은 교통 정보를 전광판에 띄워서 운전자들에게 교통 상황을 전달했으나, 새롭게 구축하고 있는 스마트 도로 시스템은 통행 차량을 통해 교통 정보를 얻어, 해당 정보를 다른 차량이나 교통 센터로 직접 전달해요.
교통사고 정도, 도로 낙하물, 싱크홀, 기상 정보를 비롯해 로드킬(동물이 도로에서 자동차 등에 치여 사망하는 사고)이 잦은 구간 등의 정보도 제공하여 고속도로에서 발생하는 2차 교통사고 발생률을 줄일 수 있어요. 또한 자율 주행 자동차가 안전하게 고속도로를 주행할 수 있는 시스템을 제공하기도 해요.

진출 방법은?

도시계획가가 되기 위해서는 대학교에서 도시공학, 도시지역계획학, 도시환경학, 지역개발학, 교통공학, 건설도시공학, 도시정보공학, 도시계획공학 등을 전공하고 관련 업계로 진출하는 것이 일반적입니다. 대학에서 관련 학과를 전공하면서 도시 계획 관련 과목을 이수하거나 도시 및 교통공학 대학원에 진학하여 전문적으로 공부하는 경우도 있습니다. 관련 학과에서는 도시계획, 도시발달사, 도시개발, 도시설계, 교통계획, 교통공학, 지역계획, 환경계획, 도시환경, 도시구조, 조경계획, 도시경제, 물류시스템, 도시법규, 도시정책, 부동산학 등을 배우게 됩니다. 최근에는 건축, 토목, 환경, 도시 및 교통공학 등을 통합해 하나의 학부제로 운영하는 학교가 증가하고 있습니다.

도시계획가가 되기 위해 도시 및 지역 계획, 국토 계획, 교통 관련 엔지니어링 회사, 설계 회사, 교통 정보화 관련 업체 등으로 진출합니다.

한국토지공사, 대한주택공사, 도시개발공사, 한국도로공사, 한국관광공사, 수자원공사, 지하철공사 등 정부 투자 기관에 진출할 수 있고, 부동산 개발 회사나 컨설팅 업체, 연구소, 민간 건설 회사의 개발사업팀, 주택사업팀 등으로도 진출할 수 있습니다.

엔지니어링 회사를 비롯한 민간 업체는 주로 공개 채용을 하지만 추천을 통해 특별 채용을 하는 경우도 있습니다. 공무원이 되려면 중앙 부처 및 지방 자치 단체에서 주관하는 기술직(도시계획) 공무원 시험에 응시하여 합격해야 합니다. 최근 가장 많은 관심을 받는 친환경도시계획가가 되기 위해서는 대학 및 대학원에서 도시 계획 관련 학과를 전공하고, 관련 분야에서 일정 기간 실무 경력을 쌓은 후 도시계획기사, 도시계획기술사 등의 자격증을 취득하면 좋습니다.

관련 직업은?

도시계획 및 설계가, 교통계획 및 설계가, 교통안전연구원, 교통영향평가원, 도시재생전문가, 도시디자이너 등

미래 전망은?

오늘날 전 세계 인구의 절반이, 그리고 우리나라의 경우에는 인구의 90%가 도시에 살고 있습니다. 최첨단 정보 통신 기술이 도시의 구조와 기능에 적용되고, 초고층화와 현대화에 따라 공공 서비스에 대한 수요도 날로 늘어나고 있습니다. 에너지와 친환경에 대한 관심이 증가하면서 도시계획에 있어서도 도시의 기술적인 부분과 함께 미적 아름다움, 도시 디자인, 친환경 도시 건설에 대한 요구가 높아지고 있습니다.

도시계획가의 고용에 영향을 미치는 국토 및 도시 개발은 100%를 넘는 주택 보급률, 저출산 및 고령화, 경기 침체 등에 영향을 받습니다. 또한 베이비붐 세대의 은퇴와 1인 가구의 증가는 소형 주택 비율을 증가시키며, 이는 주택 보급률 상향으로 연결되어 주택 건설 시장의 침체에 영향을 줄 것으로 보입니다.

반면, 도심을 살릴 목적으로 추진되고 있는 도시 재생 정책은 도시 문제 해결을 위한 좋은 방안으로 부각되고 있습니다. 도시 재생 산업이 활성화된다면 도시 건설 부분의 새로운 성장 동력이 될 것으로 예상됩니다. 문화 관광 서비스 산업의 일환으로 관광지 경관 개선 및 관리 부문에 대한 투자 확대가 이루어지고 있습니다. 또한, 도시 기능의 효율성을 높이기 위해 IT와 결합한 유비쿼터스 도시에 대한 중요성이 커짐에 따라 도시 계획과 IT 기술의 융·복합 능력을 갖춘 도시 계획, 친환경적이면서도 자연재해로부터 안전한 도시 환경 및 경관, 도시 안전과 방재에 대한 도시 계획 및 컨설팅 업무가 증가할 것으로 예상됩니다.

최근에는 자율 주행 자동차에 대한 연구가 활발히 진행되고 있는데, 실제 자율 주행 자동차가 도로 위를 주행하기 위해서는 첨단 도로 정보 시스템이 갖추어져야 하므로, 도시공학 분야에서 스마트 도로 및 고속도로 구축을 위한 분야의 인력 수요가 폭발적으로 증가할 것으로 예상됩니다.

도시공학과
도시공학기술자 전공 분석

어떤 학과인가?

현대인들에게 도시는 삶의 터전이며, 정치, 경제, 사회, 문화 등 생활의 중심이 되었습니다. 도시에는 많은 사람들이 거주하며 생활하고 있고, 이에 따라 주택, 교통, 환경 등 다양한 문제가 발생하기 때문에 보다 나은 도시를 원하는 요구도 커지고 있습니다. 도시공학은 20세기 이후부터 전 세계적으로 급속히 확산되고 있는, 도시화 과정에서 새롭게 생겨난 학문입니다.

도시공학은 도시를 공학적으로 분석하고, 도시 계획을 설계하며 도시 문제의 해결 등을 연구하는, 순수 학문과 응용 학문이 융합된 종합 학문입니다. 도시가 안고 있는 각종 문제를 해결하여 삶의 질을 높이는 한편, 생활 환경을 친환경적으로 만들기 위한 계획과 개발 방법들을 탐구합니다. 삶의 질과 관련된 공간을 다루는 학문이기 때문에 건축, 토목, 환경, 기계 등의 공학적 지식뿐만 아니라 법, 행정, 사회, 경제, 경영 등 다양한 인문·사회 분야의 학문과도 밀접한 관련이 있습니다.

도시공학과는 도시가 가지고 있는 여러 가지 문제들을 해결하여 사람들의 삶의 질을 높이고, 쾌적한 생활 환경을 만드는 방법에 대해서 공부하는 학과입니다. 도시 공간을 공학적 관점에서 환경적으로나 기능적으로 보다 나은 삶의 터전으로 만드는 데 필요한 인력을 양성하고, 미래 도시를 계획·건설 관리하는 데 필요한 역량과 지식을 갖춘 도시 전문가를 양성하는 학과입니다.

교육 목표와 교육 내용은?

도시를 계획한다는 것은 도시 기반 편의 시설을 비롯한 다양한 물리적 시설을 제공함과 동시에 민주적 도시 공동체를 형성하는 데 바탕이 됩니다. 도시공학과는 사회의 빠른 변화에 발맞추어 도시가 풀어야 할 다양하고 복잡한 과제를 해결하는 데 필요한 기초 역량과 보편적 지식을 갖춘 전문가를 양성합니다. 또한 살기 좋고 지속 가능한 도시를 만들기 위해 요구되는 이론과 실무적 역량을 겸비하고, 도시 사회를 발전적으로 이끌어갈 창의적인 도시계획가를 양성하는 것을 교육 목표로 합니다.

도시공학과의 교육 목표는 도시 계획, 도시 설계, 공간 계량 분석, 환경 계획 및 정보화, 교통 계획, 도시 및 부동산 개발 등 기초적인 공학적 지식은 물론, 정치, 경제, 사회, 문화, 예술 등 인문·사회 과학의 종합적이고, 체계적인 학문들과의 연계성을 가르치고 있습니다.

» 기초 역량을 갖춘 민주적이고, 창의적인 리더를 양성합니다.
» 이론적 기반과 실무적 역량을 겸비한 국제화된 도시 전문 인력을 양성합니다.
» 문제 중심, 현장 중심 교육을 통해 문제 해결 능력을 갖춘 인재를 양성합니다.
» 도시공학 분야의 전문 지식을 고루 갖추고 응용할 수 있는 전문인을 양성합니다.
» 융·복합 시대의 범 산업 분야에서 활동할 미래 지향적 인재를 양성합니다.
» 친환경적인 도시 건설을 선도하는, 전문 지식을 갖춘 도시 전문가를 양성합니다.
» 창의적이고 융합적인 지식을 갖춘 국토 개발 및 도시 재생 실무자를 양성합니다.
» 인성과 지성을 겸비한 리더십을 갖춘 도시 계획 리더를 양성합니다.
» 도시 계획에 대한 윤리 의식과 사회적 책임 의식을 갖춘 인재를 양성합니다.

학과에 적합한 인재상은?

도시공학과에서는 사람들이 살아가기에 안전하고, 친환경적인 도시 환경을 설계하고 구축하는 데 필요한 도시공학 관련 지식을 공부합니다. 도시공학을 공부하기 위해서는 일단 공학에 대한 흥미가 필수적입니다. 도시공학이라는 학문의 중심엔 도시에서 생활하는 사람에 대한 이해가 필수이므로 인문, 인간 심리, 기술, 디자인, 환경 등 다양한 영역에 대한 관심과 흥미, 지식을 갖추는 것이 중요합니다.

도시 공간을 '어떻게 하면 효율적이고 쾌적한 환경으로 만들까'를 항상 고민하기 때문에 공간 지각 능력은 필수적으로 요구됩니다. 아울러 무엇인가를 설계하고 만드는 것을 좋아한다면 도시공학을 전공하는 데 도움이 됩니다. 창의성이 뛰어나고, 문제 해결을 위해 도전하려는 전략적 사고방식, 다양한 사회 현상에 대한 관심, 창의적인 디자인 감각을 갖추는 것도 중요합니다.

도시공학은 환경 문제와 관련성이 매우 깊습니다. 특히 최근에는 삶의 질이 중요해지면서 친환경 도시 건설이 사회적인 화두로 떠오르고 있기 때문에 환경 문제에 대한 폭넓은 지식과 인식을 갖고 있어야 합니다. 또한 도시 내 각종 시설을 이용하는 시민들의 특성을 분석하기 위해 사람들의 의견을 청취하고 때로는 설득해야 하는 경우도 있기 때문에 분석력, 의사소통 능력, 원만한 대인 관계 능력 등을 갖추는 것이 중요합니다.

관련 학과는?

도시계획학과, 도시자치융합학과, 도시행정학과, 지적학과, 도시계획조경학부, 도시계획부동산학과, 도시인프라공학과, 도시정보공학과, 도시철도시스템학과, 건축도시부동산학부, 공간정보공학과, 스마트시티공학과, 조경도시학과, 친환경도시교통공학부, 도시교통공학과 등

진출 직업은?

도시계획가, 도시계획 및 설계가, 교통계획 및 설계가, 교통안전연구원, 교통영향평가원, 도시재생전문가, 도시디자이너 등

주요 교육 목표

이론적 기반과 실무적 역량을 고루 갖춘 인재 양성

- -

문제 해결 능력을 갖춘 인재 양성

- -

민주적이고 창의적인 인재 양성

- -

전문성을 갖춘 인재 양성

- -

국제적 감각을 지닌 인재 양성

- -

인간과 환경을 최우선으로 생각하는 인재 양성

 ### 취득 가능 자격증은?

- ☑ 건설원가관리사
- ☑ 3D인테리어설계상담사
- ☑ 도시계획기사
- ☑ 도시계획산업기사
- ☑ 도시계획기술사
- ☑ 감정평가사
- ☑ 건설안전기술사
- ☑ 건설안전기사
- ☑ 건설안전산업기사
- ☑ 교통기사
- ☑ 교통산업기사
- ☑ 교통기술사
- ☑ 지적기사
- ☑ 지적기술사
- ☑ 지적산업기사 등

추천 도서는?

- 형태의 기원
  (이데아, 크리스토퍼 윌리암스)
- 해결! 빈집문제
  (국토연구원, 나카가와 히로코, 민범식 역)
- 도시 건축 감성디자인공학
  (문운당, 일본건축학회, 박진아 역)
- 도시를 움직이는 모든 것들의 과학
  (반니, 로리 윙클리스, 이재경 역)
- 아파트 속 과학
  (어바웃어북, 김홍재)
- 거대도시 서울 철도
  (워크룸프레스, 전현우)
- 친환경생태도시의 개발
  (월드해피북스, 월드해피북스 편집부)
- 친환경자연형태의 건축도시브랜드
  (월드해피북스, 월드해피북스 편집부)
- 무해한 하루를 시작하는 너에게
  (보틀프레스, 신지혜)
- 제주도시건축의 친환경 수업
  (각, 김태일 외)
- 명품도시(콘텐츠하다, 콘텐츠하다)
- 지구를 지키는 자연 탐구 50
  (아울북, 킴엠 르사프프 외, 이정주 역)
- 나는 튀는 도시보다 참한 도시가 좋다
  (효형출판, 정석)
- 알기 쉬운 도시 이야기
  (한울, 경실련 도시개혁센터)

학과 주요 교과목은?

기초 과목	도시계획, 도시발달사, 도시개발, 도시설계, 교통계획, 교통공학, 지역계획, 환경계획 등
심화 과목	도시환경, 도시구조, 조경계획, 도시경제, 물류시스템, 도시법규, 도시정책, 도시 및 지역경제, 기후변화와 도시정책, 도시 및 경제지리분석, 도시토지이용기획경영, 도시만들기와 문화, 도시재생 및 개발, 부동산개론, 국토 및 지역계획, 도시계획실습, 도시종합설계, 세계도시개발, 실무인턴 등

졸업 후 진출 분야는?

기업체	도시 및 지역 계획, 국토 계획, 교통 관련 엔지니어링 회사, 도시 설계와 단지 계획, 주택지 설계 등을 담당하는 설계 회사, 교통 정보화(전자 교통 장비 및 지능형 교통 시스템) 관련 업체, 엔지니어링 업체, 컨설팅 업체 등
연구 기관	국토연구원, 서울연구원, 한국교통연구원, 한국교통연구원, KDI한국개발연구원, 주택도시연구원, 토지연구원, 서울시정개발연구원, 경기개발연구원, 인천발전연구원, 한국감정원, 부동산연구원 등 국책 및 지자체 연구기관, 삼성경제연구소, LG경제연구원 등
정부 및 공공 기관	중앙 정부 및 지방 행정 기관 공무원, LH한국토지주택공사, SH서울주택도시공사 등

전공 관련 선택 과목은?

▶ 국어, 영어 교과는 모든 학문의 기초적인 성격을 가진 도구교과로 모든 학과에 이수가 필요하여 생략함.

수능 필수	화법과 언어, 독서와 작문, 문학, 대수, 미적분Ⅰ, 확률과 통계, 영어Ⅰ, 영어Ⅱ, 한국사, 통합사회, 통합과학, 성공적인 직업생활(직업)		
교과군	선택 과목		
	일반 선택	진로 선택	융합 선택
수학, 사회, 과학	대수, 미적분Ⅰ, 확률과 통계, 세계시민과 지리, 세계사, 사회와 문화, 현대사회와 윤리, 물리학, 화학, 지구과학	기하, 미적분Ⅱ, 경제 수학, 한국지리 탐구, 도시의 미래 탐구, 역학과 에너지, 전자기와 양자	실용 통계, 수학과제 탐구, 사회문제 탐구, 기후변화와 지속가능한 세계, 기후변화와 환경생태, 융합과학 탐구
체육·예술			
기술·가정/정보	기술가정, 정보	데이터 과학	창의 공학 설계
제2외국어/한문			
교양	생태와 환경		

학교생활기록부 관리는?

출결 사항	• 미인정(무단) 사항이 없도록 관리해요. 미인정(무단) 결석 등이 있으면 인성 영역에서 부정적 평가를 받을 가능성이 높아요.
자율·자치활동	• 도시공학 분야에 대한 관심과 흥미를 바탕으로 다양한 교내외 활동을 통해 문제 해결 능력, 창의력, 의사 결정 능력, 리더십 등이 드러나도록 하세요.
동아리활동	• 공학, 과학 실험, 과학 탐구, 수학, 환경, 디자인 관련 동아리 활동 통해 도시공학과 진학에 대해 준비하세요. • 동아리 가입 동기, 본인의 역할, 배운 점, 느낀 점, 도시공학 전공에 적합한 전문성 등이 입증될 수 있도록 참여하세요. • 학교에서 주관하는 장애인, 다문화 가정 학생 돕기, 양로원 봉사 활동 등 사회 소외 계층을 대상으로 하는 봉사 활동을 하세요. • 학교내에서 타인을 위해 할 수 있는 지속적인 봉사 활동을 하세요.
진로 활동	• 도시공학 분야의 직업 정보 탐색 활동을 권장해요. • 도시공학 관련 기업 및 학과 체험 활동이 무척 중요해요. • 도시공학 분야에 대한 적극적 진로 탐색 활동을 통해 자신의 진로 역량, 전공 적합성, 발전 가능성 등이 드러나도록 하세요.
교과학습발달 상황	• 수학, 과학 등 이공계 관련 교과 성적을 상위권으로 유지하고, 관련 교과 수업에서 전공 적합성, 자기 주도성, 문제 해결 능력, 창의력, 발전 가능성 등의 역량이 발휘될 수 있도록 적극 참여하세요. • 자신의 구체적인 수업 참여 내용과 그로 인해 발전된 사항이 드러나도록 해야 해요.
독서 활동	• 인문학, 철학, 역사, 과학, 공학 등 다양한 분야의 책을 읽으세요. • 환경, 교통, 사회, 경제, 디자인, 4차 산업 혁명 등 도시공학 관련 독서 활동이 필요해요.
행동 발달 특성 및 종합 의견	• 창의력, 문제 해결 능력, 협업 능력, 리더십, 발전 가능성, 전공 적합성 등이 드러나도록 해요. • 학교생활에서 자기 주도성, 경험의 다양성, 성실성, 인성(나눔과 배려), 학업 태도와 학업 의지 등이 드러나도록 관리해야 해요.

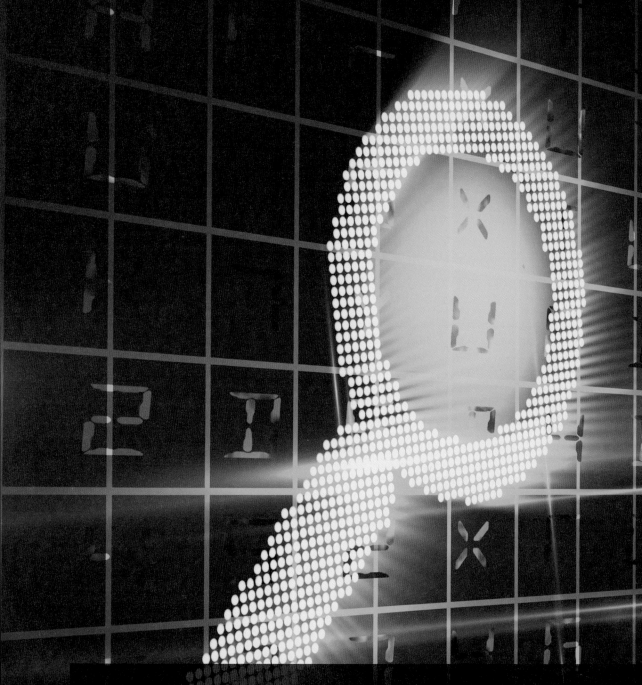

디지털포렌식수사관이란?

    21세기 대한민국은 그야말로 디지털 세상입니다. 우리나라가 세계적으로도 손꼽히는 IT 기술 강국이 되면서 디지털카메라, 스마트폰 등 각종 최첨단 디지털 기기에 대한 관심이 커졌고, 사용 인구도 폭발적으로 늘어났습니다. 각 가정에서뿐만 아니라 학교, 회사 등 사회 전체가 인터넷과 IT 기기에 의해 움직이고 있다고 해도 과언이 아닙니다. 이런 기술의 발달은 범죄 수사 과정에도 영향을 미쳤습니다. 예전에는 범죄를 저지른 피의자를 수사할 때 회사나 가정 등의 범행 현장에서 엄청난 양의 서류를 압수해 와서 일일이 확인하는 과정을 거쳐 범죄 행위를 밝혀냈습니다. 하지만 최근에는 기업이나 개인 모두 대부분의 자료를 개인 컴퓨터나 서버에 데이터로 저장해 두기 때문에 컴퓨터나 서버에 남아 있는 디지털 증거를 확보하고 분석하는 일이 중요해졌습니다. 이에 따라 디지털 포렌식 업무를 전문으로 하는 직업이 등장하였습니다.

디지털포렌식수사관
컴퓨터공학과

Jump Up

디지털 포렌식 적용 분야에 대해 알아볼까요?

▶ 디스크 포렌식: 비휘발성 저장 매체(하드 디스크, SSD, USB, CD 등)를 대상으로 증거를 획득하고 분석해요.

▶ 라이브 포렌식: 휘발성 데이터를 대상으로 증거를 획득하고 분석해요.

▶ 네트워크 포렌식: 네트워크로 전송되는 데이터를 대상으로 증거를 획득하고 분석해요.

▶ 이메일 포렌식: 이메일 데이터로부터 송·수신자, 주고받은 시간, 내용 등의 증거를 획득하고 분석해요.

▶ 웹 포렌식: 웹 브라우저를 통한 쿠키, 히스토리, 임시 파일, 설정 정보 등을 통해 사용 흔적을 분석해요.

▶ 모바일/임베디드 포렌식: 휴대폰, 스마트폰, PDA 등의 모바일 기기를 대상으로 증거를 획득하고 분석해요.

▶ 소스 코드 포렌식: 프로그램 실행 코드와 소스 코드의 상관관계 분석, 악성 코드를 분석해요.

▶ 데이터베이스 포렌식: 방대한 데이터베이스로부터 유효한 증거를 획득하고 분석해요.

디지털 포렌식은 디지털 증거를 수집·분석하는 기술입니다. 디지털 증거란 컴퓨터, 스마트폰, 태블릿, PDA 등의 디지털 기기에 존재하는 디지털 데이터를 법정 증거 능력이 있는 증거로 분석한 데이터입니다. 디지털 포렌식을 적용할 수 있는 대표적인 것이 디지털 범죄 수사 분야입니다. 디지털 포렌식은 사이버 해킹 공격, 사이버 범죄 시 범죄자들의 컴퓨터·이메일·IT 기기·스마트폰 등의 운영 체제나 애플리케이션, 메모리 등의 다양한 전자적 증거를 분석하는 것으로, 사이버 범죄자 추적 및 조사에 있어 핵심적인 요소입니다. 이처럼 디지털 포렌식 기술을 활용해 범죄의 흔적을 찾아내고, 범인을 검거하는 사람이 바로 디지털포렌식수사관입니다. 2000년대 중반부터 디지털 포렌식 업무를 수행하는 사람들이 등장하기 시작했으며, 2008년 검찰이 디지털포렌식센터를 건립해 포렌식 업무를 전담하는 디지털 수사담당관실을 만들면서 활동이 본격화되었습니다.

디지털포렌식수사관이 하는 일은?

초기 디지털포렌식수사관은 컴퓨터 데이터를 분석하는 것이 주 업무였습니다. 그러나 다양한 정보 기기가 등장하고, 네트워크상에서 발생하는 범죄 행위가 다양화되면서 사물 인터넷, 클라우드, 빅 데이터는 물론 인터넷 커뮤니티, 온라인 게임 등에서 일어나는 범죄 증거까지 밝히는 등 그 분석 범위가 매우 넓어졌습니다. 디지털포렌식수사관은 범죄 수사에 단서가 되는 디지털 기기의 정보를 복구하고 분석해 범죄 사실을 입증하는 증거 자료를 만들거나 컴퓨터나 스마트폰, 온라인상 커뮤니티 또는 서버에 숨겨져 있거나 삭제된 데이터를 복구하고 암호로 잠긴 파일을 해제한 후 범죄자의 혐의를 입증할 자료를 분석하고 그 내용을 법정에 제출합니다. 현재 우리나라의 디지털포렌식수사관은 대부분 국가 기관에 소속되어 공무원 신분으로 활동하고 있습니다.

» 컴퓨터 메모리, 하드 디스크 드라이브, USB 메모리 등 저장 매체에 남아 있는 데이터를 원본을 확보한 후, 수사에 필요한 유용한 정보를 찾아냅니다.
» 찾아낸 데이터가 피의자의 것이 맞는지 입증하고, 혐의 사실 입증에 그 데이터가 어떤 증거 능력을 가지는지 등을 명확히 밝혀냅니다.
» 입수된 디지털 증거가 법정 증거로 채택되기 위해 증거 자료의 신뢰성을 확보합니다. 디지털 포렌식에 대한 표준 절차뿐만 아니라 증거 수집 및 분석에 사용된 포렌식 툴에 대한 검증 절차도 진행됩니다.
» 범죄 수사의 단서가 되는 디지털 자료를 확보하고 복구하며, 이를 분석해 법적 증거 자료로 만들어 제출합니다.
» 법정에 제출한 증거 자료가 피의자의 것임을 재판 과정에서 입증합니다.

Jump Up

국가디지털포렌식센터에 대해 알아볼까요?

국가디지털포렌식센터는 범죄 수사의 단서가 되는 디지털 자료를 확보·복구·분석하여 법적 증거 자료를 만드는 검증 기관이에요. 2008년 10월 문을 열었으며, 국방부, 국세청, 식품의약품안전청 등 12개 기관이 참여하는 디지털 포렌식 관련 기관 협의회를 만들어 연구 성과와 정보를 공유하고 있고, 국가정보원, 해양경찰청 등 다른 수사 기관의 디지털 증거 분석, 심리 검사, 생리 검사 분야의 위탁 교육도 맡고 있어요.

디지털포렌식수사관 커리어맵

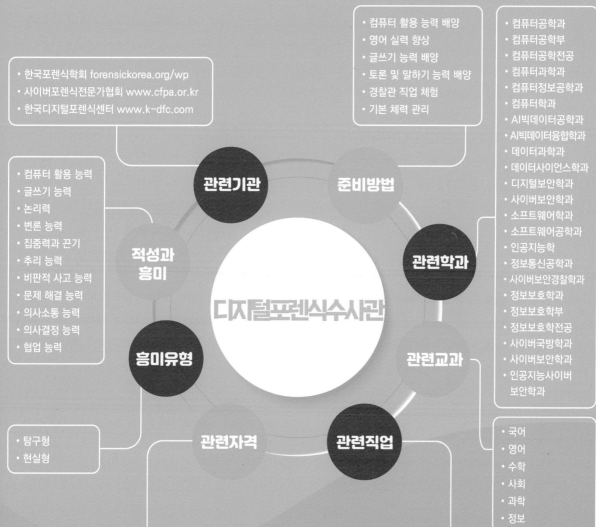

디지털포렌식수사관

준비방법
• 컴퓨터 활용 능력 배양
• 영어 실력 향상
• 글쓰기 능력 배양
• 토론 및 말하기 능력 배양
• 경찰관 직업 체험
• 기본 체력 관리

관련기관
• 한국포렌식학회 forensickorea.org/wp
• 사이버포렌식전문가협회 www.cfpa.or.kr
• 한국디지털포렌식센터 www.k-dfc.com

관련학과
• 컴퓨터공학과
• 컴퓨터공학부
• 컴퓨터공학전공
• 컴퓨터과학과
• 컴퓨터정보공학과
• 컴퓨터학과
• AI빅데이터공학과
• AI빅데이터융합학과
• 데이터과학과
• 데이터사이언스학과
• 디지털보안학과
• 사이버보안학과
• 소프트웨어학과
• 소프트웨어공학과
• 인공지능학
• 정보통신공학과
• 사이버보안경찰학과
• 정보보호학과
• 정보보호학부
• 정보보호학전공
• 사이버국방학과
• 사이버보안학과
• 인공지능사이버
  보안학과

적성과 흥미
• 컴퓨터 활용 능력
• 글쓰기 능력
• 논리력
• 변론 능력
• 집중력과 끈기
• 추리 능력
• 비판적 사고 능력
• 문제 해결 능력
• 의사소통 능력
• 의사결정 능력
• 협업 능력

흥미유형
• 탐구형
• 현실형

관련교과
• 국어
• 영어
• 수학
• 사회
• 과학
• 정보

관련자격
• 디지털포렌식전문가
• 사이버포렌식조사전문가
• EnCE 디지털포렌식
  수사자격증
• FTK포렌식 전문가자격증
• 마이크로소프트 인증 전문가
• 임베디드 SW개발전문가
• 정보처리기사
• 정보처리산업기사
• 정보통신산업기사
• 정보통신기사
• 정보보호전문가
• 인터넷보안전문가

관련직업
• 범죄과학수사관
• 네트워크엔지니어
• 네트워크프로그래머
• 데이터베이스관리자
• 시스템소프트웨어개발자
• 시스템엔지니어
• 웹마스터
• 웹엔지니어
• 정보보호전문가
• 컴퓨터보안전문가
• 컴퓨터시스템감리전문가
• 정보통신컨설턴트

적성과 흥미는?

디지털 포렌식은 법학, 인문학, 컴퓨터공학 등 여러 학문이 융합되어 등장한 기술 분야입니다. 따라서 컴퓨터 시스템, 하드웨어, 운영 체제, 정보 보안 등 IT 전반에 대한 풍부한 지식과 데이터 검색 기술, 복구 기술, 분석 기술 등이 요구됩니다. 디지털 자료를 확보·복구하고 해석 과정과 결과를 보고서로 작성해 법정에 제출을 해야 합니다. 보고서 내용이 얼마나 논리적인지는 재판 과정에서 법리 적용의 중요한 요소가 되기 때문에 글쓰기 능력이 중요합니다.

수많은 디지털 자료 중 범죄의 단서가 되는 것을 찾아내고, 이것이 법정에서 증거로 채택되도록 하기 위해서는 집중력과 끈기가 있는 사람, 호기심이 많고 집요한 성격의 사람, 탐구하는 것을 좋아하는 성향을 가진 사람에게 적합합니다. 사회 정의감과 함께 비판적 사고, 문제 해결 능력도 갖추어야 합니다. 디지털 포렌식 분야는 최신 정보를 끊임없이 습득해야 하기 때문에, 각 분야의 전문가들과의 원활한 의사소통 능력 및 의사 결정 능력, 협업 능력이 중요합니다. 공개된 지식을 꾸준히 습득하고, 이를 분석에 활용할 수 있는 능력, 추리력과 판단력, 의사 결정 과정에서의 순발력과 균형 감각을 갖추고 있으면 좋습니다.

디지털포렌식수사관에 관심이 있다면 컴퓨터 및 IT 분야에 대한 지식을 쌓기 위해 노력해야 하고, 독서를 통해 다양한 분야에 대한 지식을 쌓는 것도 권장합니다.

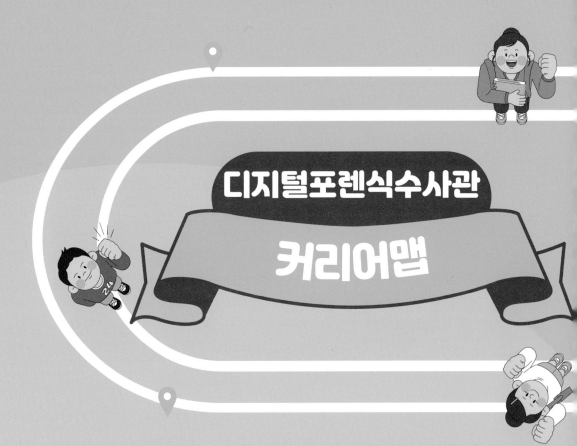

디지털포렌식수사관 커리어맵

관련 학과 및 자격증은?

➡ 관련 학과: 컴퓨터공학과, 컴퓨터공학부, 컴퓨터공학전공, 컴퓨터과학과, 컴퓨터정보공학과, 컴퓨터학과, AI빅데이터공학과, AI빅데이터융합학과, 데이터과학과, 데이터사이언스학과, 디지털보안학과, 사이버보안학과, 소프트웨어학과, 소프트웨어공학과, 인공지능학과, 정보통신공학과, 사이버보안경찰학과, 정보보호학과, 정보보호학부, 정보보호학전공, 사이버국방학과, 사이버보안학과, 인공지능사이버보안학과 등

➡ 관련 자격증: 디지털포렌식전문가, 사이버포렌식조사전문가, EnCE디지털포렌식수사자격증, FTK포렌식전문가자격증(ACE), 마이크로소프트인증전문가(MCP), 임베디드SW개발전문가, 정보처리기사, 정보처리산업기사, 정보통신산업기사, 정보통신기사, 정보보호전문가, 인터넷보안전문가, 네트워크관리사 등

진출 방법은?

디지털 포렌식은 현대 사회의 디지털 범죄 수사에 활용하기 위해 정보 기술과 법 과학이 융합되어 만들어진 수사 기법입니다. 디지털포렌식수사관이 되기 위해 법과 IT 관련 학과를 전공하면 업무를 수행하는 데 도움이 됩니다. 우리나라에서는 현재까지는 디지털 포렌식 인력 대부분이 공무원으로서 국가 수사 기관에 근무하는데, 특별 채용이나 공개경쟁 시험을 통해 임용됩니다. 디지털 포렌식 관련 수사 기관으로는 경찰청, 검찰청, 국방부, 국가정보원 등이 있습니다. 경찰청은 가장 많은 디지털 포렌식 수사관을 보유하고 있는 기관으로, 수시로 사이버수사요원 특별 채용 제도를 통해 관련 인원을 채용하고 있습니다. 보통 디지털포렌식수사관으로 특별 채용되면 일선 경찰서나 지구대에서 2년 정도 순환 보직 업무를 수행한 후에 디지털포렌식수사관으로 활동하게 됩니다. 해양경찰은 디지털 포렌식 수사 역량을 키우기 위해 기존

디지털 포렌식 수사 업무분만 아니라 항해 자료 기록기(VDR), 전자 해도 등 항해 장비의 자료를 분석·복구하는 분야에 많은 비중을 두고 있습니다. 검찰은 대검찰청에 디지털포렌식센터를 운영하고 있습니다. 국방부는 기무사, 국방부조사본부, 육군수사단 등에서 수사 업무를 하고 있고, 국정원은 국가사이버안전센터를 운영하여 디지털 포렌식 업무를 수행하고 있습니다. 이외에도 수입 물품에 대한 밀수 단속, 관세 부과 감면·징수 업무를 담당하고 있는 관세청, 저작권 관련 업무를 하는 저작권위원회 등에도 디지털 포렌식 인력이 진출하고 있습니다.

그 외에 소수이기는 하지만, 특허 소송 등을 대비해 대기업의 법무팀 산하에 디지털 포렌식 조직을 두기도 하고, 회계 법인이나 대형 로펌에서 일하는 전문가들도 있습니다.

관련 직업은?

네트워크엔지니어, 네트워크프로그래머, 데이터베이스관리자, 범죄과학수사관, 시스템엔지니어, 시스템소프트웨어개발자, 웹마스터, 웹프로그래머, 웹프로듀서, 정보보호전문가, 컴퓨터프로그래머, 컴퓨터게임프로그래머, 컴퓨터공학기술자, 컴퓨터시스템설계분석가, 컴퓨터시스템감리전문가, 통신망설계운영기술자, 변리사, 컴퓨터보안전문가, 정보시스템운영자, 정보통신컨설턴트 등

미래 전망은?

최근 우리 생활 전반 걸쳐 디지털 정보 기술이 보편화·일반화되면서 사이버 범죄 발생 건수도 기하급수적으로 늘어나고 있습니다. 이와 관련하여 디지털 포렌식 분야에 대한 수요는 급증할 것으로 예상됩니다. 현재는 경찰이나 검찰, 국가정보원 등 국가 수사 기관으로 많이 진출하고 있지만, 앞으로는 민간 부문까지 확산될 것으로 보입니다. 실제로 대기업의 법무팀이나 감사실에서도 회사 기술 유출 등에 대처하기 위해 디지털포렌식전문가를 채용하려는 움직임이 활발해지고 있습니다.

현재 민간 부문에서는 회계 장부 관리에 포렌식 기술을 활용하거나 포렌식 도구를 이용해 디지털 자료를 수집하고 손상된 데이터를 복구하는 수준이지만, 앞으로는 분석 능력까지 갖춘 디지털포렌식전문가가 진출할 것으로 예상됩니다. 디지털포렌식전문가는 디지털 정보를 보호하고 복구하는 기술을 갖추고 있어 컴퓨터 및 정보 보호 업체에 취업할 수도 있고, 법원 및 금융감독원에 각종 증거 자료를 제출해야 하는 법무 법인과 회계 법인, 기업의 내부감사팀, 보안관제팀 등에도 취업할 수 있을 것으로 예상되어 고용 전망은 밝아 보입니다.

Jump Up

범죄과학수사관에 대해 알아볼까요?

범죄 수법이 정교해지면서 범죄 증거를 찾고 범인을 잡는 데 필요한 단서를 찾기 위해 과학적 수사의 필요성이 강조되었죠. 그래서 새롭게 생겨난 직업이 범죄과학수사관이에요. 범죄과학수사관은 범죄 수사에 관련된 물리적 증거를 수집하고 분석하는 활동을 해요. 특히 수사에 결정적 단서가 될 수 있는 무기, 섬유, 머리카락, 생체 조직 등과 같은 증거물에 대한 검사를 수행해요.

컴퓨터공학과
디지털포렌식수사관 전공 분석

어떤 학과인가?

컴퓨터공학은 컴퓨터하드웨어, 소프트웨어, 멀티미디어, 임베디드 시스템 등 컴퓨터와 관련된 지식과 기술을 익히고, 다양한 분야에 적용하는 학문입니다. 21세기는 첨단 정보화 시대이며, 산업 구조도 IT 산업 위주로 빠르게 바뀌면서 컴퓨터공학은 IT 산업을 선도하는 핵심적인 학문 분야로 자리 잡고 있습니다.

컴퓨터공학과에서는 컴퓨터 시스템의 분석 및 설계부터 시스템 운영을 위한 소프트웨어에 이르기까지 컴퓨터 전반에 걸친 이론과 실습 교육을 통해 다양한 분야에서 컴퓨터 전문가로서 일하면서 정보화 사회를 실현하는 데 기여할 인재를 양성합니다.

컴퓨터공학과는 인류 사회 복지에 선도적으로 공헌할 수 있는 창의적이고, 책임감 있으며, IT 분야의 전문 이론과 현장 실무 경험을 두루 갖춘 유능한 공학인을 양성합니다. 신성장 동력으로 분류되는 로봇, 홈 네트워킹, 인공 지능, 4차 산업 혁명, 차세대 컴퓨터, 임베디드 시스템 등은 미래에 우리 산업을 선도할 기술이기 때문에 컴퓨터공학과의 전망도 매우 밝을 것으로 예상됩니다.

교육 목표와 교육 내용은?

컴퓨터공학과는 기술적 변화에 지속적으로 대응할 수 있는 사회성과 국제성을 지닌 전문인을 양성하는 것을 교육 목표로 합니다. 컴퓨터공학 분야의 특성에 맞는 맞춤형 교육 과정을 연구하고, 수준 높은 교육을 통해 사회 전반에서 필요로 하는 컴퓨터공학 분야의 인재를 양성하는 것에 역점을 두고 있습니다.

학과에 적합한 인재상은?

컴퓨터공학과에서는 컴퓨터 시스템의 분석 및 설계부터 시스템 운영을 위한 소프트웨어 및 멀티미디어에 이르기까지 컴퓨터 전반에 걸친 교육을 받기 때문에 기본적으로 컴퓨터 하드웨어와 다양한 응용 소프트웨어에 대한 관심과 흥미가 높아야 합니다. 공학 및 과학에 근거한 논리적 추리력과 창의력도 갖추어야 합니다. 컴퓨터공학 분야는 다른 공학 분야에 비해 기술의 발전 속도가 빠르므로 새로운 소프트웨어 기술 및 산업 발전에 대한 지속적인 호기심과 관심이 필요합니다.

> » 수학, 기초 과학 및 컴퓨터공학의 기본 원리를 이해하고 응용할 수 있는 인재를 양성합니다.
> » 실세계의 컴퓨터공학 문제들을 분석·설계·구현하고, 이를 관리·운영하는 인재를 양성합니다.
> » 외국어 능력, 세계 문화 이해 및 컴퓨터공학 국제 표준 이해를 통해 국제적 경쟁력을 갖춘 인재를 양성합니다.
> » 공학적 윤리 의식을 갖추고, 미래 가치를 창출하여 산업 발전을 선도할 수 있는 인재를 양성합니다.
> » 컴퓨터공학 전문 지식 습득과 정보화 사회에 대한 이해를 바탕으로 글로벌 사회의 인재를 양성합니다.
> » 세계적 환경 변화에 효과적으로 적응하면서 국가와 인류에 기여할 수 있는 인재를 양성합니다.

수학적인 수리 능력과 과학적·공학적 문제 해결을 위한 논리적인 사고력, 물리학 등의 기초 과학 분야에도 흥미와 재능이 있다면 유리합니다. 기초 과학과 응용과학에 흥미를 가지고 끊임없이 탐구하는 자세와 창의적이고 독창적인 시각으로 공학적 현상과 사회적 변화를 관찰하는 능력도 요구됩니다. 남을 배려하는 공동체 의식을 가진 사람, 창의적이고 혁신적인 사고를 할 수 있는 사람, 다양한 독서와 풍부한 인문학적 소양으로 통찰력을 가진 사람에게 적합합니다.

평상시에 관심 분야에 대해 자신이 습득할 때까지 탐구하는 자세, 수학 문제의 풀이 과정을 중요시하는 자세, 마음먹은 일은 꾸준히 노력하여 마무리하는 자세를 지닌 사람에게 적합합니다.

관련 학과는?

컴퓨터공학부, 컴퓨터공학전공, 컴퓨터과학과, 컴퓨터정보공학과, 컴퓨터학과, AI빅데이터공학과, AI빅데이터융합학과, 데이터과학과, 데이터사이언스학과, 디지털보안학과, 사이버보안학과, 소프트웨어학과, 소프트웨어공학과 등

주요 교육 목표

컴퓨터공학 분야의
탐구 능력을 지닌 인재 양성
- -
공학적 문제 해결 능력을
갖춘 인재 양성
- -
전문적인 소양과 책임 의식을
갖춘 인재 양성
- -
팀 프로젝트 수행 능력을
지닌 인재 양성
- -
국제적 의사소통 능력을
지닌 인재 양성
- -
창의적 능력을 지닌 인재 양성

취득 가능 자격증은?

▶ 국내 자격

☑ 반도체설계기사	☑ 반도체설계산업기사
☑ 전자기사	☑ 전파전자통신기사
☑ 정보처리기사	☑ 정보처리산업기사
☑ 정보통신산업기사	☑ 정보통신기사
☑ 데이터분석전문가	☑ 데이터분석준전문가
☑ 게임프로그래밍전문가	☑ 전자계산기기사

☑ 임베디드SW개발전문가
☑ 전자계산기조직응용기사
☑ 데이터아키텍처전문가
☑ 중등학교 2급 정교사(정보컴퓨터) 등

▶ 해외 자격

☑ MCSE	☑ CCNA
☑ OCP	☑ SCNA
☑ SCJP	☑ CISA
☑ CISSP	

진출 직업은?

가상현실전문가, 네트워크관리자, 네트워크프로그래머, 데이터베이스개발자, 변리사, 시스템소프트웨어개발자, 웹마스터, 웹엔지니어, 웹프로그래머, 응용소프트웨어개발자, 정보시스템운영자, 컴퓨터보안전문가, 컴퓨터시스템감리전문가, 컴퓨터시스템설계분석가, 디지털포렌식수사관, 사이버범죄수사관, 중등학교 정보 교사 등

추천 도서는?

- 수학은 어떻게 운명을 만들었는가
  (브론스테인, 마이클 브룩스, 고유경 역)
- 수학, 문명을 지배하다
  (정문사, 모리스 클라인, 박영훈 역)
- 세상에서 가장 재미있는 물리 이야기
  (사람과나무사이, 하시모토 고지, 서수지 역)
- 인공지능의 철학수업(박영스토리, 우버들 외)
- 인공지능의 현재와 미래
  (보이스, 나는 미래다 방송제작팀, 권용중 역)
- 질문에 관한 질문들(노르웨이숲, 백희정)
- 챗GPT에게 묻는 인류의 미래
  (동아시아, 김대식 외)
- AI 빅뱅(동아시아, 김재인)
- 챗GPT 전쟁
  (인플루엔셜, 이상덕)
- 성공하는 사람들의 7가지 습관
  (김영사, 스티븐 코비, 김경섭 역)
- 문명과 수학
  (민음인, EBS문명과 수학제작팀 외)
- 세상을 바꾼 작은 우연들
  (월컴퍼니, 마리 노엘 샤를, 김성희 역)
- 짜릿짜릿 전자 회로 DIY
  (인사이트, 찰스 플랫, 김현규 역)
- 이기적 유전자
  (을유문화사, 리처드 도킨스, 홍영남 외 역)
- 철학 콘서트 1~3(생각정원, 황광우)

학과 주요 교과목은?

기초 과목	물리학 및 실험, 미분적분학, 컴퓨터공학개론, 기초공학설계, 프로그래밍기초, 정보통신기초, 창의적공학설계입문, 디지털공학, 프로그래밍언어, 논리회로, 컴퓨터구조, 운영체제, 마이크로프로세서 등
심화 과목	컴퓨터보안, 멀티미디어공학, 확률 및 랜덤변수, 이산구조, 프로그래밍프로젝트, 알고리즘, 시스템프로그래밍, 고급객체지향프로그래밍, 자료구조, 설계프로젝트, 윈도우즈프로그래밍, 시스템분석 및 설계, 데이터통신, 소프트웨어모델링 및 분석, 네트워크프로그래밍, 멀티미디어공학개론, 소프트웨어설계방법론, 파일처리, JAVA프로그래밍, UNIX시스템프로그래밍, 인공지능, 네트워크분석 및 설계, 정보보호, 임베디드디지털시스템, 임베디드소프트웨어, 로봇소프트웨어 등

졸업 후 진출 분야는?

기업체	컴퓨터 관련 대기업·외국 기업·벤처 기업, 금융·소프트웨어·게임·모바일·웹 개발 업체, IT 정보 보안 회사, 통신사, 전자 상거래 업체 등
연구 기관	정보 통신 관련 민간·국가 연구소(한국전자통신연구원, 한국인터넷진흥원, 국가보안기술연구소, 소프트웨어정책연구소) 등
정부 및 공공 기관	국가정보원, 경찰공무원(사이버수사요원), 국방부, 전산직 공무원 등

전공 관련 선택 과목은?

▶ 국어, 영어 교과는 모든 학문의 기초적인 성격을 가진 도구교과로 모든 학과에 이수가 필요하여 생략함

수능 필수	화법과 언어, 독서와 작문, 문학, 대수, 미적분 I , 확률과 통계, 영어 I , 영어 II , 한국사, 통합사회, 통합과학, 성공적인 직업생활(직업)		
교과군	선택 과목		
	일반 선택	진로 선택	융합 선택
수학, 사회, 과학	대수, 미적분 I , 확률과 통계, 물리학, 화학	기하, 미적분 II , 인공지능 수학, 역학과 에너지, 전자기와 양자, 물질과 에너지, 화학 반응의 세계	실용 통계, 수학과제 탐구, 융합과학 탐구
체육·예술			
기술·가정/정보	기술·가정, 정보	로봇과 공학세계, 인공지능 기초, 데이터 과학	창의 공학 설계, 소프트웨어와 생활
제2외국어/한문			
교양			

학교생활기록부 관리는?

출결 사항	• 미인정 출결 내용이 없도록 관리하세요. 미인정 출결 내용이 있으면 인성, 성실성 영역 등에서 부정적 평가를 받을 가능성이 높아요.
자율·자치활동	• 다양한 교내외 활동에 자기 주도적으로 참여하여 컴퓨터공학 분야에 대한 관심과 흥미, 창의적 문제 해결 능력, 의사소통 능력, 협업 능력, 발전 가능성 등이 드러나도록 하세요.
동아리활동	• 공학, 과학 실험, 과학 탐구, 수학, 컴퓨터, 코딩 관련 동아리 활동을 통해 컴퓨터공학 전공에 대해 준비를 하세요. • 가입 동기, 본인의 역할, 배운 점, 느낀 점, 진학을 위해 노력한 점 등이 드러나도록 참여하세요. • 학교에서 주관하는 장애인, 다문화 가정 학생 돕기, 양로원 봉사 활동 등 사회 소외 계층을 대상으로 하는 봉사 활동을 하세요. • 학교내에서 타인을 위해 할 수 있는 지속적인 봉사 활동을 하세요.
진로 활동	• 컴퓨터공학 분야의 직업 정보 탐색 활동을 권장해요. • 컴퓨터공학 관련 기업 및 학과 체험 활동이 무척 중요해요. • 컴퓨터공학 분야에 대한 적극적인 진로 탐색 활동을 통해 자신의 진로 역량, 전공 적합성, 발전 가능성 등이 드러나도록 하세요.
교과학습발달 상황	• 수학, 과학, 정보 등 이공계 관련 교과의 성적은 상위권으로 유지하세요. • 관련 교과 수업에서 학업 역량, 전공 적합성, 자기 주도성, 문제 해결 능력, 창의력, 발전 가능성 등의 역량이 발휘되도록 수업에 적극 참여하세요.
독서 활동	• 인문학, 철학, 역사, 과학, 공학 등 다양한 분야의 책을 읽으세요. • 프로그래밍, 정보 통신, 4차 산업 혁명 분야의 독서를 통해 컴퓨터공학에 대한 지식을 쌓으세요.
행동 발달 특성 및 종합 의견	• 창의력, 문제 해결 능력, 의사소통 능력, 협업 능력, 리더십, 발전 가능성, 전공 적합성 등이 드러날 수 있도록 하세요. • 경험의 다양성, 성실성, 인성(나눔과 배려), 학업 태도와 학업 의지 등 자신의 장점이 학교생활기록부에 기록되도록 관리하세요.

Jump Up

'로봇의 3원칙'에 대해 알아볼까요?

유명한 SF소설 작가 아이작 아시모프는 1950년에 발간한 '아이, 로봇'에서 로봇의 행동을 규제하는 세 가지 원칙을 제시했어요. 첫 번째, 로봇은 인간에게 해를 끼쳐서는 안 되며, 위험에 처해 있는 인간을 방관해서도 안 된다. 두 번째, 첫 번째 원칙에 위배되지 않는 한, 로봇은 인간의 명령에 복종해야 한다. 세 번째, 첫 번째와 두 번째 원칙에 위배되지 않는 한, 로봇은 자기 자신을 보호해야 한다. 이러한 로봇의 세 가지 원칙에는 로봇이 인간에게 해를 끼쳐서는 안 된다는 인간 중심주의가 담겨 있어요. 즉, 인간과 로봇이 주종 관계임을 명확하게 제시하고 있는 셈이지요.

로봇공학기술자란?

로봇은 인간의 삶에서 떼어 내려고 해도 뗄 수 없을 만큼 이미 우리 가까이의 다양한 분야에서 활용되고 있습니다. 산업 현장의 산업용 로봇과 같은 공장 자동화 기기가 사람이 하기 힘든 일을 대신한 지 오래되었습니다. 최근에는 컴퓨터 기술과 첨단 센서 기술의 발전에 힘입어 더욱 발전된 형태의 지능형 로봇과 사람처럼 걸을 수 있는 이족 보행 로봇 등이 개발되어 속속 등장하고 있습니다. 로봇 청소기, 자율 주행 자동차, 드론 등의 지능형 로봇은 주변 환경을 스스로 인식하고, 동작을 조절하는 능력을 갖추고 있어 인간의 삶을 더욱 편리하게 변화시키고 있습니다.

이족 보행 로봇은 궁극적으로 사람의 시각, 청각, 촉각과 같은 역할을 하는 센서들을 통해 외부 환경 및 정보를 파악하고, 스스로 판단

로봇공학기술자
제어로봇공학과

한 후 적절한 행동으로 인간의 역할을 대신하는 것을 목표로 개발이 진행되고 있습니다. 더 나아가 사람의 감정을 이해하고 대화를 나누는 휴머노이드 로봇 연구도 활발해지면서 인간과 로봇이 감정적 교류를 할 수 있는 시기도 가까워지고 있습니다.

로봇공학은 로봇의 개발과 관련된 학문으로, 로봇의 설계, 구조, 제어, 지능, 운용 등에 대한 기술을 연구하는 공학의 한 분야입니다. 로봇공학은 기계공학, 전기전자공학, 컴퓨터공학 등의 다양한 기술들이 융합되어 활용되고 있습니다. 또한 생물이 가지고 있는 뛰어난 기능을 기술적으로 실현하여 활용하는 생체공학도 포괄할 정도로 종합적인 학문 분야입니다.

로봇공학기술자는 다양한 형태의 로봇을 설계·제조하거나 그 응용 분야를 다루는 일을 하는 사람입니다. 로봇공학기술자는 사용 목적에 맞는 로봇을 개발하기 위해 기술을 연구하여 로봇의 개발 기획부터 운용·제어·지능 기술을 설계하고 제작·평가하는 일을 하고 있습니다.

로봇공학기술자가 하는 일은?

로봇공학기술자는 가정 및 개인 서비스, 인명 구조, 의료 서비스, 우주 탐사, 교육, 안내 서비스 등 각 분야에 활용할 수 있는 로봇 기술을 개발하고, 사용하는 데 불편함 없이 각각의 목적에 맞는 기능을 수행할 수 있는 로봇을 만드는 직업입니다. 로봇은 모터와 센서, 제어 장치, 소프트웨어 등 다양한 장치와 기술이 결합되어 만들어지므로 기계공학, 전기전자공학, 컴퓨터공학, 생체공학 등 각 분야의 전문가들이 협업하여 개발하게 됩니다.

> » 로봇이 수행할 작업, 운용 환경, 관련 기술, 관련 규정 등을 검토하여 개발 기획서를 작성합니다.
> » 개발에 필요한 부품과 재료를 선정하고, 필요한 부품을 설계합니다.
> » 전자 제어 기술, 센서 기술, 영상 처리 기술, 인공 지능 등을 활용하여 로봇을 설계합니다.
> » 주변 장치와 작업 시 작업 대상에 직접 작용하는 기능을 가진 장치 등을 설계합니다.
> » 산업용, 의료용 등과 같이 실생활에 이용할 수 있는 로봇을 연구하고 개발합니다.
> » 로봇의 구성 요소를 연구·개발하고, 하나의 몸체로 조립·제작합니다.
> » 생산 현장에서 산업용 로봇이나 자동화 시스템 설비를 설치하고 운용합니다.
> » 전기·전자·기계 장치를 자동화하는 설비를 연구하고 개발합니다.
> » 로봇의 기구, 하드웨어, 소프트웨어를 조립하여 시제품을 생산하고, 테스트 과정을 수행합니다.
> » 전체 작업 시스템을 검토·설계하고, 조립 과정을 통해 로봇 시스템을 완성합니다.
> » 공장의 생산 자동화를 위해 각 분야 전문가들에게 최신 제조 및 자동화 기술 등에 대한 의견을 구합니다.
> » 새로운 로봇 기술과 장치를 연구·개발하고, 이러한 기술을 요구하는 곳에 정보를 제공하며 교육을 진행합니다.

Jump Up

로봇 제작 과정에서 기계공학자는 어떤 역할을 할까요?

사람의 뼈, 근육과 같은 역할을 하는 로봇의 전체 형태와 구조를 설계하고, 로봇이 움직일 수 있는 모터와 기구를 만들어요. 다리나 바퀴 등의 이동 방식과 팔, 목 등의 구동 형태에 따라 갖춰야 하는 기능이 다르므로 로봇의 사용 목적에 알맞은 모터 및 구조를 결정해요. 동력 장치는 되도록 무게가 가볍고 작동 속도가 빠르며, 추진력은 강하게 설계하고, 로봇의 형태를 결정하기 위해 로봇디자이너와 함께 디자인 작업을 하기도 해요.

로봇공학기술자 커리어맵

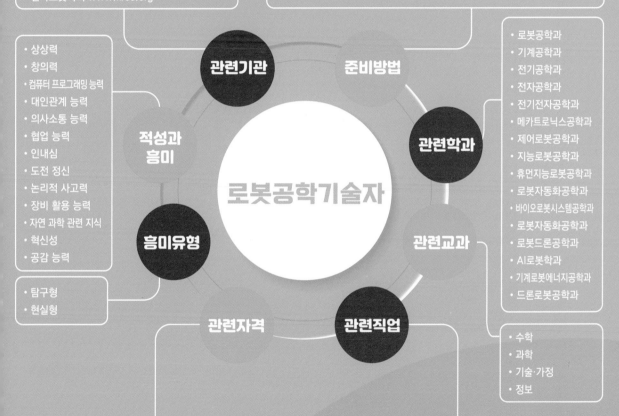

관련기관
- 한국로봇산업협회 www.korearobot.or.kr
- 한국로봇융합연구원 www.kiro.re.kr
- 제어로봇시스템학회 www.icros.org
- 한국로봇산업진흥원 www.kiria.org
- 한국로봇학회 www.kros.org

준비방법
- 수학 및 물리학, 정보 교과 역량 키우기
- 과학 및 로봇, 컴퓨터, 코딩 관련 동아리 활동
- 로봇 관련 전시회 탐방
- 로봇 관련 기업이나 학과 탐방 활동
- 로봇공학기술자 직업 체험 활동
- 인문학, 심리학, 인공 지능, 4차 산업 혁명 등 다양한 분야의 독서
- 사람과 사회 현상에 대한 관심

적성과 흥미
- 상상력
- 창의력
- 컴퓨터 프로그래밍 능력
- 대인관계 능력
- 의사소통 능력
- 협업 능력
- 인내심
- 도전 정신
- 논리적 사고력
- 장비 활용 능력
- 자연 과학 관련 지식
- 혁신성
- 공감 능력

흥미유형
- 탐구형
- 현실형

관련학과
- 로봇공학과
- 기계공학과
- 전기공학과
- 전자공학과
- 전기전자공학과
- 메카트로닉스공학과
- 제어로봇공학과
- 지능로봇공학과
- 휴먼지능로봇공학과
- 로봇자동화공학과
- 바이오로봇시스템공학과
- 로봇자동화공학과
- 로봇드론공학과
- AI로봇학과
- 기계로봇에너지공학과
- 드론로봇공학과

관련교과
- 수학
- 과학
- 기술·가정
- 정보

관련자격
- 로봇기술자격증(1, 2, 3, 4급)
- 로봇지도자 자격증
- 메카트로닉스기사
- 메카트로닉스산업기사
- 기계전자제어사
- ICU로봇기술 자격증
- ICU로봇지도사
- 모바일로보틱스(1, 2, 3급)
- 지능형로봇 자격증
- 일반기계기사
- 기계설계기사
- 전자시스템제어기사
- 정보처리기사

관련직업
- 로봇공연기획자
- 로봇연구원
- 산업용 로봇제어조작원
- 실버로봇서비스기획자
- 안드로이드로봇공학자
- 지능로봇연구개발자
- 적재로봇조작원
- 메카트로닉스공학기술자
- 감성인식기술전문가
- 블라스팅로봇조작원
- 산업용로봇제어조작원
- 로봇하드웨어설계기술자
- 로봇기구개발자
- 자동차용접로봇조작원
- 로봇소프트웨어개발자
- 지능형로봇연구원
- 로봇감성인지연구원

로봇공학기술자

적성과 흥미는?

로봇공학기술자는 현실에 존재하지 않는 로봇을 개발하는 일을 하는 만큼 풍부한 상상력과 창의력이 요구됩니다. 로봇 작동 원리를 알아야 하므로 기계공학, 전기전자공학, 컴퓨터공학에 대한 기본 지식은 물론, 컴퓨터 프로그래밍 실력을 갖춰야 합니다. 로봇을 개발하는 과정에서는 여러 전문가와 협업하는 경우가 많으므로 원만한 대인 관계 능력과 의사소통 능력, 협동심이 요구됩니다. 하나의 로봇이 완성되기까지 여러 번의 실패 속에서도 일을 즐길 수 있는 열정과 도전 정신, 노력, 끈기, 인내심이 필요합니다.

로봇공학기술자의 업무는 로봇 생산 설비에 대한 설계, 제조 등이 주를 이루는데, 새로운 생산 설비를 고안하기 위해서는 창의력, 설계를 위해서는 논리적으로 상황을 분석하는 능력, 원하는 기능을 기술적으로 구현하기 위해 관련된 부품을 논리적으로 구성하는 능력 등이 필수적으로 요구됩니다.

또한 공학과 자연 과학 분야의 지식이 필요합니다. 에너지공학, 열역학 등의 지식을 활용하여 업무를 수행하는데, 이를 위해 기계와 물리 분야에 대한 지식을 습득하는 것이 좋습니다. 인간의 감정을 인식하는 인공 지능 및 휴머노이드 로봇을 개발하고 싶다면, 사람의 감정을 바르게 이해하고 표현할 수 있어야 하므로 이를 위해서는 인문학, 심리학, 공학, 인공 지능 등 다양한 분야의 독서를 통해 사고의 폭을 확장하고, 공감 능력을 길러야 합니다.

로봇공학기술자
커리어맵

관련 학과 및 자격증은?

➡ 관련 학과: 로봇공학과, 기계공학과, 전기공학과, 전자공학과,
  전기전자공학과, 메카트로닉스공학과, 제어로봇공학과,
  지능로봇공학과, 휴먼지능로봇공학과, 로봇자동화공학과,
  바이오로봇시스템공학과, 로봇자동화공학과, 로봇드론공학과,
  AI로봇학과, 기계로봇에너지공학과, 드론로봇공학과 등

➡ 관련 자격증: 로봇기술자격증(1, 2, 3, 4급), 로봇지도자자격증,
  메카트로닉스기사, 메카트로닉스산업기사, 기계전자제어사,
  ICU로봇기술자격증, ICU로봇지도사, 모바일로보틱스
  (1, 2, 3급), 지능형로봇자격증, 일반기계기사,
  기계설계기사, 전자시스템제어기사, 정보처리기사 등

Jump Up

지능형로봇연구개발자에 대해 알아볼까요?

지능형로봇연구개발자는 인간의 뇌 구조에 대한 지식을 바탕으로 로봇이 인간과 같이 사고하고, 의사 결정 등을 할 수 있도록 인공 지능 알고리즘을 개발하거나 프로그램으로 구현하는 연구 개발을 수행해요. 인간의 지능으로 할 수 있는 사고, 학습, 자기 계발 등을 컴퓨터가 수행하도록 그 방법론을 연구하는 컴퓨터공학 및 정보 기술 분야의 전문가예요.

진출 방법은?

로봇공학기술자가 되기 위해서는 로봇의 작동 원리를 전반적으로 알아야 하기 때문에 기계공학, 전기전자공학, 컴퓨터공학에 대한 기본 지식은 물론, 컴퓨터 프로그래밍 실력을 갖춰야 합니다. 대학교 및 대학원에서 기계공학, 메카트로닉스공학, 전기공학, 전자공학, 컴퓨터공학, 제어계측공학, 인공지능공학 등을 전공하는 것이 유리하며, 일반적으로 석사 이상의 학력을 갖춰야 합니다. 최근에는 로봇공학 분야를 하나의 학문으로 규정하고, 로봇을 개발하는 데 필요한 학문만을 체계적으로 배울 수 있는 로봇공학과, 로봇학부 등의 학과가 늘어나고 있습니다.

로봇에 대한 연구 범위가 넓어지면서 로봇 연구를 수행하는 전공도 다양해지고 있는데, 예를 들어 심리학이나 물리학 등을 전공하고 로봇

공학기술자가 되는 경우도 있습니다. 이처럼 로봇공학기술자가 되는 경로는 다양해지고 있으나, 로봇을 개발하기 위해서는 전문적 지식을 갖추어야 하는 만큼 전공 분야에서 석사 이상의 학력을 갖추는 것이 경쟁력을 확보하는 하나의 방법입니다.

로봇공학기술자는 로봇이 센서로 외부의 상태를 파악하는 '지각', 파악한 정보를 바탕으로 판단하는 '인식', 인식한 정보를 컴퓨터로 제어하여 구동 장치로 반응하는 '동작' 등과 같은 로봇의 작동 원리와 기초 지식을 습득해야 합니다. 로봇에 대한 사회적 관심이 높아지면서 다양한 로봇 경진 대회가 열리고 있는데, 로봇공학기술자가 되고 싶다면 이런 대회에 적극 참여하는 것도 좋은 방법입니다.

관련 직업은?

로봇연구원, 산업용로봇제어조작원, 실버로봇서비스기획자, 안드로이드로봇공학자, 지능로봇연구개발자, 적재로봇조작원, 메카트로닉스공학기술자, 감성인식기술전문가, 블라스팅로봇조작원, 산업용로봇제어조작원, 로봇하드웨어설계기술자, 로봇기구개발자, 자동차용접로봇조작원, 로봇유지보수전문가, 로봇소프트웨어개발자, 선박용접로봇조작원, 지능형로봇연구원, 로봇감성인지연구원, 로봇인식기술연구원, 로봇동작생성연구원 등

Jump Up

안드로이드로봇공학자에 대해 알아볼까요?

안드로이드 로봇은 '인간을 닮은 것(android)'이란 어원에서 짐작할 수 있듯이 사람처럼 생각하고 행동하며, 피부나 머리카락 등 외형까지도 사람과 유사해 인간과 구별이 어려운 로봇을 말해요. 안드로이드로봇공학자는 안드로이드 로봇을 연구하고 만드는 사람이에요. 안드로이드 로봇은 어느 한 명의 노력만으로는 완성되기 어려워 여러 분야의 전문가가 팀을 이뤄 작업해야 해요. 모터를 활용한 동작 담당 분야, 음성이나 형상 인식 분야, 간단한 의사 결정을 위한 프로그램 설계 분야 등 여러 전문가의 협업으로 만들어지지요. 사람처럼 행동하는 로봇을 만들려면 사람들의 평소 표정과 행동을 잘 관찰하고 분석해야 하므로 심리학 전문가도 필요해요.

미래 전망은?

로봇 산업은 전 세계적으로 유명한 통계 자료나 공신력 있는 보고서에서도 항상 미래 유망 산업으로 빠지지 않고 등장하고 있습니다. M사의 빌 게이츠 회장도 미래에는 로봇 기술이 지금의 컴퓨터가 발전한 것처럼 빠른 속도로 발전할 것이라고 예측할 정도로 성장성이 큰 산업입니다. 지식경제부(현 산업통상자원부)는 2012년에 개최한 로봇미래전략(2013~2022) 보고 대회에서 '2022년 세계 최고의 로봇 활용 국가가 되자.'라는 비전을 제시하였습니다. 이 비전에서는 로봇이 모든 기술 및 산업 분야와 융합되면서 1인 1로봇의 시대가 현실화될 것이며, 로봇과 관련하여 20년 내에 약 200만~350만 개의 새로운 일자리가 창출될 것이라고 예상하였습니다.

특히 최첨단 기술의 융합체인 로봇 산업은 국가 핵심 산업으로 지정되어 인간의 삶의 질 향상을 위해 환경, 실버, 의료, 국방, 교육 등에 걸쳐 전 분야에서 도움을 줄 것으로 예상되며, 이에 따라 로봇공학기술자에 대한 수요도 늘어날 것으로 전망됩니다. 교육이나 엔터테인먼트 분야 외에도 게임 로봇, 헬스케어 로봇, 의료 재활 로봇, 사회 안전 로봇 등이 등장하면서 관련 시장도 점차 커지고 있으며, 이전에는 없었던 새로운 직종들이 생겨나고 있습니다. 예를 들면 엔터테인먼트 공연 로봇이 상용화되면서 로봇오퍼레이터, 로봇데이터베이스구축자, 로봇디자이너, 로봇심리학자, 로봇점검 및 AS기술자 등 새로운 직종이 생겨나거나 세분화될 것으로 예상됩니다.

로봇공학 기술의 발전으로 로봇이 한층 정교하고 똑똑해짐에 따라 로봇의 수요는 증가할 것이고, 다양한 형태의 로봇을 요구하는 만큼 로봇공학기술자의 전망은 밝다고 할 수 있습니다.

제어로봇공학과
로봇공학기술자 전공 분석

어떤 학과인가?

최근 산업 전반에 걸친 생산 기술의 효율화와 고부가 가치 제품의 필요성으로 인해 기계공학, 전자공학, 전기공학, 컴퓨터공학 등 다양한 분야가 융합된 시스템이 생산 설비의 주류를 이루고 있으며, 이러한 시스템의 제어 및 자동화는 첨단 기술의 한 분야로 떠오르고 있습니다. 제어로봇공학은 이러한 분야들이 유기적으로 연결된 복합 학문을 연구하는 첨단 학문 분야입니다.

제어로봇공학과에서는 전기전자학, 제어공학의 기초 이론을 바탕으로, 로봇 및 자동화 시스템 분야의 하드웨어와 소프트웨어를 분석·설계·개발할 수 있는 전문 엔지니어의 양성을 목표로 합니다. 제어공학에 관한 기본 이론과 제어 시스템의 해석 및 설계, 컴퓨터를 이용한 제어, 지능형 로봇, 마이크로프로세서 응용 등 심화 이론을 배우는 한편, 실험 실습을 병행하여 실무 응용 지식 등을 습득하게 됩니다.

쉽게 말해, 제어로봇공학과에서는 요리사 로봇, 코디네이터 로봇, 운전 로봇 등 우리의 일상을 편리하게 만들어 줄 로봇을 개발하기 위해 인공 지능, 반도체, 생체공학, 기계, 전자, 신소재 등의 학문을 복합적으로 교육합니다.

자동차·전자 제품·반도체 생산 공장 등 산업 현장에서 사용되는 로봇, 청소용 로봇, 장난감 로봇, 오락용 로봇, 우주에서 사용되는 로봇 등은 제어로봇공학 기술의 완성체이며, 영화 '매트릭스'의 가상 현실, '쥐라기 공원'의 그래픽, '아이, 로봇'의 로봇들이 바로 제어로봇공학 기술의 미래입니다.

교육 목표와 교육 내용은?

제어로봇공학과는 로봇공학의 기초 이론과 지식을 바탕으로 산업 현장이 요구하는 실무 기술 능력을 배양하고, 전기, 전자, 제어공학의 기초 이론을 바탕으로 로봇 및 자동화 시스템 분야의 하드웨어와 소프트웨어를 분석·설계·개발할 수 있는 전문 엔지니어의 양성을 교육 목표로 합니다.

학과에 적합한 인재상은?

제어로봇공학은 기계뿐만 아니라 자동차, 전기, 전자 등에 이르기까지 광범위하게 응용할 수 있으므로 탐구심이 많은 사람에게 적합합니다. 로봇공학의 기본이 되는 수학, 물리학 교과에 대한 이해가 필수적입니다. 기계나 로봇 등 작동 원리 등을 탐구하고 분석하는 자세가 요구됩니다.

» 제어로봇공학에 필요한 수학, 기초 과학 및 컴퓨터 관련 분야의 공학 기반 지식을 갖춘 인재를 양성합니다.
» 제어로봇공학의 기초 지식과 이론을 습득하고, 응용 기술을 창의적으로 선도할 수 있는 인재를 양성합니다.
» 올바른 직업 윤리와 사회적 책임 의식을 갖추고, 평생 교육을 할 수 있는 인재를 양성합니다.
» 국제화 시대에 필요한 사고 능력을 갖추고, 협력 개발 사업을 원활히 수행할 수 있는 인재를 양성합니다.

하나의 로봇을 완성하기 위해서는 인내심이 필요하고, 복잡한 기계 장치를 다루는 일이 대부분이므로 호기심이 많고, 창의력이 풍부하며, 성격이 꼼꼼한 사람에게 적합합니다. 로봇은 전기, 전자, 기계, 정보통신 등 다양한 분야의 전문가와의 협업을 통해 완성되므로 원만한 대인 관계 능력, 의사 결정 능력, 협동심을 갖추어야 합니다. 최근 발달하고 있는 가상공학, 인공 지능 등 다양한 응용 분야에 대한 관심과 탐구 능력도 요구됩니다.

특히 로봇은 인간을 모방한 기계이고, 인간에게 서비스할 목적으로 탄생했기 때문에 인간이 무엇을 좋아하고, 어떤 서비스를 필요로 하는지에 대해 분석하기 위해서는 공감 능력이 필요하고, 사람이 모여 이루는 사회에 대해 관심을 갖는 것이 필요합니다.

관련 학과는?

로봇공학과, 전기전자공학과, 메카트로닉스공학과, 지능로봇공학과, 휴먼지능로봇공학과, 로봇자동화공학과, AI로봇학과, 기계로봇에너지공학과 등

주요 교육 목표

4차 산업 기술의 융복합
능력을 지닌 인재 양성

- - - - - - - - - - - - - -

창의적이며, 건전한
직업 윤리 의식을 갖춘 인재 양성

- - - - - - - - - - - - - -

글로벌 적응 능력을 갖춘 인재 양성

- - - - - - - - - - - - - -

제어로봇공학의
현장 적응력을 갖춘 인재 양성

- - - - - - - - - - - - - -

공학적 통찰력을 갖춘
융합형 인재 양성

- - - - - - - - - - - - - -

사회에 기여할 수 있는
실천적 인재 양성

취득 가능 자격증은?

▶국내 자격

☑ 전자기사　　　　☑ 전자산업기사
☑ 공업계측제어기사　☑ 메카트로닉스기사
☑ 디지털제어기사　　☑ 전기기사
☑ 전기산업기사　　　☑ 로봇기구개발기사
☑ 임베디드기사　　　☑ 산업계측제어기사
☑ 전자회로설계산업기사
☑ 디지털제어산업기사
☑ 로봇소프트웨어개발기사
☑ 로봇제어하드웨어개발기사
☑ 메카트로닉스산업기사 등

▶국제 자격

☑ CLAD(NI공인)
☑ MCSE(MS공인 시스템 엔지니어)
☑ 국제로봇전문지도자자격증 등

진출 직업은?

로봇공연기획자, 로봇공학기술자, 로봇연구원, 산업용로봇제어조작원, 실버로봇서비스기획자, 안드로이드로봇공학자, 적재로봇조작원, 전기계측제어기술자, 통신공학기술자 등

추천 도서는?

- AI 시대에 꼭 필요한 뉴 로봇 원칙
  (동아엠엔비, 프랭크 파스콸레, 조상규 역)
- 테슬라 자서전(양문출판사, 니콜라 테슬라, 진선미 역)
- 로봇과 AI의 윤리학(눌민, 캐슬린 리처드슨, 박종환 역)
- 내 아이와 로봇의 일자리 경쟁(매경출판, 이재욱)
- 봇 이야기(한울아카데미, 닉 모나코 외, 전주범 역)
- 로봇시대 살아남기(지식의숲, 염규현)
- 로봇의 세계(북스힐, 고자키 요지, 전종훈 역)
- 4차 산업혁명 로봇 산업의 미래(크라운출판사, 고경철 외)
- 로봇공학의 기초(성안당, 카도타 카즈오, 김진오 역)
- 클라우스 슈밥의 제4차 산업 혁명 더 넥스트
  (새로운현재, 클라우스 슈밥, 김민주 외 역)
- 로봇 시대, 인간의 일(어크로스, 구본권)
- 생각하는 뇌, 생각하는 기계
  (멘토르, 제프 호킨스 외, 이한음 역)
- 로봇 다빈치, 꿈을 설계하다(샘터사, 데니스 홍)
- 과학의 미래 청소년이 묻고 과학자가 답하다
  (자유로운상상, 곽승덕 외)
- 로봇의 세계(해나무, 조던 D. 브라운, 한국여성과총
  교육홍보출판위원회 역)
- 로봇의 부상(세종서적, 마틴 포드, 이창희 역)
- 이기적 유전자(을유문화사, 리처드 도킨스, 홍영남 외 역)
- 뉴턴과 아인슈타인, 우리가 몰랐던 천재들의
  창조성(창작과비평사, 홍성욱)
- 엔트로피(세종연구원, 제레미 리프킨, 이창희 역)

학과 주요 교과목은?

기초 과목	공학윤리, 확률과 통계, 사고와 표현, 일반물리학, 제어계측공학개론, 미분적분학, 일반화학, 일반화학실험, 공학소프트웨어응용실습, 창의적공학설계, 공업경영, 공업수학, 수치해석, 전자기초실험, 전자회로, 로봇창의설계입문 등
심화 과목	데이터베이스실습, 로봇공학, 로봇공학실습, 메카트로닉스, 센서공학, 자바프로그래밍, 영상처리, 인터넷통신, 임베디드시스템, 디지털제어시스템, 스마트시스템, 자동제어, 지능로봇시스템, 지능시스템공학, 지능제어시스템개론, 디지털신호처리, 센서디바이스응용설계, WINDOWS프로그래밍실습, 계측공학, 자료구조 및 알고리즘, 디지털논리설계 등

졸업 후 진출 분야는?

기업체	로봇 관련 기업, 임베디드 하드웨어 및 소프트웨어 산업, 자동화 산업 분야, 신재생 에너지 산업, 자동차 산업, 기계 항공 우주 산업, 센서 및 계측 기기 산업 분야, 항공 및 방위 산업 기업체, 공정 제어와 계정 설비 업체 등
연구 기관	전기·전자·제어계측 분야의 국공립 연구소, 기업체 연구소 등
정부 및 공공 기관	기계·컴퓨터 관련직 공무원 등

전공 관련 선택 과목은?

▶ 국어, 영어 교과는 모든 학문의 기초적인 성격을 가진 도구교과로 모든 학과에 이수가 필요하여 생략함.

수능 필수	화법과 언어, 독서와 작문, 문학, 대수, 미적분 I , 확률과 통계, 영어 I , 영어 II , 한국사, 통합사회, 통합과학, 성공적인 직업생활(직업)		
교과군	선택 과목		
	일반 선택	진로 선택	융합 선택
수학, 사회, 과학	대수, 미적분 I , 확률과 통계, 물리학, 화학	기하, 미적분 II , 역학과 에너지, 전자기와 양자, 물질과 에너지, 화학 반응의 세계	수학과제 탐구, 융합과학 탐구
체육·예술			
기술·가정/정보	기술·가정, 정보	로봇과 공학세계, 인공지능 기초, 데이터 과학	창의 공학 설계, 지식 재산 일반
제2외국어/한문			
교양			

학교생활기록부 관리는?

04 공학계열

제어로봇공학과 ― 로봇공학기술자

출결 사항	• 미인정(무단) 결석이나 지각, 조퇴 등이 있으면 인성 영역 등에서 부정적 평가를 받을 가능성이 높아요. • 근태 사항이 개근이 되도록 관리해요.
자율·자치활동	• 교내 활동에 적극적으로 참여하여 자신의 책임과 역할이 구체적으로 드러난 사례를 기록하세요. • 기계와 로봇에 대한 관심이 구체적으로 드러나는 사례를 기록하세요. • 리더십, 책임감, 창의력, 문제 해결 능력, 의사 결정 능력, 협업 능력이 드러나도록 하세요.
동아리활동	• 기계나 로봇 관련 동아리 활동을 통해 제어로봇공학에 대한 관심과 발전 가능성이 드러나도록 하세요. • 가입 동기, 본인의 역할, 배운 점, 느낀 점 등이 기록되도록 하세요. • 코딩, 파이썬, C언어 등 프로그래밍 관련 동아리 활동을 권장해요. • 학교내에서 타인을 위해 할 수 있는 지속적인 봉사 활동을 하세요. • 학교에서 주관하는 보건소, 병원, 재활원, 사회 복지 시설 등 사회 소외 계층 및 약자를 대상으로 하는 봉사 활동에 참여하세요.
진로 활동	• 로봇공학 분야 직업 탐색 활동을 권장해요. • 로봇공학 분야 관련 기관 및 기업에서의 직업 체험 활동이나 로봇공학 관련 학과 체험 활동이 매우 중요해요. • 로봇공학 분야의 진로 탐색 활동을 통해 진로 역량, 전공 적합성, 발전 가능성 등이 드러나도록 하세요.
교과학습발달 상황	• 수학, 물리학, 화학, 정보, 기술·가정 교과에 대한 지식을 습득하는 데 노력하세요. • 창의적 사고, 도전적이고 실천적인 자세를 통해 문제 해결 능력이 드러나도록 하세요. • 아이디어를 실제로 구현하기 위한 과정을 간략히 발표할 수 있도록 해요.
독서 활동	• 인문학, 철학, 역사, 심리학 등 다양한 분야의 책을 읽으세요. • 4차 산업 혁명, 컴퓨터, 로봇, 인공 지능 분야에 대한 기본 지식을 키우세요.
행동 발달 특성 및 종합 의견	• 인성, 발전 가능성, 학업 역량, 전공 적합성 등이 종합적으로 드러나도록 하세요. • 도전 정신, 인성(나눔과 배려), 성실성, 의사 결정 능력, 자기 주도성, 탐구 능력 등이 드러나도록 하세요.

사물인터넷개발자란?

4차 산업 혁명의 핵심 키워드 중 하나가 '사물 인터넷'입니다. 자동차, 집, 모바일, 컴퓨터 등 모든 사물이 인터넷을 통해 연결되는 초연결 사회에서는 방대한 정보를 얼마나 빠르고 정확하게 처리하느냐가 중요합니다. 사물 인터넷은 지능화된 사물들이 인터넷을 통해 연결되면서 사람의 도움 없이 새로운 서비스를 만들어 내거나 무언가 더 옳은 판단을 내릴 수 있도록 하는 일련의 과정을 의미합니다. 지능화된 사물들의 소통을 돕는 기술에는 블루투스나 근거리 무선 통신(NFC), 센서 데이터, 네트워크 등의 기술이 있습니다. 즉, 센서를 통해 '주변을 느끼는 단계'를 거쳐, 연산 가능한 프로세서가 이를 필요에 따라 '판단하는 단계'로 이어지고, 마지막으로 판단을 거쳐 도출된 결론이 유무선 통신을 통해 최종 사용자에게 '말하는 단계'까지 이르러야 서비스로서의 사물 인터넷이 성립됩니다.

스마트폰 하나로 집 안의 각종 가전 기기를 동작시킨다거나 사용자의 생활 패턴을 분석하여 건강 상태와 운동량에 대한 정보를 제공한다거나 시간에 맞추어 약을 복용할 수 있도록 사용자에게 알리고, 복용 여부를 체크한다거나 아침에 출근길 교통 정보를 확인한 스마트폰이 평소보다 30분 일찍 사용자를 깨운다거나 사용자가 현관문을 나서면 집안의 전기가 차단되면서 자동차의 시동은 켜지는 등의 일

사물인터넷개발자
반도체공학과

은 사물 인터넷 기술이 적용된 예입니다.

톰 크루즈 주연의 2002년에 개봉된 영화 〈마이너리티 리포트〉는 2054년 미국을 배경으로 사물 인터넷을 활용한 미래 도시의 삶을 생생하게 보여주었습니다. 주인공이 길거리를 걸을 때면 주변의 광고들이 그의 망막을 스캔하여 개인 정보와 심리 상태를 분석한 뒤 주인공에게 알려주고, 출퇴근길 직장인의 심박수와 생체 리듬을 분석하여 맞춤형 광고를 전하는 디지털 광고판 등은 모두 사물 스스로가 인간과 소통하는 모습을 보여주었습니다. 2002년 영화가 개봉될 당시, 많은 사람들이 영화 속 세상을 먼 미래의 모습이라고 말했지만 이제는 그 영화 속 세상이 우리 곁에 가까이 와 있습니다.

사물인터넷개발자는 사람들이 더 편리하고 안전한 삶을 살도록 사물에 인터넷을 접목해 새로운 기술을 만들어 내는 일을 합니다. 주변의 모든 사물을 네트워크로 연결해 어디서든지 이용할 수 있도록 인프라를 구축하고, 관련 프로그램을 만드는 일을 합니다. 사물 인터넷에 연결되는 사물은 각각을 구별할 수 있는 고유한 IP와 외부로부터 데이터를 받기 위해 센서를 가지고 있어야 합니다. 이런 이유로 모든 사물이 해킹의 대상이 될 수 있어, 사물 인터넷이 발달할수록 보안 기술도 같이 발달되어야 합니다.

사물인터넷개발자가 하는 일은?

사물 인터넷 시대가 열리면 인터넷에 연결된 기기는 사람의 도움 없이 서로 알아서 데이터를 주고받으며, 사용자에게는 필요한 정보만 제공하게 됩니다. 이와 같은 편리한 세상이 되려면 사물인터넷개발자의 역할이 중요합니다. 사물인터넷개발자는 주변의 모든 기기들을 네트워크로 연결하여 언제, 어디서든지 마음대로 이용할 수 있는 인프라를 구축하고, 관련된 프로그램을 만드는 업무를 수행합니다.

» 사용자의 요구 사항을 분석하여 사물 인터넷을 구현할 수 있는 응용 프로그램의 구조를 설계합니다.
» RFID 태그, RFID 판독기, 안테나 등의 하드웨어를 설계하거나 기존 제품을 업그레이드합니다.
» 블루투스, 근거리 무선 통신(NFC) 등 네트워크를 활용한 센서를 개발합니다.
» 체중, 혈압, 혈당 등 환자와 관련된 생체 정보를 블루투스나 USB를 통해 스마트폰으로 전송하여 쉽게 기록할 수 있도록 하는 애플리케이션을 개발합니다.
» 사물에 센서와 통신 기능을 내장해 사물끼리 인터넷을 통해 실시간으로 데이터를 주고받는 기술 및 환경을 구축합니다.
» 블루투스, USB, Wifi, 근거리 무선 통신(NFC) 등의 네트워크를 활용한 서비스 인터페이스를 개발합니다.
» 시뮬레이션을 통해 소프트웨어의 오류를 수정하거나 하드웨어에 적응하도록 합니다.
» 인터페이스의 성능 향상을 위해 주기적으로 업그레이드를 수행합니다.

Jump Up

사물인터넷과 관련한 용어를 알아볼까요?

▶ 블루투스: 휴대폰, 노트북, 이어폰, 헤드폰 등의 휴대 기기를 서로 연결해 정보를 교환하는 근거리 무선 기술이에요.
▶ 근거리무선통신망(NFC): 13.56MHz 대역의 주파수를 사용하여 약 10cm 이내의 근거리에서 데이터를 교환할 수 있는 비접촉식 무선 통신 기술이에요.
▶ 센서데이터: 작동 장치의 온도, 속도 또는 기타 상태를 감지하기 위해 사용되는 전자 장치예요.

사물인터넷개발자
커리어맵

관련기관
- 한국전자통신연구원 www.etri.re.kr
- 한국지능형사물인터넷협회 www.kiot.or.kr
- 정보통신산업진흥원 www.nipa.kr
- 한국정보통신진흥협회 www.kait.or.kr
- 한국정보통신학회 www.kiice.org

준비방법
- 컴퓨터 활용 능력 배양
- 영어 실력 향상
- 공학 관련 동아리 활동
- 다양한 분야 독서 활동
- 사물인터넷개발자 직업 체험 및 학과 탐방
- 창의 공학 캠프 참가

적성과 흥미
- 미래 지향성과 도전 정신
- 비판적 사고 능력
- 수리 능력
- 의사결정 능력
- 창의력
- 기계 다루는 것에 대한 관심
- 꼼꼼함
- 대인관계 능력
- 윤리 의식
- 수학, 과학 교과에 대한 관심
- 컴퓨터 관련 전문 지식
- 논리력
- 분석 능력

관련학과
- 사물인터넷학과
- 컴퓨터공학과
- 컴퓨터소프트웨어학과
- 응용소프트웨어공학과
- 전자공학과
- 전기전자공학과
- 정보통신공학과
- 반도체공학과
- 전기공학과
- 전자통신공학과
- 나노광전자학과

흥미유형
- 탐구형
- 현실형

관련교과
- 영어
- 수학
- 과학
- 정보

관련자격
- 무선설비기사
- 무선설비산업기사
- 정보통신기사
- 정보통신산업기사
- 전자기사
- 전자산업기사
- 정보보호전문가
- 전파통신기사
- 전파통신산업기사
- 컴퓨터시스템응용기사
- 리눅스마스터
- 정보처리기사
- 정보처리산업기사

관련직업
- 임베디드시스템개발자
- 데이터베이스관리자
- LED연구 및 개발자
- RFID시스템개발자
- 반도체공학기술자
- 전기제품개발기술자
- 전자제품개발기술자
- 컴퓨터하드웨어기술자
- 나노공학기술자
- 전자계측제어기술자
- 반도체공정기술연구원
- 센서연구원
- 정보컨설턴트

적성과 흥미는?

사물 인터넷 분야는 계속 성장하고 있는 미래 유망 산업이므로 미래 지향적이고, 도전 정신이 있으면 좋습니다. 사물 인터넷에 적합한 기기 개발의 필요성이나 상용화 가능성을 판단해야 하므로 비판적 사고 능력과 수리 능력, 의사 결정 능력이 필요합니다. 사용자 중심의 기기나 인터페이스를 개발해야 하므로 아이디어가 다양하고, 창의적인 사람에게 적합합니다.

제품을 만드는 일을 하기 때문에 물건들을 분해하고 조립하는 것에 흥미가 있고, 기계를 다루는 것에 손재주가 있으면 좋습니다. 세밀하고 정밀한 작업을 주로 하기 때문에 꼼꼼한 성격을 가진 사람에게 유리하며, 개발 과정에서 실패를 하더라도 다시 도전하여 끝까지 완수하려는 인내심과 끈기, 세상의 변화를 읽을 수 있는 시각을 갖추는 것이 필요합니다.

개발 과정에서 다른 전문가와 협업하여 진행하게 되므로 원활한 의사소통 능력과 원만한 대인 관계 능력을 갖추는 것이 필요합니다. 또한 개인 정보 보안과 관련하여 직업 윤리 의식도 갖추어야 합니다. 사물 인터넷 개발과 관련된 분야는 대부분이 과학적인 지식을 갖추고, 그것을 수학으로 풀어내어 응용하는 과정이기 때문에 수학, 물리학 과목에 대한 실력이 요구됩니다. 사물 인터넷 기술은 외국에서 먼저 등장한 기술 분야이므로 세계적인 기술의 흐름을 파악하여 습득하기 위해서는 영어 실력도 매우 중요합니다. 비교하고 분석하여 문제를 해결하는 경우가 많기 때문에 논리적 분석 능력과 문제 해결 능력도 요구됩니다.

사물인터넷기술자에 관심이 있다면 수학, 물리학, 화학 등의 기초 과학 분야에 대한 지식을 습득하면서 대학이나 기관에서 주관하는 창의 공학 기술 캠프 활동에도 적극 참여한다면 공학적 지식 및 응용 능력, 창의성 등을 키울 수 있습니다. 또한 코딩, 알고리즘 등의 프로그래밍 지식을 갖추고, 관련 동아리에서 활동하는 것을 추천합니다.

사물인터넷개발자 커리어맵

관련 학과 및 자격증은?

→ 관련 학과: 사물인터넷학과, 컴퓨터공학과, 컴퓨터소프트웨어학과, 응용소프트웨어공학과, 전기전자공학과, 전자공학과, 정보통신공학과, 반도체공학과, 전기공학과, 전자통신공학과, 나노광전자학과 등

→ 관련 자격증: 무선설비기사, 무선설비산업기사, 정보통신기사, 정보통신산업기사, 전자기사, 전자산업기사, 전파통신기사, 전파통신산업기사, 전자계산기기사, 전자계산기산업기사, 전기기사, 전기산업기사, 전기공사기사, 전기공사산업기사, 컴퓨터시스템응용기사, 컴퓨터시스템응용기술사, 리눅스마스터, 컴퓨터시스템응용산업기사, 정보처리기사, 정보처리산업기사, 정보보호전문가 등

Jump Up

RFID시스템개발자에 대해 알아볼까요?

RFID는 무선 주파수와 전자 칩을 이용하여 대상물을 식별하고 정보를 획득하는 무선 인식 시스템으로, 다시 말해 바코드와 비슷한 기능을 하는 것이에요.

RFID시스템개발자는 RFID 기술을 기반으로 다양한 정보를 신속하게 수집할 수 있도록 정보 서비스를 개발하고 설계해요. 예를 들면, RFID 기술을 이용하여 새로운 제품을 설계하거나 기존의 제품을 개선하여 좀 더 편리하고 안전하게 만드는 일을 하죠.

진출 방법은?

사물인터넷개발자가 되기 위해서는 전문 대학이나 대학에서 정보통신공학, 컴퓨터공학, 소프트웨어공학, 전자공학, 전기공학, 기계공학, 반도체공학을 전공하면 유리합니다. 전문적인 연구 개발 분야에 근무하는 사람 중에는 대학원에서 석사 이상의 학력을 갖춘 사람이 대부분입니다.

안드로이드 앱 개발 업체, 모바일 웹 개발 업체, 증강 현실 개발 업체, 국가 정보 보호 관련 기관, ISP 업체, 기업체 전산실, 방송국, 통신 회사, 전자 회사, 컴퓨터 제조 회사, 소프트웨어 개발 업체 등으로 취업합니다. 기업에서 운영하는 연구소에 취업하면 새로운 제품을 개발하거나 기존 제품의 성능을 개선하는 업무를 담당하게 됩니다. 정부의 정보 통신 관련 부처의 산하 기관에 연구원으로 취업하기도 하고, 공무원 공개 채용을 통해 통신직·전산직 공무원이 될 수도 있습니다. 일부는 실무에서 경력을 쌓은 뒤 벤처 업체를 창업하기도 하며, 기술 컨설팅, 기술 영업 등의 분야로 이동하거나 정보 통신 관련 산업으로 이직하기도 합니다.

관련 직업은?

임베디드시스템개발자, 데이터베이스관리자, LED연구 및 개발자, RFID시스템개발자, 반도체공학기술자, 반도체장비기술자, 전기제품개발기술자, 전자제품개발기술자, 컴퓨터하드웨어기술자, 나노공학기술자, 전자계측제어기술자, 전자의료기기개발 및 설계기술자, 전자부품개발 및 설계기술자, 센서연구원, 가전제품개발 및 설계기술자, 정보컨설턴트 등

미래 전망은?

사물 인터넷 기술은 각종 스마트 기기와 융합하여 실제 환경과 가상 세계를 하나로 묶는 정보 통신 융합 산업을 발전시키는 데 선도적인 역할을 할 것으로 예상됩니다. 다수의 시장 조사 기관에서는 사물 인터넷과 관련한 국내외 시장이 급격하게 성장할 것으로 전망하고 있습니다. 향후 10년간 사물 인터넷 관련 일자리가 급증할 것으로 전망하고 있으나 관련 인력이 부족할 것으로 예상하고 있습니다.

우리나라는 사물 인터넷 분야의 국제 표준 제정을 주도할 것으로 보입니다. 국내에서 개발한 사물 인터넷 관련 제품이 해외에서 많이 각광받고 있으며, 혁신적 기술과 아이디어를 보유한 스타트업들이 생겨나고 있습니다. 정부에서도 사물 인터넷 기술을 정책 과제로 선정하여 적극 육성하고 있으며, 기술 경쟁력을 지닌 인력이나 기업들에 대한 지원과 투자를 확대할 것으로 예상되어, 연구 개발을 주도할 IoT개발자의 수요는 증가할 것으로 전망됩니다.

사물 인터넷은 2000년대에 들어서며 세계적으로 연구 개발이 확산되었으며, 2020년까지 세계 사물 인터넷 시장은 연평균 28.8%, 국내 시장은 연평균 38.5%로 성장할 것으로 예상하고 있습니다. 사물 인터넷으로 인해 공공 안전, 지역 보안, 지능형 교통 산업, 건물 및 교량 등의 사회 인프라를 활용한 새로운 서비스 시장이 성장할 것으로 전망됩니다. 개인 서비스와 공공 분야에서 사물 인터넷 기술의 적용 분야가 확대될 것으로 예상되어 사물인터넷개발자의 전망은 매우 밝다고 할 수 있습니다.

Jump Up

사물인터넷학과에 대해 알아볼까요?

사물인터넷(IoT)학과는 지능화된 사물들과 인터넷을 통해 새로운 서비스와 효용이 창출될 수 있도록 기초 기술에서 응용 기술까지 이론과 실무 능력을 고루 갖춘 수준 높은 엔지니어를 양성하는 학과예요. 스마트 디바이스, 유무선 네트워크, IoT서비스 플랫폼 등을 이용하여 자율적인 소통을 통해 수많은 데이터를 수집하여 가공 처리하고 실행하는 과정을 거치는 첨단 분야의 종합 학문 분야예요. 커넥티드 홈, 커넥티드 카, 스마트 팩토리, 스마트 시티 등 다양한 산업 분야에서 사물 인터넷을 통해 혁신을 주도하고, 새로운 가치를 창출하는 인재 양성을 목표로 해요.

반도체공학과
사물인터넷개발자 전공 분석

어떤 학과인가?

반도체(semiconductor)는 'semi(반)'와 'conductor(도체)'라는 단어를 조합한 것입니다. 반도체는 전기가 잘 통하는 도체와 통하지 않는 부도체의 중간 영역에 속하는 물질로, 물리적으로 빛이나 열, 전기나 자기장 등의 영향을 받으면 전기가 통하는 상태로 바뀌는데, 이러한 특성을 이용해 컴퓨터, 스마트폰, 전자 제품, 자동차 등의 제품을 작동시키는 주요 부품으로 이용되고 있습니다. 그래서 반도체공학은 국가 산업 발전의 중요한 역할을 담당하는 학문이라고 할 수 있습니다.

반도체공학은 규소, 게르마늄 등의 반도체 정제 기술과 트랜지스터, 다이오드 등의 제조 기술을 연구하고, 그 성능을 높이기 위한 기술을 연구하는 학문입니다.

반도체공학과는 반도체의 원리, 구조, 응용 분야를 비롯해 전기, 전자, 재료 등 다양한 학문과 융합하여 미래의 첨단 과학을 주도할 목표를 가지고 교육하는 학과입니다. 통신, 컴퓨터, 가전, 자동차 등의 중요 산업 분야의 핵심 소재인 반도체 재료에 대한 기본 원리, 특성을 이해하고, 이를 토대로 뛰어난 성능의 반도체 소자를 개발하는 기술을 배우는 학과입니다.

교육 목표와 교육 내용은?

반도체공학과는 다양한 분야에서 핵심 소재로 사용되는 반도체와 세라믹, 그리고 이를 응용하는 방법에 대해 공부하는 학과입니다. 창의적 사고와 반도체 공정, 설계, 테스트, 분석 등의 분야에 대한 전문 지식을 갖춘 인력을 양성하여 국가와 국제 사회에 기여하는 것을 교육 목표로 합니다.

학과에 적합한 인재상은?

반도체공학을 공부하기 위해서는 반도체 설계 및 제작과 관련된 기본적인 지식과 흥미가 있어야 하므로 물리학, 화학, 생명과학 등 기초 과학 과목에 대한 관심과 지식은 기본이며, 실험 및 실습 위주의 수업을 따라가기 위해서는 논리적 사고 능력이 요구되고, 차분하고 신중한 성격의 사람에게 유리합니다. 반도체 산업 분야의 첨단 기술 변화를 적극적으로 주도할 수 있는 도

» 창의적 사고와 공학 기초 지식을 기반으로 한 문제 해결 능력을 지닌 인재를 양성합니다.
» 반도체 공정 및 재료 개발, 반도체 장비, 반도체 회로 및 설계 분야의 실무 능력을 지닌 인재를 양성합니다.
» 기술 발전의 흐름 인식, 경제 감각에 기초한 공학적 해결 능력을 지닌 인재를 양성합니다.
» 반도체 기술의 기반이 되는 기초 과학 및 공학 지식을 지닌 인재를 양성합니다.
» 반도체 산업 분야의 첨단 기술과 산업체 현장 적응 능력을 갖춘 인재를 양성합니다.
» 국제화 시대에 맞는 감각과 첨단 반도체 산업체의 요구에 부응하는 인재를 양성합니다.
» 반도체 산업 분야의 첨단 기술 변화를 적극적으로 주도할 수 있는 도전적이고 진취적인 인재를 양성합니다.
» 반도체 분야 전문성을 바탕으로 첨단 반도체 시스템의 연구 개발을 주도할 수 있는 글로벌 인재를 양성합니다.

전적이고 진취적인 자세, 창의적 사고를 바탕으로 첨단 반도체 분야에서 새로운 가치를 만들어 낼 수 있는 창의적인 자세가 요구됩니다.

각종 컴퓨터 응용 프로그램과 반도체 설계 장비 등을 다루기 때문에 컴퓨터에 대한 활용 능력과 지식을 갖추어야 하고, 반도체공학 분야는 지속적으로 성능이 향상된 기술 개발이 필요하므로 새로운 기술을 습득하려는 노력과 자기 계발의 자세가 필요합니다. 반도체공학은 여러 전문가와의 협업으로 이루어지기 때문에 협동심, 대인관계 능력, 의사소통 능력, 리더십을 지닌 사람에게 유리합니다.

새로운 것에 대한 탐구 정신과 호기심, 문제 해결을 위한 논리적 사고, 분석력, 문제 해결 능력, 정확한 판단력이 필요합니다. 흥미 유형으로는 탐구형과 현실형의 사람에게 적합합니다.

관련 학과는?

반도체학과, 반도체융합공학과, 반도체물리학과, 반도체디스플레이학과, 반도체신소재공학과, 반도체전자공학부, 반도체과학기술학과, 반도체산업융합학과, 반도체설계학과, 반도체시스템공학과, 반도체전자공학과, 나노반도체공학과, 시스템반도체공학과, 지능형반도체공학과 등

진출 직업은?

LED연구 및 개발자, RFID시스템개발자, 공학계열 교수, 로봇공학기술자, 반도체공학기술자, 반도체장비기술자, 재료공학기술자, 전기제품개발기술자, 전자제품개발기술자, 컴퓨터하드웨어기술자 등

주요 교육 목표

공학 기초 지식과 문제 해결
능력을 갖춘 인재 양성

- - - - - - - - - - - - - -

새로운 가치를 만들어
내는 창의적인 인재 양성

- - - - - - - - - - - - - -

도전적이고 진취적인 인재 양성

- - - - - - - - - - - - - -

첨단 지식과 산업체
현장 적응력을 갖춘 인재 양성

- - - - - - - - - - - - - -

인성과 지성을 갖춘 인재 양성

- - - - - - - - - - - - - -

창의적인 글로벌 리더십을 갖춘
인재 양성

 ## 취득 가능 자격증은?

- ☑ 반도체설계기사
- ☑ 반도체설계산업기사
- ☑ 세라믹기술사
- ☑ 세라믹기사
- ☑ 세라믹산업기사
- ☑ 전자산업기사
- ☑ 전자기사
- ☑ 전자응용기술사
- ☑ 재료기사
- ☑ 반도체장비유지보수기능사 등

추천 도서는?

- 일렉트릭 유니버스
  (글램북스, 데이비드 보더니스, 김명남 역)
- 이기적 유전자
  (을유문화사, 리처드 도킨스, 홍영남 외 역)
- 과학으로 세상보기(동화기술, 이인화)
- 칩워, 누가 반도체 전쟁이 최후 승자가 될
  것인가(쿠키, 크리스 말러, 노정태 역)
- 반도체 인사이트 센서 전쟁
  (교보문고, 한국반도체산업협회)
- 반도체 전쟁(한올출판사, 최낙섭)
- 반도체 오디세이(위너스북, 이승우)
- 기술전쟁(위즈덤하우스, 윤태성)
- 한국 반도체 슈퍼 올 전략(경향BP, 전병서)
- 기술의 충돌(서해문집, 박현)
- 이기는 지키는 넘어서는 K 반도체
  (앵글북스, 최수)
- 부분과 전체
  (서커스, 베르너 하이젠베르크, 유영미 역)
- 과학 혁명의 구조(까치, 토머스 S. 쿤, 홍성욱 외 역)
- 엔트로피(세종연구원, 제레미 리프킨, 이창희 역)
- 특이점이 온다(김영사, 레이 커즈와일, 김명남 외 역)
- 파인만의 여섯 가지 물리 이야기
  (승산, 리처드 파인만, 박병철 역)
- 문명으로 본 과학과 기술의 역사
  (동명사, 장병주 외)

학과 주요 교과목은?

기초 과목	일반물리학, 일반화학실험, 프로그래밍연습, 반도체이해, 반도체개론, 전자기학, 반도체물리학, 양자물리학, 회로이론, 전자물성론, 반도체소자, 초급양자역학, 세라믹개론, 재료공학, 공업수학, 재료물리화학, 재료전산학, 세라믹전자기학, 세라믹분석화학 등
심화 과목	전기전자재료, 무선통신, 고주파소자, 광전소자, 메모리소자, 전파공학, 디지털시스템설계, 자동제어, 재료열역학, 재료결정학, 첨단기능성세라믹, 세라믹공정 및 설계, 세라믹과학원론, 재료전산모사, 반도체장비, 디지털집적회로설계, 디지털설계언어, 광전자공학, 디스플레이공학, 반도체측정, TCAD소자공정설계, SoC설계, 반도체장비제어, 나노소자공학, 아날로그집회회로, 반도체공학취업, 마이크로프로세서응용 등

졸업 후 진출 분야는?

기업체	반도체 제조 업체, 반도체 장비 및 소재 관련 기업, 유리·도자기 등 전통 요업 업체, 전자 정보 소재 관련 업체 등
연구 기관	반도체·세라믹·신소재 관련 기업 및 대학 연구소 등
정부 및 공공 기관	한국과학기술원, 한국생산기술연구원, 요업기술원, 한국산업기술시험원, 한국기계연구원 부설 재료연구소 등

🔍 전공 관련 선택 과목은?

▶ 국어, 영어 교과는 모든 학문의 기초적인 성격을 가진 도구교과로 모든 학과에 이수가 필요하여 생략함

수능 필수	화법과 언어, 독서와 작문, 문학, 대수, 미적분Ⅰ, 확률과 통계, 영어Ⅰ, 영어Ⅱ, 한국사, 통합사회, 통합과학, 성공적인 직업생활(직업)		
교과군	선택 과목		
	일반 선택	진로 선택	융합 선택
수학, 사회, 과학	대수, 미적분Ⅰ, 확률과 통계, 물리학	기하, 미적분Ⅱ, 역학과 에너지, 전자기와 양자	수학과제 탐구, 융합과학 탐구
체육·예술			
기술·가정/정보	기술·가정, 정보	데이터 과학	창의 공학 설계, 지식 재산 일반
제2외국어/한문			
교양			

학교생활기록부 관리는?

출결 사항	• 미인정(무단) 결석이나 지각, 조퇴 등이 있으면 인성 영역 등에서 부정적 평가를 받을 가능성이 높아요. • 근태 사항이 개근이 되도록 관리해요.
자율·자치활동	• 공학 분야에 대한 관심과 흥미를 바탕으로 다양한 교내외 활동을 통해 리더십, 책임감, 창의력, 문제 해결 능력, 의사 결정 능력, 협업 능력이 드러나도록 하세요.
동아리활동	• 공학 관련 동아리 활동에 참여하세요. • 과학 실험, 과학 탐구, 수학 관련 동아리 활동을 권장해요. • 가입 동기, 본인의 역할, 배운 점, 느낀 점 등이 함께 기록되도록 해요. • 학교내에서 타인을 위해 할 수 있는 지속적인 봉사 활동을 하세요. • 학교에서 주관하는 보건소, 병원, 재활원, 사회 복지 시설 등 사회 소외 계층 및 약자를 대상으로 하는 봉사 활동에 참여하세요.
진로 활동	• 반도체 관련 기업, 연구소 등의 직업 정보 탐색 활동을 권장해요. • 반도체 관련 기업, 학과의 진로 체험 활동을 권장해요. • 반도체 공학 분야와 관련 있는 탐구 활동을 통해 진로 역량이 드러나도록 하세요.
교과학습발달 상황	• 수학, 물리학, 화학, 정보, 기술·가정 등 이공계와 관련된 교과의 성적은 상위권으로 유지하고, 관련 교과 수업에서 발휘된 역량이 기록되도록 수업에 적극 참여하세요. • 수학, 과학 관련 학습 성취도나 참여 노력 등이 교과 세부 능력 및 특기 사항에 기록되도록 챙기세요.
독서 활동	• 인문학, 철학, 역사, 공학 등 다양한 분야의 책을 읽으세요. • 전자공학, 반도체, 소재 산업, 4차 산업 혁명, 인공 지능, 로봇 등과 관련된 도서, 과학 관련 잡지, 신문 읽기를 권장해요.
행동 발달 특성 및 종합 의견	• 창의성, 문제 해결 능력, 리더십, 전공 적합성 등이 드러나도록 하세요. • 도전 정신, 인성(나눔과 배려), 성실성, 의사 결정 능력, 자기 주도성, 발전 가능성이 드러나도록 하세요.

섬유공학의 용어에 대해 알아볼까요?

- 방사(紡絲, fiber spinning): 천연 또는 합성 고분자를 액화시킨 다음, 이것을 작은 구멍을 통해서 밀어내어 섬유 형태를 만들고, 이를 고체화시킴과 동시에 길게 늘여 인조 섬유를 만드는 과정을 말해요.
- 방적(紡績, spinning): 짧은 섬유들을 빗질하여 서로 나란하게 배열하고, 이를 적당한 굵기가 되도록 모아서 다시 늘여 주고, 마지막으로 적당한 정도로 꼬임을 주어서 실을 만드는 과정을 말해요.
- 제직(製織, weaving): 직기를 이용하여 경사(평행으로 잡아당긴 방향의 실)와 위사(길게 편 실 사이에 꿰어 넣는 실)를 일정한 규칙에 따라 서로 교차시켜서 직물을 만드는 공정을 말해요.
- 제편(製編, knitting): 편성기를 이용하여 한 올 또는 여러 올의 실로 고리를 만들어 이들을 서로 연결하여 편성물을 제조하는 공정을 말해요.
- 염색 가공(染色加工, dyeing and textile finishing): 천에 염료를 이용하여 원하는 색을 입히는 공정으로, 천에 물리적·화학적 처리를 하여 그 외관이나 성능을 향상시키는 과정이에요.

섬유공학기술자란?

섬유의 역사는 약 5만 년 전으로 거슬러 올라갑니다. 네안데르탈인들이 제4 빙하기의 추위를 이겨내려고 동물의 모피를 사용했던 것을 인류가 섬유를 사용한 시초로 보고 있습니다. 그러나 이것은 섬유 제품이라고 할 수 없고, 식물이나 동물로부터 얻은 천연 섬유로 물품 즉, 실과 천을 만들어 사용하기 시작한 것은 짧게는 5천 년, 길게는 만 년 전으로 추정하고 있습니다. 본격적인 섬유 산업의 시작은 '리처드 아크라이트'가 수차를 이용하여 면, 양모와 같은 천연 섬유로 실을 공업적으로 생산할 수 있는 방적기를 발명한 1769년으로 보고 있습니다. 이후 19세기 후반, 인공적으로 만들어 낸 섬유인 인조 섬유 시대를 거쳐 1928년부터 미국의 듀퐁사에서 고분자 합성 연구를 통해 나일론 생산을 시작하면서 합성 섬유 시대가 열렸습니다.

최근 섬유 업계에서는 기존의 섬유에 나노 기술(NT), 생명 공학 기술(BT), 정보 기술(IT) 등을 융합한 새로운 섬유 개발 바람이 불고 있

섬유공학기술자
섬유공학과

습니다. 기존의 평상용 의류에 사용되는 섬유뿐만 아니라 스포츠나 레저 의류에 사용되는 고기능성 섬유와 자동차, 항공, 의료, 에너지, 국방 등에 사용되는 첨단 산업용 섬유까지 종류와 용도가 다양해지고 있습니다. 극세사 이불, 나노 섬유를 이용해 원하는 물질만 걸러 내는 필터, 발열 기능이 있는 옷, 몇 가닥만으로도 150kg이 넘는 무게를 들어 올릴 수 있는 실, 800℃가 넘는 불에도 타지 않는 천, 총알도 못 뚫는 아라미드 섬유 방탄복에서부터 해양용 로프, 요트, 자동차, 무인 헬기 등에 사용되는 특수 섬유까지 섬유 산업의 발달은 놀라울 정도입니다. 최근에는 기존 섬유 소재와 제품에 웰빙과 친환경을 가미하고, 신기술과 디자인을 융합해 높은 부가가치를 창출하고 있습니다.

섬유 산업은 크게 옷의 원료인 천(직물)을 만드는 분야, 천을 가지고 직접 옷을 만드는 의류 분야, 전기·전자나 우주 항공 등 신소재 개발 분야 등으로 분류할 수 있습니다. 천을 만드는 분야는 다시 방적, 방사, 제직, 편직, 염색 공정으로 나뉩니다. 섬유공학기술자는 식물 섬유, 동물 섬유, 그리고 신소재 등을 이용하여 새로운 섬유를 개발하고, 섬유 제품 제조를 위한 각종 공정에 대한 연구, 개발, 시험, 분석을 하는 사람입니다.

섬유공학기술자가 하는 일은?

섬유공학기술자는 각종 섬유 소재, 의류, 섬유 제품 등을 개발하고, 기능을 개선하기 위해 연구하고 시험하고 분석합니다. 섬유공학기술자의 업무 분야는 섬유 물리 분야, 섬유 화학 분야, 섬유 공정 분야로 나눌 수 있습니다. 섬유 물리 분야에서는 섬유의 인장 강도, 탄성력, 흡수력, 마찰 등을 연구하며, 섬유의 물리적이고 역학적인 면을 다룹니다. 섬유 화학 분야에서는 합성 섬유의 원료가 되는 새로운 섬유 고분자를 합성하거나 가공하고, 새로운 염색 기법이나 기술을 개발하는 일을 합니다. 섬유 공정 분야에서는 신합성 섬유 제조와 새로운 섬유 공정 기술을 개발하고 개선하는 일을 담당합니다.

섬유공학기술자의 근무 시간은 일정한 편이나 연구직의 경우에는 제품 개발이나 생산이 시작되는 단계와 마무리되는 단계에서 업무가 많아 연장 근무를 하기도 합니다. 현장에서 근무하는 경우 각종 섬유 기계에서 발생하는 소음과 직물이나 실 등에서 나오는 먼지, 분진 등으로 호흡기 계통 질환에 걸릴 위험성이 높습니다. 최근에는 첨단 자동화 설비와 집진 설비 등이 배치되어 작업 환경이 많이 좋아지고 있습니다.

» 섬유 원료, 원사, 직물 등 섬유 소재와 의류, 기타 섬유 제품 등을 개발합니다.
» 섬유 소재 제품을 개선하기 위해 연구하고 시험하고 분석합니다.
» 섬유를 가공하는 기술을 개발하고, 제품화하기 위해 생산 공정을 설계하며, 품질이 뛰어난 제품을 생산하기 위해 품질 관리 및 생산 관리를 담당합니다.
» 새롭게 만들어진 제품의 인증과 신소재 및 가공 기술 등에 대해 교육하고 컨설팅합니다.
» 천연 섬유 및 인조 섬유 등을 제조하기 위해 사용되는 원료를 연구 개발을 합니다.
» 섬유의 제조 및 가공에 사용되는 설비나 장비 등을 설계하거나 섬유의 가공 공정을 설계합니다.
» 염색 원료나 염색 가공 기술을 개발하고, 외부 환경으로부터 염색 제품의 내성 정도, 혼용률, 염색 원료의 성질 등을 시험하고 검사합니다.
» IT 융합 신섬유와 아라미드, 탄소 섬유 등 신섬유 소재를 개발합니다.
» 연구 개발 제품이나 기술을 공정 과정에 적용하여 제품의 품질을 높이고 생산을 원활하게 합니다.
» 섬유 원료와 관련한 표본 등을 추출해 시험 분석하고 결과 보고서를 작성합니다.

Jump Up

염료공정개발기술자에 대해 알아볼까요?

섬유 및 염색 기술을 이용해 염색 공정을 개선하고 개발하는 일을 해요. 섬유와 염료의 물성 및 특성에 대해 연구·분석하고, 염색 기술의 개선·개발을 통해 제품별 공정을 개발해요. 섬유의 종류에 따라 염색할 방법을 선택하고, 염색 공정을 설계하며, 염료와 염색 기술을 적절히 사용해 제품에 적용하고, 가공 공정을 개선하는 일을 해요.

섬유공학기술자
커리어맵

- 자연 과학 기초 지식 습득
- 공학 관련 동아리 활동
- 섬유 산업 및 섬유공학기술자 직업 체험
- 섬유 산업 관련 학과 탐방
- 다양한 분야의 독서 활동
- 창의 공학 캠프 참여

- 한국섬유산업연합회 www.kofoti.or.kr
- 한국섬유개발연구원 ktdi-test.textile.or.kr
- 한국섬유소재연구원 www.koteri.re.kr

관련기관

준비방법

- 섬유에 대한 관심
- 호기심
- 자연 과학에
  대한 지식
- 물리학, 화학,
  수학
  교과에 대한 흥미
- 주의력과 판단력
- 창의력
- 분석 능력
- 관찰력
- 인내심
- 과학적 탐구 자세와
  실용성

**적성과
흥미**

관련학과

- 섬유공학과
- 바이오섬유소재학과
- 섬유시스템공학과
- 소재디자인공학과
- 유기소재섬유공학과
- 유기시스템공학과
- 파이버시스템공학과
- 나노화학공학과
- 나노화학소재공학과
- 수소시스템공학과

섬유공학기술자

흥미유형

관련교과

관련자격

관련직업

- 영어
- 수학
- 과학
- 기술·가정
- 정보
- 미술

- 탐구형
- 현실형

- 섬유기술사
- 섬유기사
- 섬유산업기사
- 의류기술사
- 의류기사
- 의류산업기사

- 섬유 및 염료시험원
- 품질관리사무원
- 섬유소재개발기술자
- 염료공정개발기술자
- 염료개발기술자
- 염색공정개발기술자
- 섬유소재기술자
- 섬유공정기술자
- 섬유시험분석원

적성과 흥미는?

섬유공학기술자는 섬유의 특성이나 제직의 원리, 절차, 제직기의 기능 등을 이해할 수 있어야 하고, 새로운 생산 시설의 도입에 따른 프로그래밍 능력, 설비 진단 능력이 필요합니다. 우리 주변에서 자주 접할 수 있는 섬유나 유기 소재에 대한 근원과 제조 방법, 소재의 특성과 기능, 소재의 감촉과 색상 등에 대해 호기심이 있는 사람에게 적합합니다.

물리학, 화학, 수학 등의 기초 과학에 대한 기본 지식과 흥미, 응용 능력이 요구됩니다. 연구원으로 근무할 경우, 새로운 섬유 소재를 개발하기 위해 실험, 검사, 분석을 하게 되므로 주의력과 판단력, 창의력, 분석 능력, 관찰력 등이 필요하며, 계속되는 연구와 실험을 끝까지 완수하려는 인내심과 끈기가 필요합니다. 과학적인 탐구 자세와 실용성을 고려하는 안목도 요구됩니다.

섬유공학기술자에 관심이 있다면, 우선 화학을 비롯한 자연 과학 분야의 과목에 관심을 갖고 기본 지식을 습득하기 위해 노력하며, 공학 관련 동아리 활동에 적극 참여하고, 섬유공학 관련 직업 및 학과 체험 활동을 하도록 권장합니다. 인문학을 비롯한 다양한 분야의 독서 활동을 통해 세상을 보는 시각을 키우고, 창의력, 인내력, 판단력을 키울 수 있는 다양한 프로그램에 참여하는 것을 권장합니다.

섬유공학기술자 커리어맵

관련 학과 및 자격증은?

➡ 관련 학과: 섬유공학과, 바이오섬유소재학과,
　　　　　　 섬유시스템공학과, 소재디자인공학과,
　　　　　　 유기소재섬유공학과, 유기시스템공학과,
　　　　　　 파이버시스템공학과, 나노화학공학과,
　　　　　　 나노화학소재공학과, 수소시스템공학과 등
➡ 관련 자격증: 섬유기술사, 섬유기사, 섬유산업기사,
　　　　　　　 의류기술사, 의류기사, 의류산업기사 등

Jump Up

파이버시스템공학과에 대해 알아볼까요?

파이버시스템공학과는 천연 및 합성 고분자 물질, 무기 물질, 금속 물질을 원료로 하는 섬유 재료를 바탕으로, 일반적인 패션 의류용 소재는 물론 전기, 전자, 정보 통신, 자동차, 스포츠, 레저, 환경, 우주 항공 등 각 분야의 산업이 요구하는 부가 가치가 높은 첨단 신소재 섬유의 제조, 가공, 응용에 대한 능력을 갖춘 전문 공학인을 양성하는 학과예요.

진출 방법은?

섬유공학기술자가 되기 위해서는 섬유공학이나 재료공학 분야에서 전문 대학 졸업 이상의 학력이 필요합니다. 전문 대학이나 대학교의 섬유공학과, 섬유과, 섬유고분자공학과, 섬유패션공학과, 염색공학과, 천연섬유학과, 섬유경영과, 재료공학과, 신소재공학부섬유공학과, 섬유과 등의 학과에서 섬유고분자화학, 섬유고분자물리, 방적학, 염료화학 등의 섬유에 관한 이론과 섬유기능성가공, 어패럴공학 등의 생산 기술을 응용한 섬유 공정 분야에 필요한 지식 배웁니다.

섬유 관련 분야의 실무 경험이 있으면 취업에 유리합니다. 특히 섬유 관련 제품의 연구·설계 분야에 취업하려면 석사 또는 박사 이상의 학위를 요구합니다. 제조 분야에 취업하려면 관련 자격증을 취득하는 것이 유리합니다. 기업에서는 주로 공개 채용을 통해 신입 및 경력 사원을 채용합니다. 채용 후에는 현장 실무에 필요한 교육을 받고, 경력이 있는 선임자와 일하면서 실무를 익히게 됩니다. 보통 방적 업체, 화학 섬유 업체, 합성 섬유 업체, 면방 업체, 모방 업체, 염색 가공 업체, 신소재 및 산업용 섬유 소재의 연구 개발 업체, 유통 업체, 대학 및 연구소 등에 취업할 수 있습니다.

섬유공학기술자로서 품질 관리 업무를 하는 경우에는 관리자로 승진할 수 있으며, 연구 개발 업무를 하는 경우에는 경력이 있거나 박사 학위를 취득하면 연구 책임자로 성장할 수 있습니다.

관련 직업은?

섬유 및 염료시험원, 품질관리사무원, 섬유소재기술자,
섬유소재개발기술자, 염료개발기술자, 염료공정개발기술자,
염색공정개발기술자, 섬유공정기술자, 섬유시험분석원 등

미래 전망은?

섬유 산업은 1960~1970년대 우리나라의 경제 발전을 이끈 주요 산업이었습니다. 그러다 인건비 상승으로 인해 생산비가 높아지면서 국제 경쟁력이 떨어졌고, 국내에 있던 많은 섬유 공장이 외국으로 이전하면서 수출액과 종사자 수도 급격하게 줄어들었습니다.

그러나 최근 소득 수준이 높아짐에 따라 패션의 기능이 중요해지면서 광섬유나 기능성 섬유 등 특수 섬유 시장이 새롭게 형성되었고, 성장성이 보이기 시작했습니다. 현재는 탄소 섬유, 아웃도어용 기능성 섬유, 섬유 강화 플라스틱 등 특수 산업용 섬유의 개발과 정보·생명 공학·나노·환경 우주 항공 기술 등 다른 기술 분야와의 융합을 통한 첨단 섬유 개발을 위해 노력하고 있습니다. 또한 섬유 산업은 인공 지능, 사물 인터넷, 빅 데이터, 모바일 등 첨단 정보 통신 기술이 경제·사회 전반에 융합되어 혁신적인 변화가 나타나는 4차 산업 혁명으로 인해 새로운 가치를 창출할 수 있는 분야로 발전할 가능성이 높아졌습니다.

현재 우리나라 섬유 업계는 높은 기술력과 실력 있는 섬유공학 인재 양성을 통해 선진국형 고부가 가치 섬유 산업으로의 변화를 꾀하고 있습니다. 특히 산업용 섬유 산업 중심으로 변화하면서 탄소 섬유, 아라미드 섬유 등의 슈퍼 섬유의 활용이 자동차, 보조 항공, 전기 전자, 바이오 메디컬, 건축 토목, 정보 통신 등 다양한 분야로 확대되고 있고, 이에 따라 많은 관심을 받고 있습니다.

미래의 섬유 산업은 고분자, 염료, 인료와 같은 화학 소재 분야에서부터 염색이나 가공과 같은 화학 공정 분야, 전자 기계 산업 분야, 디자인이나 봉제와 같은 패션 분야에 이르기까지 전 분야를 총망라하여 고부가 가치와 고용을 창출할 수 있는 미래 산업으로 관심이 높아지고 있습니다. 이에 따라 첨단 섬유 산업계에 종사할 고급 인력에 대한 수요도 높아질 것으로 전망됩니다.

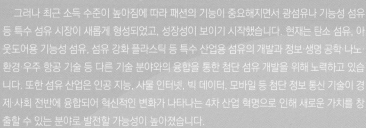

섬유공학과
섬유공학기술자 전공 분석

어떤 학과인가?

섬유 산업은 옷을 만드는 소재뿐만 아니라 우주복, 방사선복, 특수 실험복, 소방관복 등 최첨단 산업 분야의 기술들이 융합된 첨단 신소재 섬유를 개발하면서 발전해 왔습니다. 최근 섬유 산업은 기존 섬유 소재와 제품에 웰빙과 친환경 요소를 가미하고, 신기술과 디자인을 융합해 높은 부가가치를 창출하고 있습니다.

섬유공학과는 새로운 섬유 소재를 만들고 응용하는 법에 대한 연구를 통해, 섬유 산업의 미래를 이끌어 갈 섬유 전문가를 양성하는 학과입니다. 천연 및 합성 고분자 물질, 무기 물질, 금속 물질을 원료로 하는 섬유 재료를 바탕으로, 일반적인 패션 의류용 소재는 물론, 전기, 전자, 정보 통신, 자동차, 스포츠, 레저, 환경, 우주 항공 등 다양한 분야의 산업이 요구하는 부가가치가 높은 첨단 신소재 섬유의 제조와 가공 및 응용에 대한 능력을 갖춘 섬유공학 전문 엔지니어를 양성합니다.

교육 목표와 교육 내용은?

섬유공학과는 섬유 산업 현장에서 능동적으로 대처하면서 능력을 발휘할 수 있는 공학인, 새로운 제품의 기획 능력과 신기술을 창출할 수 있는 창의적인 공학인, 섬유공학 이론을 실현시킬 수 있는 공학인, 국제화 및 정보화 시대에 적합한 리더십을 갖춘 공학인을 양성하는 것을 목표로 교육합니다.

학과에 적합한 인재상은?

섬유공학은 매우 복잡하고 광범위한 학문이므로 섬유공학을 전공하기 위해서는 화학, 물리학, 수학 등 기초 과학 분야에 대한 기본 지식을 갖추어야 합니다. 또한 이러한 지식을 기초로 하여 종합하고, 응용할 수 있는 능력이 요구됩니다. 새로운 섬유 소재 개발을 위해서는 호기심과 관찰력도 필요합니다.

» 섬유공학 지식 및 기술을 섬유 산업에 지속적으로 활용할 수 있는 인재를 양성합니다.
» 기초 과학 지식과 섬유공학 이론을 바탕으로 새로운 기술을 창출할 수 있는 인재를 양성합니다.
» 연구 계획과 수행을 통해 섬유공학 이론을 제품에 적용할 수 있는 인재를 양성합니다.
» 올바른 직업 윤리, 의사소통 능력, 협동 능력을 바탕으로 국제화 및 정보화 시대에 적합한 리더십을 갖춘 인재를 양성합니다.
» 공학인으로서 윤리 의식과 지성을 갖추어 인류 사회에 기여할 수 있는 인재를 양성합니다.
» 공학 전반의 기초 위에 섬유공학에 대한 전문 지식과 종합 설계 능력을 갖춘 기술 인력을 양성합니다.
» 창의적 사고를 바탕으로 공학적 문제를 해결할 수 있는 21세기형 엔지니어를 양성합니다.

섬유공학 분야에서는 다양한 분야의 전문가가 모여 함께 작업하기도 하므로 협동심, 대인 관계 능력, 의사소통 능력이 필요합니다. 과학적 사고력, 판단력, 창의력 등을 갖추는 것이 좋고, 국제화·정보화 사회에서 경쟁력이 있는 전문가가 되기 위해서는 컴퓨터 활용 능력과 어학(영어, 중국어, 일어 등) 실력을 갖추면 유리합니다.

평상시 옷의 디자인이나 소재에 대해 관심을 가지고, 섬유의 제조 방법, 소재의 특성과 기능, 소재의 감촉과 색상 등에 대해 호기심이 있는 사람에게 적합합니다.

섬유공학과 진학에 관심이 있다면, 우선 화학, 물리학, 수학 과목에 대해 높은 학업 성취도를 유지하도록 노력해야 합니다.

관련 학과는?

바이오섬유소재학과, 섬유시스템공학과, 소재디자인공학과, 유기소재섬유공학과, 유기시스템공학과, 파이버시스템공학과 등

주요 교육 목표

지식과 이론을 기초로 새로운 기술을 창출하는 인재 양성

창의적 사고를 지닌 인재 양성

국가 발전에 필요한 인재 양성

섬유공학 이론을 구현할 수 있는 인재 양성

사회와 기업의 요구 조건을 만족하는 인재 양성

국제적 경쟁력을 지닌 지적인 인재 양성

취득 가능 자격증은?

- ☑ 섬유기사
- ☑ 섬유산업기사
- ☑ 의류기술사
- ☑ 의류기사
- ☑ 섬유공정기술사
- ☑ 섬유물리산업기사
- ☑ 섬유물리기사
- ☑ 섬유화학산업기사
- ☑ 섬유화학기사
- ☑ 화공기사
- ☑ 화공산업기사
- ☑ 방사산업기사
- ☑ 방사기사
- ☑ 방직기사
- ☑ 염색가공기사
- ☑ 중등학교 2급 정교사(섬유)등

진출 직업은?

섬유공학기술자, 섬유 및 염료시험원, 정보시스템운영자, 제품생산 관련관리자, 품질관리사무원, 품질인증심사전문가, MIS전문가, 경영컨설턴트, 물류관리전문가, 변리사, 중등학교 섬유 교사 등

추천 도서는?

- 과학으로 세상보기(동화기술, 이인화)
- 이해하기 쉬운 섬유패션소재
  (파워북, 신영준 외)
- 디자이너를 위한 섬유소재
  (교문사, 이순재 외)
- 천연염색: 섬유패션산업의 미래를 보다
  (중앙생활사, 허북구)
- 벌거벗은 패션사
  (그림시, 프레데리크 고다르 외, 이진희 역)
- 옷을 사지 않기로 했습니다
  (돌고래, 이소연)
- 패션, 영화를 디자인하다(산지니, 진경옥)
- 패션 디자인(교문사, 염혜정 외)
- 패션소재 컬러 디자인(수학사, 안영무)
- 패션브랜드와 커뮤니케이션
  (교문사, 고은주 외)
- 이토록 다정한 기술(김영사, 변택주)
- 패션의 시대(마티, 박세진)
- 패션 스타일리스트(교문사, 김현량 외)
- 역사를 바꾼 17가지 화학 이야기1, 2
  (사이언스북스, 페니 르 쿠터 외, 곽주영 역)
- 과학으로 수학 보기 수학으로 과학 보기
  (궁리, 김홍종 외)
- 로봇, 인간을 꿈꾸다
  (문화유람, 이종호)

학과 주요 교과목은?

기초 과목	섬유재료학, 섬유고분자화학, 색채과학, 합성섬유재료, 천연섬유재료, 유기소재실험 등
심화 과목	섬유제품공학, 섬유계면화학, 염색공학, 편성공학, 섬유가공학 및 실험, 의복공학 및 설계, 의류생산관리, 패션마케팅, 고기능성색소, 고분자가공 및 응용, 고성능인공섬유, 공업유기화학, 방사공학설계, 부직포공학, 산업용섬유제품설계, 섬유개질설계, 섬유개질실험, 섬유고분자물리, 섬유공정실험, 섬유물리학, 섬유물성실험, 섬유분석설계, 섬유복합재료설계, 섬유재료실험, 섬유집합체공학, 섬유집합체공학설계, 색소공학설계, 지능형융합섬유, 창의적공학설계, 천연섬유, 파이버시스템공학개론, 파이버시스템종합설계 등

졸업 후 진출 분야는?

기업체	인조 섬유 제조 업체, 염색 가공 업체, 의류 제조 업체, 섬유 제조 업체, 화학 관련 산업체 등
연구 기관	섬유 제조 및 가공과 관련된 민간·국가 연구소(한국생산기술연구원, 한국섬유소재연구소) 등
정부 및 공공 기관	기술직 공무원, 산업통상자원부, 기술표준원, 중소기업청, 특허청 등

🔍 전공 관련 선택 과목은?

▶ 국어, 영어 교과는 모든 학문의 기초적인 성격을 가진 도구교과로 모든 학과에 이수가 필요하여 생략함.

수능 필수	화법과 언어, 독서와 작문, 문학, 대수, 미적분Ⅰ, 확률과 통계, 영어Ⅰ, 영어Ⅱ, 한국사, 통합사회, 통합과학, 성공적인 직업생활(직업)		
교과군	선택 과목		
	일반 선택	진로 선택	융합 선택
수학, 사회, 과학	대수, 미적분Ⅰ, 확률과 통계, 물리학, 화학, 생명과학	기하, 미적분Ⅱ, 역학과 에너지, 전자기와 양자, 물질과 에너지, 화학 반응의 세계, 세포와 물질대사, 생물의 유전	수학과제 탐구, 융합과학 탐구
체육·예술			
기술·가정/정보	기술·가정, 정보	데이터 과학	창의 공학 설계
제2외국어/한문			
교양			

학교생활기록부 관리는?

출결 사항	• 재학 중 출결 내용이 개근이 될 수 있도록 관리하세요. • 출결 내용은 학생의 인성이나 성실성 등을 평가할 수 있는 항목이니 미인정 출결 내용이 기재되지 않도록 관리하세요.
자율·자치활동	• 공학 분야의 교내외 활동에 자기 주도적으로 참여하여 관심과 흥미, 창의적 문제 해결 능력, 의사소통 능력, 협업 능력, 발전 가능성 등이 드러나도록 하세요.
동아리활동	• 공학, 과학실험, 과학탐구, 수학, 패션 관련 동아리 활동 참여를 통해 섬유공학 전공에 대한 준비를 하세요. • 가입 동기, 본인의 역할, 배우고 느낀 점, 섬유공학과 진학을 위한 활동과 노력이 나타날 수 있도록 참여하세요. • 학교내에서 타인을 위해 할 수 있는 지속적인 봉사 활동을 하세요. • 학교에서 주관하는 보건소, 병원, 재활원, 사회 복지 시설 등 사회 소외 계층 및 약자를 대상으로 하는 봉사 활동에 참여하세요.
진로 활동	• 섬유공학 분야의 직업 정보 탐색 활동을 권장해요. • 섬유공학 관련 기관 및 관련 학과 체험 활동이 무척 중요해요. • 섬유공학 분야에 대한 적극적 진로 탐색 활동을 통해서 자기 주도성, 진로 역량, 전공 적합성, 발전 가능성 등이 나타날 수 있도록 하세요.
교과학습발달 상황	• 수학, 과학, 기술·가정, 정보 등 이공계와 관련된 교과 성적은 상위권으로 유지하고, 관련 교과 수업에서 학업 역량, 전공 적합성, 자기 주도성, 문제 해결 능력, 창의력, 발전 가능성 등의 역량이 발휘될 수 있도록 수업에 적극 참여하세요.
독서 활동	• 인문학, 철학, 역사, 과학, 공학 등 다양한 분야의 책을 읽으세요. • 패션, 섬유, 4차 산업 혁명, 로봇, 인공 지능, 정보 통신 분야의 독서 활동을 통해서 섬유공학인이 갖추어야 할 기본 소양을 쌓는 것이 중요해요.
행동 발달 특성 및 종합 의견	• 창의력, 문제 해결 능력, 의사소통 능력, 협업 능력, 리더십, 발전 가능성, 전공 적합성 등이 드러날 수 있도록 하세요. • 자기 주도성, 경험의 다양성, 성실성, 인성(나눔과 배려), 학업 태도와 학업 의지에 대한 자신의 장점이 학교생활기록부에 기록되도록 관리하세요.

에너지진단사에 대해 알아볼까요?

에너지진단사는 에너지를 사용하는 시설 전반
에 걸쳐 에너지 이용 현황 파악, 손실 요인 발
견 및 에너지 절감을 위한 최적의 개선안을 만드
는 사람이에요. 업무는 보일러, 냉난방 공조 시
스템, 열수송 설비 등의 열 진단과 수배전 설비
및 각종 전기 사용 설비에 대해 전기 진단을 하
는 것이에요.

에너지공학기술자란?

지구 기후 변화로 인해 세계 각지에서 발생하는 기상 이변, 화력 발전과 각종 수송 기관에서 발생하는 거대한 양의 열과 유해 중금속,
끊임없이 방출되는 이산화탄소 등이 지구 온난화를 심화하고 있으며, 원전 사고와 핵폐기물 처리에 따른 방사능 오염, 화석 연료의 고갈
등은 인류의 미래를 어둡게 하고 있습니다. 현재 인류의 주 에너지원인 화석 연료는 그 매장량이 한정돼 있어 오늘날 세계는 에너지 전쟁
이라고 표현할 정도로 각 나라마다 에너지 자원의 확보에 치열한 경쟁을 벌이고 있습니다.

현재 인류와 생태계가 직면하고 있는 심각한 위기에서 벗어날 수 있는 궁극적인 방안은 오염 물질을 발생시키지 않으면서 무한한 청정
에너지를 생산할 수 있는 기술을 개발하는 것입니다. 하지만 세계 각 나라의 노력에도 불구하고 청정에너지를 풍족하게 생산할 수 있는
획기적인 에너지 생산 기술은 아직까지 개발되지 못한 상태입니다. 세계 유명 경제지가 선정한 세계 500대 기업 중 10순위 안의 3개 이

에너지공학기술자
에너지공학과

상이 자원 개발 기업이라는 것은 에너지 자원 확보가 국가 산업의 유지 및 미래 성장을 위한 필수 요소임을 증명하고 있습니다.

에너지공학은 기초 과학을 토대로 여러 공학 분야가 결합된 첨단 융합 기술 학문으로, 기존의 화석 에너지를 대체하는 새로운 신재생 에너지 관련 연구·개발 및 시스템 관리·운영 등을 다루는 학문입니다. 에너지의 해외 의존도가 높은 우리나라에서의 새로운 에너지 기술은 국가의 경쟁력을 신장시키는 데 핵심적인 역할을 하는 중요한 분야이고, 더 나아가 에너지공학은 인류의 미래를 책임지는 기술을 교육하는 첨단 학문입니다.

에너지공학기술자는 물리학, 전기, 재료 및 화학공학 등 여러 공학 분야에 기반을 두고, 친환경적이고 경제적인 새로운 개념의 에너지 생산 및 활용을 위한 다양한 기술을 개발하는 사람입니다.

에너지공학기술자가 하는 일은?

에너지공학기술자는 에너지 문제를 해결하기 위해 석탄, 석유 및 가스 등 에너지 사업을 위한 기술상의 조건을 분석·연구하고, 광산 개발, 광산 시설, 시스템 및 장비를 설계하며, 금속 또는 비금속광물, 광석 등을 추출하기 위한 계획 및 조직화, 석유 및 가스의 보유량과 생산 잠재성을 분석하는 일을 하는 직업입니다. 에너지공학기술자는 수행 업무에 따라 탐사기술자, 시추기술자, 채광기술자, 선광기술자 등으로 구분됩니다. 탐사기술자는 지하자원이 묻혀 있을 예상 지역을 선정한 후 자원의 종류에 따라 탐사를 실시하고, 시추기술자는 탐사 자료를 토대로 시추 위치를 결정하며, 채광기술자는 광산에 매장된 광물 자원을 채굴할 방법을 결정하고 채굴합니다. 선광기술자는 채굴된 광석으로부터 유용한 광물을 추출하는 업무를 수행합니다.

에너지공학기술자 중 연구·개발 업무 담당자는 연구실이나 사무실 등 실내에서 업무를 수행하게 되고, 실험을 위해 실험 장비를 활용하는 경우가 많습니다. 에너지 시스템의 현장 연구 및 시스템 구축 담당자는 현장을 방문해야 하므로 외부에서 근무하는 시간이 많으며, 안전사고를 대비하기 위해 특수 보호 장비를 착용해야 합니다.

에너지공학기술자는 다른 직업과 비교하여 임금이 높고, 복지가 좋은 편입니다. 주로 공기업이나 대기업의 정규직으로 고용되며, 고용 유지가 높아 고용이 안정적인 편이고, 자기 개발 가능성과 승진 가능성이 높습니다. 업무 자율성이 높고, 사회적인 평판이 좋으며, 소명 의식도 높아 직업 전문성이 높게 평가된 직업입니다.

> » 광산에서 지하자원을 채굴하기 위해 채광 계획을 세우고, 탐사·시추·채광 등에 대하여 연구·개발 및 기술 지도를 합니다.
> » 바이오매스로부터 열화학적·생물학적 기술에 의한 에너지 및 연료(메탄, 바이오디젤, 바이오에탄올, 수소, 합성가스 등)의 생산 기술을 연구·개발합니다.
> » 지하자원이 매장된 위치와 형태를 파악하고, 그라우팅(지반의 갈라진 틈에 충전재를 주입하는 일)을 하거나 지하수 개발을 위해 지층의 지질학적 특성을 분석하기 위한 시추를 계획하고 지휘합니다.
> » 새로운 에너지 및 각종 에너지 변환 기기에 관해 연구합니다.
> » 원자력 발전소 건설 시 안전성 및 신뢰성 확보를 위해 원자력 관련 법규 및 규격, 품질 보증 요구 조건에 따라 발전기나 터빈과 같은 시설물의 설비 시공을 관리·감독합니다.
> » 안전하고 경제적인 원자력 발전소 운영 지원을 위해 원자로 시스템 전반에 관한 연구 및 기술 개발 업무를 수행합니다.
> » 지열, 발전소 폐열을 이용한 냉난방 시설, 관련 기술 개발 및 보급 등 신재생 에너지를 연구·개발합니다.
> » 지하자원이 매장된 위치를 찾기 위해 각종 탐사 방법 및 기기를 사용하여 지하자원을 탐사합니다.
> » 에너지의 사용으로 인해 배출되는 환경 오염 물질을 줄이고, 화석 연료의 효율적 이용을 위한 청정 신재생 에너지의 안정적인 공급과 에너지 기술의 자립을 위해 저공해, 고효율의 대체 에너지 기술을 연구·개발합니다.

Jump Up

에너지수확전문가(Energy Harvester)에 대해 알아볼까요?

에너지수확전문가는 운동, 빛, 열에너지를 전기 에너지로 바꾸는 연구를 하며 센서, 저장 장치, 무선 통신 인터페이스를 개발해요. 또한 에너지 변환의 효과를 높이는 기술과 전력을 모으는 기술의 연구도 수행해요.

에너지수확전문가가 되기 위해서는 물리학, 기계공학, 에너지자원공학, 전자공학, 시스템공학 등을 공부해야 하고, 논리적으로 분석할 수 있는 분석력과 새로운 기술을 개발하기 위한 탐구 정신이 필요한 직업이에요. 기계, 전자공학 기술에 대한 기본 지식과 창의적인 아이디어도 필요한 직업이지요.

에너지공학기술자
커리어맵

- 수학 및 물리학, 화학, 지구과학, 정보, 환경 교과 역량 키우기
- 공학, 과학, 컴퓨터 동아리 활동
- 에너지 관련 기관 탐방 활동
- 에너지 관련 학과 탐방 활동

- 에너지공학기술자 직업 체험 활동
- 공학, 에너지, 원자력, 환경, 인공지능, 4차 산업 혁명 등 다양한 분야의 독서 활동

- 한국에너지공단 www.kemco.or.kr
- 한국원자력연구원 www.kaeri.re.kr
- 한국에너지기술연구원 www.kier.re.kr

- 수리 능력
- 공간 지각 능력
- 창의력
- 논리적 분석 능력
- 대인관계 능력
- 사회성
- 인내와 끈기
- 환경 문제에 대한 이해
- 설비를 다루는 능력
- 의사결정 능력
- 협업 능력

관련기관
준비방법
적성과 흥미
관련학과
에너지공학기술자
흥미유형
관련교과
관련자격
관련직업

- 에너지공학과
- 나노에너지공학과
- 미래에너지공학과
- 미래에너지융합학과
- 수소시스템공학과
- 스마트에너지학과
- 양자시스템공학과
- 원자력에너지산업학과
- 원자력공학과
- 원자핵공학과
- 융합에너지공학과
- 전기에너지공학과
- 첨단에너지공학과
- 청정융합에너지공학과
- 환경에너지공학과

- 탐구형
- 현실형

- 수학
- 과학
- 기술·가정
- 정보
- 환경

- 에너지관리기사
- 에너지관리산업기사
- 에너지기술사
- 원자력발전기술사
- 원자력기사
- 신재생에너지발전설비기사
- 신재생에너지발전설비기능사
- 해양기술사
- 해양자원개발기사
- 자원관리기술사
- 방사선관리기술사
- 방사선취급감독자면허
- 핵연료물질취급감독자면허

- 태양열연구 및 개발자
- 태양광발전연구 및 개발자
- 지열시스템연구 및 개발자
- 바이오에너지연구 및 개발자
- 풍력발전연구 및 개발자
- 에너지진단전문가
- 기후변화전문가
- 안전관리기술자
- 비파괴검사원
- 원자력기계공학기술자
- 원자력공학자
- 발전설비설계기술자

적성과 흥미는?

에너지공학기술자는 자원과학 및 공학 전반의 폭넓고 복합적인 이해력, 환경 문제에 대한 관심, 각종 설비를 기술적으로 다루는 능력, 복잡한 계산을 신속 정확하게 할 수 있는 수리 능력, 지질도나 설계도 등의 도면을 정확히 볼 수 있는 공간 지각 능력 등이 필요합니다.

새로운 에너지를 개발하려는 창의력과 탐구 자세, 에너지의 생산과 수송, 소비에 필요한 설비, 장비, 부품을 연구하고 개발해야 하므로 분석적 사고 능력, 기술 설계, 조작 및 통제 능력이 요구됩니다. 에너지(전기)를 다루는 과정에서 안전사고가 발생할 수 있으므로 주의력이 뛰어나고, 꼼꼼한 성격을 지니며, 판단력이 뛰어난 사람에게 유리한 직업입니다.

새로운 에너지원을 개발할 때에는 오랜 시간 동안 지속적으로 연구와 실험이 진행되므로 인내심과 끈기가 필요하고, 여러 사람과 협업하며 개발 연구를 수행하기 위해서는 대인 관계 능력과 사회성이 필요하며, 작업 안전 규정을 준수하는 자세도 필요합니다. 탐구형과 현실형의 흥미를 가진 사람에게 적합합니다.

에너지공학기술자가 되고자 한다면 인문학, 철학, 공학, 에너지, 원자력, 환경 등 다양한 분야의 독서를 통해 에너지공학과 관련한 사고의 폭을 확장시키는 연습을 하고, 의사 결정 능력, 의사소통 능력을 향상시키기 위한 각종 프로그램에 참여하는 것을 권장합니다. 수학이나 물리학, 화학, 지구과학, 기술·가정, 정보 등 에너지공학 분야와 관련이 깊은 교과의 학업 성취를 위해 노력하고, 컴퓨터 활용 능력을 키울 것을 추천합니다.

에너지공학기술자 커리어맵

관련 학과 및 자격증은?

→ 관련 학과: 에너지공학과, 나노에너지공학과, 미래에너지공학과, 미래에너지융합학과, 수소시스템공학과, 스마트에너지학과, 양자시스템공학과, 원자력에너지산업학과, 원자력공학과, 원자핵공학과, 융합에너지공학과, 전기에너지공학과, 첨단에너지공학과, 청정융합에너지공학과, 환경에너지공학과 등

→ 관련 자격증: 에너지관리기사, 에너지기술사, 해양기술사, 원자력발전기술사, 원자력기사, 방사선관리기술사, 에너지관리산업기사, 방사선취급감독자면허, 핵연료물질취급감독자면허, 신재생에너지발전설비기사, 신재생에너지발전설비산업기사, 해양자원개발기사, 자원관리기술사 등

진출 방법은?

에너지공학기술자가 되기 위해서는 전문 대학 및 대학교의 자원환경공학과, 지구환경시스템공학과, 에너지공학과, 에너지자원공학과, 지구시스템공학과 등에서 관련 분야의 지식을 배우는 것이 필요하며, 취업 시 관련 자격증 소지가 필수는 아니지만 소지자는 우대를 받습니다.

에너지공학기술자는 정부 출연 연구 기관(한국가스공사, 한국석유공사, 에너지관리공단), 대학 부속 연구소, 산업체(에너지 저장, 신재생 에너지, 전력 전송, 환경 에너지) 등으로 진출할 수 있는데, 공개 채용을 하거나 경력자인 경우는 수시 모집을 통해 채용합니다. 에너지 개발 관련 연구원이 되려면 보통 석사 이상의 학위가 요구되며, 관련 분야에서 일정 기간의 연구 경력이 있으면 취업하는 데 유리합니다. 일반적으로 공기업, 정부 출연 연구 기관 및 민간 기업 연구소, 엔지니어링 회사 및 컨설팅 회사, 정책 연구 기관 등에서는 석·박사급 학위를 요구합니다.

관련 직업은?

원자력공학기술자, 원자력기계공학기술자, 에너지진단전문가, 태양열연구 및 개발자, 태양광발전연구 및 개발자, 풍력발전연구 및 개발자, 지열시스템연구 및 개발자, 바이오에너지연구원, 바이오에너지개발자, 기후변화전문가, 안전관리기술자, 발전설비설계기술자, 비파괴검사원, 탄소배출권거래중개인 등

미래 전망은?

최근에는 원유 등 에너지 원자재 값의 상승으로 국내외 경제의 불황 가능성이 높아지면서, 에너지 자원의 안정적인 공급과 산업 생산에 필요한 원자재 확보의 중요성이 커지고 있습니다.

또한 지구 온난화가 국제적인 문제로 떠올라 세계 각국이 기후 변화 협약을 통해 온실 가스 감축 정책을 추진하고 있고, 우리나라도 전력 수요의 감축과 발전 부문의 온실 가스 감소를 위해 환경 보호와 에너지 절약을 추진하고 있습니다. 이와 같은 세계 에너지 시장의 흐름과 정부의 정책 방향은 국내 에너지 산업 및 시장의 변화에 많은 영향을 미칩니다.

갈수록 화석 연료 분야와 원자력공학 기술 분야의 에너지공학기술자에 대한 수요는 상대적으로 줄어들고, 청정에너지인 천연가스 관련 분야와 신재생 에너지 분야의 에너지공학기술자에 대한 수요는 증가할 것으로 전망됩니다. 또한 청정에너지 및 신재생 에너지에 대한 관심이 증가함에 따라 신재생 에너지의 개발과 보급, 에너지 효율 제고 및 온실 가스 배출 저감을 위한 진단, 탄소 배출권 거래 등과 관련된 분야에서 많은 일자리가 생길 것으로 예상됩니다.

Jump Up

바이오에너지연구원에 대해 알아볼까요?

열화학적 또는 생물학적 기술을 사용하여 바이오매스(동식물성 자원 및 그 파생 물질)로부터 에너지 및 연료(메탄, 바이오디젤, 바이오에탄올, 수소, 합성가스 등)를 생산하는 기술을 개발하고 연구하는 직업이에요.

동식물성 바이오매스나 유기성 폐기물로부터 화석 에너지를 대체할 수 있는 바이오 고형 연료, 가스(메탄, 수소), 액상 연료(바이오디젤, 바이오에탄올, BTL) 등 재생 에너지원의 생산 및 활용 기술을 연구하고 개발해요.

에너지공학과
에너지공학기술자 전공 분석

어떤 학과인가?

도로를 주행하고 있는 자동차, 손목에서 작동하는 시계, 더운 여름을 시원하게 해 주는 에어컨 등 일상생활에서 사용하고 있는 제품을 동작시키는 것은 에너지입니다. 우리나라는 에너지의 해외 의존도가 95% 이상이며, 에너지 소비는 세계 10위 규모입니다. 에너지가 부족함에도 에너지 소비량이 많은 우리나라가 에너지 위기에서 벗어나 안정적인 경제 및 산업 발전을 이루기 위해서는 새로운 대체 에너지의 개발이 절박합니다. 이러한 새로운 에너지 개발과 관련된 학문이 에너지공학입니다.

에너지공학은 친환경적이고 경제적인 에너지의 생산 및 활용을 위해 다양한 기술을 개발하는 것을 교육 목표로 하며, 에너지 변환 효율과 발전 공학, 환경 친화 및 대체 에너지 기술에 이르기까지 다양한 분야를 포괄하는 융합 기술 학문입니다.

에너지공학과에서는 신재생 에너지 개발을 주도할 전문 인력 양성을 목표로 하여 태양 에너지 분야, 바이오 및 폐기물 에너지 분야, 수소 에너지 및 연료 전지 분야 등을 교육합니다. 또한 한정된 에너지를 합리적이고 경제적으로 사용하는 방법과 기존 에너지를 다른 에너지로 변환하는 방법에 대해서도 교육하고, 미래 에너지원으로 이용될 에너지 자원의 탐사·개발·환경 오염 방지 방법과 에너지 관련 업체의 경영자 양성을 위해 경제 및 정책 등에 대해서도 교육합니다.

최근 기후 변화 문제로 인해 온실가스의 감축, 탄소 배출권 확보, 친환경·신재생 에너지의 개발 등이 국가 발전에 중요한 역할을 함에 따라 에너지공학과의 중요성도 커질 것으로 예상됩니다.

교육 목표와 교육 내용은?

우리나라 국가 경제의 지속적인 발전을 위해서는 안정적인 에너지 자원을 확보하는 것이 가장 중요합니다. 에너지공학과에서는 물리학, 화학, 재료, 화학공학에 기반을 둔 첨단 나노 및 환경 기술을 신에너지의 생산·저장·활용 시스템에 접목할 수 있는 이론과 공정 기술을 교육하고, 연구 개발하는 데 교육의 중점을 두고 있습니다.

학과에 적합한 인재상은?

에너지공학은 융합 기술을 다루는 학문이기에 기본적으로 수학, 화학, 물리학, 생명과학 등의 과학 분야에 흥미를 가져야 하며, 무엇보다도 화학은 에너지 관련 분야의 기본이 되는 과목이므로 관심을 갖는 것이 좋습니다. 평소 석유, 석탄, 천연가스와

» 높은 수준의 에너지 분야 교육과 연구 능력 개발을 통해 에너지 분야에서 지도자적인 인력을 양성합니다.
» 에너지와 광물 자원의 탐사, 개발, 생산, 처리에 관한 교육을 통해 국제적인 경쟁력을 지닌 에너지 전문 엔지니어를 양성합니다.
» 에너지공학의 기초, 심화, 응용의 전 과정에 대한 교육, 실험, 연구를 통해 관련 분야의 고급 인력을 양성합니다.
» 미래형 신개념 에너지의 생산, 저장, 변환, 분배를 종합적으로 이해하고, 에너지 신기술을 개발할 수 있는 전문 인력을 양성합니다.
» 에너지 관련 전문 지식의 습득을 통해 글로벌 인재를 양성하고, 국내외 에너지 기구에서 일할 수 있는 인재를 양성합니다.

같은 기존 에너지원과 태양광·지열·바이오 에너지, 가스하이드레이트 등 신재생 에너지원에 대해 흥미가 있으면 좋습니다. 또한 창의적인 사고 능력과 응용 능력이 필요하며, 문제 해결 능력, 의사소통 능력 및 강한 책임감 등이 요구됩니다. 새로운 기술과 정보를 습득하기 위해 영어 등 외국어 능력도 필요합니다.

활동적이며 진취적 성향을 지닌 사람, 정확한 수리 계산 능력을 지닌 사람, 새로운 영역에 대한 호기심과 도전 정신이 강한 사람에게 적합하고, 어떤 일을 할 때 꼼꼼하게 마무리하는 성격, 정밀함이 필요한 실험 및 실습이 많은 분야이므로 차분하고 집중력이 높은 성격에 적합합니다.

새로운 것을 개발하는 과정에서 발생하는 문제를 해결하는 능력과 기초 과학, 공학적 지식, 정보 기술을 공학 문제 해결에 응용하는 능력, 데이터를 분석하는 능력, 주어진 사실이나 가설을 실험을 통해 확인하려는 탐구 능력, 팀의 구성원으로서 성과에 기여하고자 하는 협업 능력을 지닌 사람에게 적합합니다. 또한 올바른 직업 윤리와 사회적 책임감도 요구됩니다.

관련 학과는?

나노에너지공학과, 미래에너지공학과, 미래에너지융합학과, 수소시스템공학과, 스마트에너지학과, 양자시스템공학과, 원자력에너지산업학과, 원자력공학과, 원자핵공학과, 융합에너지공학과, 에너지전기공학과, 전기에너지공학과, 첨단에너지공학과, 청정융합에너지공학과, 환경에너지공학과, 글로벌신재생에너지학과 등

진출 직업은?

발전설비기술자, 변리사, 산업안전원, 에너지공학기술자, 에너지시험원, 에너지진단전문가, 원자력공학기술자, 지열시스템연구 및 개발자, 폐기물처리기술자, 바이오에너지연구 및 개발자, 비파괴검사원, 전기안전기술자, 전력거래중개인, 폐기물처리기술자, 태양광발전연구 및 개발자, 태양열연구 및 개발자, 풍력발전연구 및 개발자, 플랜트기계공학기술자 등

주요 교육 목표

에너지 신기술을 개발할 수 있는
인재 양성

과학 기술을 선도할 있는
고급 인재 양성

지역 사회에 공헌할 수 있는
창의적 인재 양성

에너지 분야의 문제를
해결할 수 있는 인재 양성

창의적 사고 능력이 있는 인재 양성

국제적인 경쟁력을 갖춘
에너지 전문 인재 양성

취득 가능 자격증은?

☑ 원자력기사 ☑ 광산보안기사
☑ 자원관리기술사 ☑ 광해방지기사
☑ 화약류관리기사 ☑ 응용지질기사
☑ 에너지관리기사 ☑ 광해방지기술사
☑ 원자력발전기술사
☑ 광산보안산업기사
☑ 화약류관리기술사
☑ 신재생에너지발전설비기사
☑ 화약류관리산업기사
☑ 원자로조종사면허
☑ 핵연료물질취급면허
☑ 방사성동위원소취급자일반면허
☑ 방사선비파괴검사산업기사
☑ 방사선비파괴검사기사 등

추천 도서는?

- 에너지 혁명 2030(교보문고, 토니 세바, 박영숙 역)
- 2030 에너지 전쟁(올, 대니얼 예긴, 이경남 역)
- 미래를 여는 에너지(다섯수레, 안젤라 로이스턴, 김기헌 역)
- 그리드(동아시아, 그래천 바크, 김선교 역)
- 솨나무 마을 발전소(상추쌤, 다구치 리호, 김송아 역)
- 석유는 어떻게 세계를 지배하는가(부키, 최지웅)
- 마지막 비상구(오월의 봄, 제정임)
- 탄소중립 수소혁명(쇼팽의서재, 이순형)
- 기후위기와 에너지 산업의 미래(아모르문디, 에너지고위경영자과정 변화와 미래 포럼)
- 탄소와 에너지(박영사, 양수정)
- 수소에너지 백과사전(KPbooks, 이원욱 외)
- 에너지 민주주의와 디지털 혁신(휴앤스토리, 이호근)
- 재생에너지 비즈니스 바이블(라온북, 정성만)
- 에너지가 바꾼 세상(에이지21, 후루지 고스케, 마미영 역)
- 2050 수소에너지(라온북, 백운석 외)
- 20250 에너지 제국의 미래(비즈니스북스, 양수영 외)
- 출발 에너지 탐험(북센스, 박경화)
- 생각하는 뇌, 생각하는 기계(멘토르, 제프 호킨스 외, 이한음 역)
- 열정과 야망의 전기 이야기(대영사, 김석환)
- 과학의 미래 청소년이 묻고 과학자가 답하다(자유로운상상, 박승덕 외)
- 원자력의 유혹(한솔미디어, 심기보)
- 에너지 대전환(어문학사, 레스터 브라운, 정성우 외 역)
- 이기적 유전자(을유문화사, 리처드 도킨스, 홍영남 외 역)
- 엔트로피(세종연구원, 제레미 리프킨, 이창희 역)

학과 주요 교과목은?

기초 과목	자원처리공학, 암석역학, 지질공학, 원자력입문, 원자로실험실습, 핵공학설계, 신재생에너지, 지하수공학, 공학기초양론, 공학도를 위한 창의적 컴퓨팅, 공학입문설계, 미적분학, 수치해석, 일반물리학 및 실험, 일반화학 및 실험 등
심화 과목	에너지환경공학, 에너지경제학, 자원처리공학실험, 미래에너지, 방사선공학, 방사성동위원소이용, 고분자화학, 공업물리화학, 공업수학, 공업유기화학, 나노바이오에너지소재, 무기소재화학, 반응공학, 에너지공학실험, 에너지공학종합설계, 에너지과학기술, 에너지나노과학, 에너지변환저장소재, 에너지열역학, 에너지유기소재, 에너지정책기술, 에너지환경기술, 재료과학, 전기화학, 전달현상론, 전지공학, 현대물리학 등

졸업 후 진출 분야는?

기업체	에너지 산업 관련 회사, 신재생 에너지 관련 회사, 석유화학, 정유, 정밀 화학, 엔지니어링, 반도체 관련 기업체 등
연구 기관	에너지 관련 민간·국가 연구소, 한국지질자원연구원, 한국에너지기술연구원, 원자력연구원 등
정부 및 공공 기관	에너지 관련직 공무원, 한국전력, 한국수력원자력, 한국원자력연료주식회사, 한국석유공사, 한국가스공사, 한국농어촌공사, 한국광물자원공사, 대한석탄공사, 환경관리공단 등

전공 관련 선택 과목은?

▶ 국어, 영어 교과는 모든 학문의 기초적인 성격을 가진 도구교과로 모든 학과에 이수가 필요하여 생략함.

수능 필수	화법과 언어, 독서와 작문, 문학, 대수, 미적분Ⅰ, 확률과 통계, 영어Ⅰ, 영어Ⅱ, 한국사, 통합사회, 통합과학, 성공적인 직업생활(직업)		
교과군	선택 과목		
	일반 선택	진로 선택	융합 선택
수학, 사회, 과학	대수, 미적분Ⅰ, 확률과 통계, 물리학, 화학	기하, 미적분Ⅱ, 역학과 에너지, 전자기와 양자, 물질과 에너지, 화학 반응의 세계	수학과제 탐구, 기후변화와 지속가능한 세계, 기후변화와 환경생태, 융합과학 탐구
체육·예술			
기술·가정/정보	기술·가정, 정보		창의 공학 설계
제2외국어/한문			
교양	생태와 환경		

학교생활기록부 관리는?

출결 사항	• 미인정(무단) 결석이나 지각, 조퇴 등이 없도록 출결을 관리하세요. • 근태 사항이 개근이 되도록 관리해요.
자율·자치활동	• 교내 활동에 적극적으로 참여하면서 사물과 현상을 보는 과학적 시각과 공학적 사고가 드러나도록 해요. • 자신이 책임과 역할을 다한 구체적인 사례를 보여 주고, 공학 분야에 대한 관심과 참여가 드러나도록 해요. • 활동에 참여하며, 새로운 상황에 관심을 갖고 아이디어를 제안하는 등 역동적인 모습이 드러나도록 하세요.
동아리활동	• 공학 관련 동아리 활동을 통해 공학 분야에 대한 관심과 전문성이 입증되도록 노력하세요. • 가입 동기, 본인의 역할, 배운 점, 느낀 점 등이 함께 기록되도록 해요. • 학교에서 주관하는 장애인, 다문화 가정 학생 돕기, 양로원 봉사 활동 등 사회 소외 계층을 대상으로 하는 봉사 활동을 하세요. • 학교내에서 타인을 위해 할 수 있는 지속적인 봉사 활동을 하세요.
진로 활동	• 에너지공학 분야의 직업 탐색 활동을 권장해요. • 에너지공학 분야의 기업, 학과 체험 활동이 매우 중요해요. • 에너지공학 분야의 진로 탐색 활동을 통해 진로 역량, 전공 적합성, 발전 가능성 등이 드러나도록 다양한 경험을 하세요.
교과학습발달 상황	• 수학, 물리학, 화학, 지구과학, 정보, 기술·가정 교과의 성적은 상위권으로 유지하고, 공학적 응용에서 요구되는 창의성 등이 입증되도록 하세요. • 수업을 통해 새로운 지식 습득에 대한 적극성과 관심 분야에 대한 탐구 능력이 드러나도록 하세요.
독서 활동	• 인문학, 철학, 역사, 심리학 등 다양한 분야의 책을 읽으세요. • 공학, 에너지, 원자력, 환경, 4차 산업 혁명 관련 분야의 독서 활동을 통해 에너지공학에 대한 소양을 키우세요.
행동 발달 특성 및 종합 의견	• 창의성, 발전 가능성, 자기 주도성, 문제 해결 능력, 학업 역량, 전공 적합성 등이 종합적으로 드러나도록 해요. • 도전 정신, 인성(나눔과 배려), 성실성, 의사 결정 능력, 탐구 능력 등이 드러나도록 하세요.

응용소프트웨어개발자란?

　　응용 소프트웨어는 넓은 의미에서 운영 체제에서 실행되는 모든 소프트웨어를 말하며, 특정한 목적을 수행하기 위해 개발됩니다. 응용 소프트웨어는 시스템 소프트웨어의 보조 역할을 수행하고, 시스템 소프트웨어는 응용 소프트웨어가 정상적으로 작동될 수 있도록 하는 역할을 담당합니다. 워드프로세서, 스프레드시트, 웹브라우저, 회계 관리 프로그램, 통계 처리 프로그램, 이미지 편집용 툴, 전자 결재 시스템, 발권 시스템 등 컴퓨터에서 특정 목적을 위해 사용하는 거의 모든 프로그램이 응용 소프트웨어에 해당합니다. 모바일 기기에서 사용되는 응용 소프트웨어는 애플리케이션(Application)이라는 단어를 줄여서 앱(App)이라고 부릅니다.

　　응용소프트웨어개발자는 우리 생활을 더욱 편리하고 즐겁게 만들어 주는 다양한 소프트웨어를 개발하는 사람입니다. 기업에서의 업

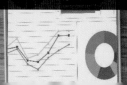

응용소프트웨어개발자
응용소프트웨어공학과

무 처리를 편리하게 도와주는 회계 관리 프로그램, 전자 결재 프로그램 등의 소프트웨어를 개발하기도 하고, 게임 같은 놀이용 소프트웨어를 개발하기도 합니다. 응용소프트웨어개발자는 개인이나 기업이 필요로 하는 응용 소프트웨어를 개발하기 위해 기존에 출시되어 있는 소프트웨어들을 조사하고, 각종 프로그래밍 언어를 사용하여 코딩 작업을 진행하며, 각종 테스트 과정을 거친 후에 최종적으로 응용 소프트웨어를 완성하게 됩니다.

응용소프트웨어개발자들이 개발하는 프로그램은 사람들이 살아가는 생활 방식과 문화를 바꾸어 놓고 있습니다. 워드프로세서 프로그램이 개발되면서 연필로 문서를 작성하는 모습이 사라졌고, 최근에는 모바일 앱이 폭발적으로 늘면서 스마트폰으로 금융 거래, 전자 결제, 길 찾기, 운동 등을 할 수 있도록 하여 우리의 생활을 편리하게 만들어 주고 있습니다.

응용소프트웨어개발자가 하는 일은?

응용소프트웨어개발자는 각종 응용 소프트웨어를 기획하고 설계하며 개발하는 사람입니다. 응용 소프트웨어를 개발한다는 것은 프로그램을 짜는 과정이므로 응용소프트웨어개발자를 프로그래머라고 부르기도 합니다. 과거에는 프로그래머의 업무 영역이 컴퓨터에 한정되었기 때문에 그 종류를 시스템 관련 프로그램을 개발하는 시스템프로그래머와 응용 프로그램을 개발하는 응용프로그래머로 구분하였습니다. 최근에는 응용 소프트웨어의 분야가 넓어졌기 때문에 게임을 개발하는 응용소프트웨어개발자는 게임프로그래머라고 하고, 모바일 관련 프로그래머는 모바일 프로그래머라고 따로 분류합니다.

응용소프트웨어개발자는 주문받은 프로그램을 정해진 기간 안에 완성해야 하므로 시간에 쫓기고, 스트레스가 심하나 성취감도 높은 직업입니다. 개발자의 업무 특성상 작업 시간이 불규칙하고, 때론 밤을 새우며 일하는 경우도 많습니다. 하루 종일 책상에 앉아 컴퓨터와 씨름하므로 체력을 유지하며 건강을 챙기는 것은 매우 중요합니다.

> » 현재 활용되고 있는 응용 소프트웨어에 대한 시장 조사, 소프트웨어의 용도 파악, 고객의 요구 수렴 등을 거쳐 전체적인 개발 범위와 목표를 세웁니다.
> » 응용 소프트웨어를 개발·완성하기 위한 전체적인 개발 계획을 세웁니다.
> » 개발 과정에 소요되는 자원 조달 계획을 세웁니다.
> » 응용 소프트웨어에 대한 정보 보호의 방법을 정하고 계획을 세웁니다.
> » 응용 소프트웨어 개발을 위한 상세 설계 작업을 수행합니다.
> » 설계 작업을 바탕으로 C, JAVA 등 개발 언어로 코딩 작업을 하여 베타 버전의 소프트웨어를 만듭니다.
> » 베타 버전의 소프트웨어가 정상적인 기능을 하는지에 대한 테스트를 진행합니다.
> » 테스트 과정 중에 오류가 발견되면 수정·보완 작업을 거쳐 완제품을 출시합니다.
> » 소프트웨어 이용자의 의견을 수집하여 다음 버전의 소프트웨어 개발에 반영합니다.
> » 패키지 형태로 개발된 소프트웨어에 대해서는 체계적인 버전 관리를 합니다.
> » 응용 소프트웨어에 대한 사용자의 운영 교육과 기술을 지원합니다.

Jump Up

시스템소프트웨어개발자에 대해 알아볼까요?

시스템소프트웨어개발자는 컴퓨터를 작동시키고, 컴퓨터의 활동을 조정·통제·관리하는 오퍼레이팅 시스템 소프트웨어를 연구·개발·설계하는 일을 담당해요. 시장 조사를 통해 기존 제품 및 최근 소프트웨어 업계의 기술 변화 등을 분석하여 새로운 기능과 성능을 갖춘 시스템 소프트웨어를 기획하고 개발하지요. 개발된 시스템 소프트웨어를 컴퓨터에 설치·시험·운영하여 시스템 소프트웨어의 기능과 성능을 평가·분석하고, 시스템 소프트웨어의 사용자 교육과 기술 자문을 지원하기도 해요.

응용소프트웨어개발자

커리어맵

관련기관
- 정보통신산업진흥원 www.nipa.kr
- 한국정보통신진흥협회 www.kait.or.kr
- 한국소프트웨어산업협회 www.sw.or.kr
- 한국정보통신학회 www.kiice.org

준비방법
- 컴퓨터 활용 능력 배양
- 컴퓨터 프로그래밍 언어 (파이썬, C언어) 학습
- 영어 실력 향상
- 공학 관련 동아리 활동
- 다양한 분야 독서
- 소프트웨어 관련 전시회 참가
- 소프트웨어 직업 체험 및 학과 탐방
- 창의 공학 캠프 참가

적성과 흥미
- 수리 능력
- 의사결정 능력
- 창의력
- 꼼꼼함
- 대인관계 능력
- 윤리 의식
- 수학, 과학 교과에 대한 관심
- 컴퓨터 관련 전문 지식
- 논리력
- 협업 능력
- 책임감
- 호기심
- 프로그래밍 능력

흥미유형
- 현실형
- 탐구형

관련학과
- 소프트웨어학과
- 융합소프트웨어학과
- 소프트웨어공학과
- 소프트웨어공학부
- 소프트웨어융합학과
- AI소프트웨어학과
- IT소프트웨어학과
- 멀티미디어공학과
- 모바일시스템공학과
- 미디어소프트웨어학과
- 응용소프트웨어학과
- 인공지능소프트웨어학과
- 컴퓨터소프트웨어공학과
- 컴퓨터공학과
- 항공소프트웨어공학과

관련교과
- 영어
- 수학
- 과학
- 정보

응용소프트웨어개발자

관련자격
- 정보처리기사
- 정보처리산업기사
- 리눅스마스터
- 정보기술산업기사
- 정보보호전문가
- 전자계산기조직응용기술자
- 전자계산기조직응용산업기사

관련직업
- 게임프로그래머
- 네트워크프로그래머
- 디지털영상처리전문가
- 모바일앱개발자
- 웹프로그래머
- 시스템소프트웨어개발자
- 컴퓨터프로그래머
- 임베디드시스템프로그래머
- 데이터베이스개발자
- 컴퓨터보안전문가
- IT컨설턴트

적성과 흥미는?

평소에 컴퓨터, 게임, 기계 등의 기능을 익히고 조작하는 것에 흥미가 있으면 좋습니다. 응용소프트웨어공학은 융합 학문이므로 공학적 사고와 함께 인간 심리, 인문, 철학, 문화 등의 분야에도 관심이 있으면 좋고, 새로운 분야에 대한 호기심이 많으면 좋습니다. 소프트웨어, 게임 등을 개발하고 응용 프로그램을 만드는 일이므로 창의력과 논리력이 필요합니다.

응용소프트웨어개발자가 되기 위해서는 C, C++, 자바, 비주얼스튜디오, 델파이, 파워빌더 등의 프로그래밍 언어와 소프트웨어공학, 운영체제, 데이터베이스, 자료 구조에 대한 기본 지식이 있으면 유리하고, 프로그래밍 언어를 활용해 응용 소프트웨어를 개발할 수 있는 능력을 갖추고 있으면 좋습니다.

소프트웨어 개발은 여러 명이 한 팀을 이루어 협업하여 진행되는데, 개발 과정에서 팀원들과 팀워크가 좋지 않으면 프로그램을 개발하는 데 어려움이 발생하므로 대인 관계 능력, 의사소통 능력, 의사 결정 능력, 협업 능력이 매우 중요합니다. 응용소프트웨어개발자는 끊임없이 변화하는 신기술을 습득해야 하므로 탐구력과 자기 계발 능력을 갖춘 사람, 새로운 소프트웨어를 개발하기 위한 창의력을 갖춘 사람, 개발 과정에서 발생하는 문제를 해결하는 능력을 지닌 사람, 맡은 업무를 끝까지 완수하려는 끈기와 책임감을 갖춘 사람에게 적합합니다.

응용소프트웨어개발자에 관심이 있다면 학창 시절부터 컴퓨터 활용 능력을 키우는 데 노력을 기울여야 합니다. 특히 C언어, 파이썬과 같은 프로그래밍 언어를 배우는 것을 추천합니다. 인문학, 심리학, 철학, 공학 등 다양한 분야의 독서를 통해 지식을 습득하고, 컴퓨터 관련 동아리 활동과 다양한 진로 체험 활동을 권장합니다.

응용소프트웨어개발자
커리어맵

관련 학과 및 자격증은?

→ 관련 학과: 소프트웨어학과, 융합소프트웨어학과, 소프트웨어공학과, 소프트웨어공학부, 소프트웨어융합학과, AI 소프트웨어학과, IT소프트웨어학과, 멀티미디어공학과, 모바일시스템공학과, 미디어소프트웨어학과, 응용소프트웨어학과, 인공지능소프트웨어학과, 컴퓨터소프트웨어공학과, 컴퓨터공학과, 항공소프트웨어공학과 등

→ 관련 자격증: • 국가기술자격: 정보처리기사, 정보처리산업기사, 전자계산조직응용기술자, 전자계산기조직응용산업기사, 전자계산기조직응용기사, 반도체설계기사, 전파전자기사, 전파전자통신산업기사, 정보관리기술사, 정보기술산업기사 등
• 국제자격: 마이크로소프트사의 MCSE, 오라클사의 OCJP, OCP 등

진출 방법은?

응용소프트웨어개발자가 되기 위해서는 전문 대학 및 대학교의 소프트웨어공학, 응용소프트웨어공학, 컴퓨터공학, 전산공학 등 관련 학과를 졸업하는 것이 유리합니다. 관련 학과에서는 소프트웨어공학, 프로그램언어, 운영체제, 데이터베이스, 자료구조를 비롯해 소프트웨어 개발 실습 등을 체계적으로 배울 수 있기 때문입니다.

비전공자라도 각종 교육 기관에서 C언어, 자바, 비주얼스튜디오, 델파이, 파워빌더 등 프로그래밍 언어 등을 배울 수 있습니다. 응용소프트웨어개발자에게는 프로그래밍 실력이 가장 중요하기 때문에 실력만 뛰어나다면 전공이나 학력에 상관없이 취업할 수 있습니다. 최근 조사에 의하면 응용소프트웨어개발자 중에서 고졸 이하의 학력을 가진 사람도 12%가 넘는다고 합니다.

대부분의 기업에서는 공개 채용을 통해 신입 및 경력 사원을 채용하지만, 규모가 작은 회사에서는 소개를 통해 채용하기도 합니다. 주로 시스템 통합 업체, 게임 개발 업체, 모바일 웹 개발 업체, 애니메이션 관련 업체, 웹프로그래밍 업체, 소프트웨어 개발 업체, 금융 회사의 전산실 등으로 진출하게 되며, 학력보다는 실력이 중요하므로 실무적인 경험을 쌓는 게 중요합니다.

관련 직업은?

시스템소프트웨어개발자, 컴퓨터프로그래머,
게임프로그래머, 음성처리전문가,
임베디드전문가, 임베디드시스템프로그래머,
데이터베이스개발자, 정보시스템운영자,
증강현실전문가, 컴퓨터보안전문가,
IT컨설턴트, 가상현실전문가,
네트워크프로그래머, 디지털영상처리전문가,
모바일앱개발자, 웹프로그래머 등

Jump Up

모바일앱개발자에 대해
알아볼까요?

모바일 앱이란 스마트폰이나 태블릿 PC에서 사용되는 응용 프로그램을 말하고, 그 모바일 앱을 프로그래밍하는 프로그래머를 모바일앱개발자라고 해요. 앱 기획자가 기획안을 짜면, 개발자는 기획자와 머리를 맞대고 구체화한 후 디자이너의 도움을 받아 모바일 앱을 완성하는 일을 해요.

미래 전망은?

첨단 정보화 사회가 되면서 소프트웨어 산업이 다른 어느 산업보다 중요해지고 있습니다. IT 분야 전문 조사 기관 자료에 따르면 우리나라 IT 산업 내 소프트웨어의 비중은 지속적으로 성장하고 있으며, 소프트웨어 산업은 향후 각 기업체의 e-비지니스 확대와 공공 기관의 행정 정보화 추진으로 더욱 성장할 것으로 전망하고 있습니다.

한국고용정보원에서 발표한 '중장기 인력 수급 전망 2015~2025'에 의하면 우리나라 응용소프트웨어개발자는 2015년 약 15만5천 명에서 2025년 약 20만2천 명으로 증가할 것이라고 전망하고 있습니다. 응용 소프트웨어 국내 시장의 매출액은 2015년 약 18조 8,499억 원에서 2019년 약 29조 4,831억 원 규모로 56.4% 성장할 것으로 전망하고 있습니다.

글로벌 시장 분석 업체 '밀워드 브라운'은 세계 Top100 기업 중 약 50%가 소프트웨어 관련 기업으로, 성장률이 가장 높다는 보고서를 발표하였습니다. 소프트웨어 중심 사회가 빠르게 다가오면서 정보 통신 기술(ICT)은 건설, 교육, 도소매업, 서비스업, 문화 예술, 공연, 방송, 농업 등의 분야에 적용되고 있고, ICT 중에서도 소프트웨어의 비중이 갈수록 높아지고 있습니다.

금융과 IT가 결합한 핀테크, 돈을 빌리려는 사람과 돈을 빌려주고 수익을 얻기 원하는 사람을 연결하는 P2P 대출 프로그램, 유휴 공간을 숙박 장소로 제공하려는 주택 소유자와 저렴하게 현지 생활 체험을 원하는 여행객을 중개하는 에어비앤비와 같은 공유 경제 서비스 등 최근 인기를 끌고 있는 새로운 기술들이 안정적으로 운영되기 위해서는 응용소프트웨어개발자의 역할이 필수적입니다.

또한 스마트폰이 보편화되면서 모바일 응용 소프트웨어 개발과 관련한 전문 인력의 수요도 증가할 것으로 보입니다. 여기에 임베디드 기술, 클라우드 서비스, 소셜 네트워킹, 빅 데이터 분석 기술이 본격화되면서 관련 분야에 많은 재원을 투입하고자 하고, 관련 분야 소프트웨어 개발을 위한 전문 인력도 필요해지고 있는 상황이므로 응용소프트웨어개발자의 미래는 밝을 것으로 전망됩니다.

응용소프트웨어공학과

응용소프트웨어개발자 전공 분석

어떤 학과인가?

응용소프트웨어공학과에서는 현대 사회에서 중요한 역할을 하는 소프트웨어를 개발하고 응용하여 운용하는 데 필요한 지식을 교육하는데, 특히 컴퓨터 프로그래밍, 웹 기술, 스마트 앱, 컴퓨터 네트워크, 음향 및 영상 처리, 임베디드 소프트웨어, 데이터베이스, 인공 지능 등을 중점적으로 교육합니다.

최근에는 컴퓨터나 모바일 기기에서 사용되는 소프트웨어분만 아니라 로봇, 드론, 자율 주행 자동차, 헬스 케어, 친환경 에너지, 국방 등과 같은 여러 IT 융합 산업에서 필요로 하는 소프트웨어를 기획하고 설계·개발·운영하는 데 필요한 지식을 배웁니다. 졸업한 학생의 대다수는 IT 관련 대기업은 물론, 소프트웨어 개발 관련 중소기업, 금융권 전산 분야로 진출하고 있습니다.

휴대 전화, 의료 기기 등 주요 제품 개발에서 소프트웨어의 비중이 나날이 증가하고 있고, 전 세계적으로도 소프트웨어 분야를 국가의 미래 성장 동력으로 삼아 집중적으로 육성해야 할 산업으로 인식하고 있으며, 동시에 미래의 지식 정보 사회를 이끌어 나갈 핵심 산업이기 때문에 소프트웨어 산업의 수요 증가와 더불어 응용소프트웨어공학과의 전망은 아주 밝을 것으로 예상됩니다.

교육 목표와 교육 내용은?

응용소프트웨어공학과는 기초 과학에 대한 폭넓은 이해와 사회·문화에 대한 깊은 통찰을 바탕으로, 소프트웨어 공학 분야의 다양한 문제들을 합리적으로 해결할 수 있는 인력 양성을 교육 목표로 합니다. 이를 위하여 멀티미디어 시스템의 설계, 구축 및 응용에 관련된 학문과 디지털 미디어의 제작, 저장, 전송에 필요한 지식을 학습함으로써 종합 설계 능력을 배양하고, 응용 소프트웨어 개발 능력을 지속적으로 갖출 수 있도록 교육합니다.

학과에 적합한 인재상은?

응용소프트웨어공학과는 새로운 분야를 끊임없이 연구하고 논리적으로 분석해야 하므로 공학과 과학의 기초 지식을 바탕으로 창의력과 논리력이 요구됩니다. 적극적으로 도전하는 개척 정신과 평범함을 뛰어넘는 창의력이 요구되며, 오랜 작업 시간

» 기초 과학에 대한 폭넓은 이해와 사회·문화에 대한 깊은 통찰력을 갖춘 인재를 양성합니다.
» 소프트웨어 분야의 다양한 문제를 합리적으로 해결할 수 있는 인재를 양성합니다.
» 소프트웨어적 사고에 기초하여 주어진 문제를 창의적으로 해결할 수 있는 인재를 양성합니다.
» 건전한 윤리 의식과 책임 의식을 겸비한 창조적 전문 인력을 양성합니다.
» 소프트웨어 산업 분야에 필요한 직업 기초 능력과 직무 수행 능력을 갖춘 인력을 양성합니다.
» 시스템 분석 능력, 시스템 소프트웨어 개발 능력, 서버 운영 능력, 응용 소프트웨어 개발 능력을 지닌 인재를 양성합니다.
» 이론과 실무를 겸비하고, 지역 사회와 국가 산업 발전에 기여하는 응용소프트웨어개발자를 양성합니다.
» 국제 기준에 부합하는 언어 능력, 직업 윤리, 거시적인 관점을 갖춘 글로벌 인재를 양성합니다.

을 견뎌낼 수 있는 집중력과 인내심을 갖추는 것이 좋습니다.

평소에 컴퓨터, 게임, 기계 등의 기능을 익히고 조작하는 것에 흥미가 있어야 하며, 응용 및 게임 소프트웨어를 개발하기 위한 창의적인 발상과 새로운 분야에 대한 호기심, 기초 과학과 응용과학에 대한 흥미를 가지고 끊임없이 탐구하는 자세, 공학적 현상과 사회적 변화를 관찰하는 능력이 뛰어난 사람에게 적합합니다.

소프트웨어 개발 작업은 팀을 구성하여 진행되기 때문에 원만한 대인 관계 능력, 협업 능력, 의사 결정 능력을 요구합니다. 응용소프트웨어공학은 다른 분야와 융합되는 학문이므로 공학적 지식과 함께 스토리 구성, 인간 심리학, 인문학 등의 분야에도 관심이 있으면 좋습니다.

최근에는 개인 정보 보호와 관련해서도 관심이 많아지고 있기 때문에 강한 책임감과 도덕성도 요구됩니다.

관련 학과는?

소프트웨어학과, 융합소프트웨어학과, 소프트웨어공학과, 소프트웨어공학부, 소프트웨어융합학과, AI소프트웨어학과, IT소프트웨어학과, 멀티미디어공학과, 모바일시스템공학과, 미디어소프트웨어학과, 응용소프트웨어학과, 인공지능소프트웨어학과, 컴퓨터소프트웨어공학과, 컴퓨터공학과, 항공소프트웨어공학과 등

진출 직업은?

응용소프트웨어개발자, 가상현실전문가, 게임프로그래머, 네트워크관리자, 네트워크프로그래머, 데이터베이스개발자, 디지털영상처리전문가, 멀티미디어기획자, 모바일콘텐츠개발자, 시스템소프트웨어개발자, 시스템운영관리자, 스마트폰애플리케이션개발자, 웹프로그래머, 응용프로그래머, 인공지능전문가, 임베디드전문가, 임베디드시스템프로그래머, 증강현실전문가, 정보시스템운영자, 컴퓨터공학기술자, 컴퓨터보안전문가, 컴퓨터프로그래머, IT컨설턴트, 변리사 등

주요 교육 목표

소프트웨어 개발 능력을 지닌
인재 양성

- - - - - - - - - - - - - - - - - - - -

HW/SW 융합 지식을 갖춘
창의적인 인재 양성

- - - - - - - - - - - - - - - - - - - -

의사소통 능력을 갖춘 인재 양성

- - - - - - - - - - - - - - - - - - - -

창의적 문제 해결 능력을 갖춘
인재 양성

- - - - - - - - - - - - - - - - - - - -

건전한 윤리 의식과
책임 의식을 갖춘 인재 양성

- - - - - - - - - - - - - - - - - - - -

글로벌 리더십을 지닌 인재 양성

 ## 취득 가능 자격증은?

▶국내 자격
- ☑ 디지털제어산업기사
- ☑ 전자계산기기사
- ☑ 전자기사
- ☑ 전자산업기사
- ☑ 전파전자기사
- ☑ 전파전자통신기사
- ☑ 반도체설계기사
- ☑ 반도체설계산업기사
- ☑ 정보통신기사
- ☑ 정보통신산업기사
- ☑ 정보처리기사
- ☑ 정보처리산업기사
- ☑ 전파전자통신산업기사
- ☑ 전자계산기제어산업기사
- ☑ 전자계산기조직응용기사
- ☑ 전자회로설계산업기사
- ☑ 게임프로그래밍전문가
- ☑ 게임기획전문가 등

▶해외 자격
- ☑ MCSE ☑ CCNA ☑ OCP ☑ SCNA
- ☑ SCJP ☑ CISA ☑ CISSP 등

추천 도서는?

- 객체 지향 소프트웨어 공학
  (한빛아카데미, 최은만)
- 소프트웨어 장인 정신 이야기
  (인사이트, 로버트 C 마틴, 정지용 역)
- 쉽게 배우는 소프트웨어공학(한빛아카데미, 김지수)
- 개발자가 되고 싶습니다(길벗, 앨런)
- 다정한 인공지능을 만나다(샘터, 장대익)
- 메타버스에선 무슨 일이 일어날까(이지북, 이동은)
- 소프트웨어 세상을 여는 컴퓨터 과학(빛아카데미, 김종훈)
- 소프트웨어 장인 정신 이야기
  (인사이트, 로버트 C. 마틴, 정지용 역)
- 십 대를 위한 SW 인문학(영진닷컴, 두일철 외)
- 알고리즘 인생을 계산하다
  (청림출판, 브라이언 크리스천 외, 이한음 역)
- 추천 알고리즘의 과학(로드북, 박규하)
- 코딩의 미래(로드북, 홍전일)
- 인간의 얼굴을 한 과학
  (서울대학교출판문화원, 홍성욱)
- 이기적 유전자
  (을유문화사, 리처드 도킨스, 홍영남 외 역)
- 철학 콘서트1~3(생각정원, 황광우)
- 과학 혁명의 구조(까치글방, 토마스 쿤, 홍성욱 역)
- 특이점이 온다(김영사, 레이 커즈와일, 장시형 외 역)
- 문명으로 본 과학과 기술의 역사(동명사, 장병주 외)

학과 주요 교과목은?

기초 과목	컴퓨터구조론, 데이터구조론, 프로그래밍언어실습, 운영체제, 멀티미디어개론, 비주얼프로그래밍, 컴퓨터정보개론, 선형대수, 이산수학 등
심화 과목	소프트웨어공학, 프로그래밍, 프로그래밍언어, 웹프로그래밍, 디지털신호처리, 컴퓨터시스템, C시스템분석설계, 디지털영상편집, 가상현실, 디지털영상처리, 컴퓨터그래픽스, 데이터베이스, 사물인터넷개론, 멀티미디어통신, IoT서비스개발프로그래밍, IoT네트워크, 캡스톤디자인, 음향처리, 지능시스템, 웨어러블디바이스프로젝트, HCI 등

졸업 후 진출 분야는?

기업체	소프트웨어 개발 업체, 컴퓨터 개발 업체, 게임 개발 업체, 모바일 프로그래밍 업체, 웹프로그래밍 업체, 웹페이지 구축 업체, 애니메이션 관련 업체, 영상물 제작 업체 등
연구 기관	정보 통신 관련 민간·국가 연구소(한국전자통신연구원, 국가보안기술연구소, 소프트웨어정책연구소) 등
정부 및 공공 기관	컴퓨터 관련직 공무원, 한국인터넷진흥원, 한국콘텐츠진흥원, 한국정보화진흥원, 한국소프트웨어진흥원, 사이버 수사대 등

전공 관련 선택 과목은?

▶ 국어, 영어 교과는 모든 학문의 기초적인 성격을 가진 도구교과로 모든 학과에 이수가 필요하여 생략함.

수능 필수	화법과 언어, 독서와 작문, 문학, 대수, 미적분Ⅰ, 확률과 통계, 영어Ⅰ, 영어Ⅱ, 한국사, 통합사회, 통합과학, 성공적인 직업생활(직업)		
교과군	선택 과목		
	일반 선택	진로 선택	융합 선택
수학, 사회, 과학	대수, 미적분Ⅰ, 확률과 통계, 세계시민과 지리, 사회와 문화, 현대사회와 윤리, 물리학	기하, 미적분Ⅱ, 인공지능 수학, 한국지리 탐구, 경제, 윤리와 사상, 역학과 에너지, 전자기와 양자	실용 통계, 수학과제 탐구, 융합과학 탐구
체육·예술			
기술·가정/정보	기술·가정, 정보	인공지능 기초, 데이터 과학	창의 공학 설계, 지식 재산 일반, 소프트웨어와 생활
제2외국어/한문			
교양		논리와 사고	

학교생활기록부 관리는?

출결 사항	• 미인정(무단) 결석이나 지각, 조퇴 등이 있으면 인성 영역 등에서 부정적 평가를 받을 가능성이 높아요. • 근태 사항이 개근이 되도록 관리해요.
자율·자치활동	• 다양한 교내 활동을 통해 공학 분야에 대한 관심과 흥미를 바탕으로 리더십, 책임감, 창의력, 문제 해결 능력, 의사 결정 능력, 협업 능력이 드러나도록 하세요. • 다양한 교내 활동을 통해 문제를 인식하고, 이를 해결하기 위한 소프트웨어 관련 활동에 참여하세요.
동아리활동	• 컴퓨터, 프로그래밍, 소프트웨어 등 공학 관련 동아리 활동에 참여하세요. • 과학 실험, 과학 탐구, 수학 관련 동아리 활동도 권장해요. • 가입 동기, 본인의 역할, 배운 점, 느낀 점 등이 기록되도록 하세요. • 코딩, 아두이노, 파이썬, C언어 등과 같은 프로그래밍 언어를 학습하는 것을 권장해요. • 학교내에서 타인을 위해 할 수 있는 지속적인 봉사 활동을 하세요. • 학교에서 주관하는 보건소, 병원, 재활원, 사회 복지 시설 등 사회 소외 계층 및 약자를 대상으로 하는 봉사 활동에 참여하세요.
진로 활동	• 소프트웨어 관련 기관이나, 기업에서의 직업 체험 활동이나 응용소프트웨어공학 관련 학과 체험 활동이 매우 중요해요. • 응용소프트웨어공학 분야와 관련성이 있는 탐구 활동을 통해 진로 역량이 드러나도록 하세요.
교과학습발달 상황	• 수학, 물리학, 화학, 정보, 기술·가정, 정보 등 응용소프트웨어공학과 관련된 교과의 성적은 상위권으로 유지하고, 관련 교과 수업에서 발휘한 역량이 기록될 수 있도록 수업에 적극 참여하세요. • 수업을 통해 과제를 탐구하고, 새로운 아이디어를 프로그램화하여 발표할 수 있도록 하세요.
독서 활동	• 인문학, 철학, 역사, 공학 등 다양한 분야의 책을 읽으세요. • 소프트웨어, 전자공학, 4차 산업 혁명, 인공 지능, 로봇 등과 관련한 도서, 과학 관련 잡지, 신문 읽기도 권장해요.
행동 발달 특성 및 종합 의견	• 창의성, 문제 해결 능력, 리더십, 전공 적합성 등이 드러나도록 하세요. • 도전 정신, 인성(나눔과 배려), 성실성, 의사 결정 능력, 자기 주도성, 발전 가능성이 드러나도록 하세요.

Jump Up

자율주행차엔지니어에 대해 알아볼까요?

자율주행차엔지니어는 자동차의 기계적 요소에 대한 지식과 더불어 자율 주행 자동차의 소프트웨어 시스템이나 도로 환경에 대한 지식도 갖춰야 해요. 자율 주행차가 안전하고 원활하게 운행될 수 있도록 설계·개발하는 일부터 정비하는 일까지 모두 자율주행차엔지니어의 업무 영역이에요. 자율 주행 자동차와 관련된 기술은 매우 다양해서 엔지니어 직군 안에서도 각종 첨단 기술을 융합해 적용하는 통합 설계 분야, GPS, 레이더, 카메라 등 주행 환경 인식에 대해 연구하는 분야, 자동 제어 시스템 구축 분야 등으로 세분화돼요.

Jump Up

자동차튜닝사에 대해 알아볼까요?

자동차 마니아라면 튜닝을 통해 오직 자신에게만 최적화된 독특한 자동차를 갖고 싶어 하는 열망이 있어요. 뿐만 아니라 튜닝을 거쳐 고효율과 연비 절감을 꾀할 수도 있지요. 정부에서는 자동차 튜닝 산업을 육성하기 위해 '자동차튜닝사' 자격증을 신설했어요. 자동차튜닝사는 정당한 방법으로 자동차 개조 및 래핑을 전문적으로 시행할 수 있는 직업이에요. 정부가 '신직업 발굴 육성 추진 현황 및 향후 계획'에서 국가 기관 전략 산업 직종으로 선택했기에 미래 유망 직업에 해당돼요.

자동차공학기술자란?

자동차공학은 한 대의 자동차를 완성하는 데 필요한 다양한 이론 연구를 통해 새로운 기술을 개발하고, 더 나은 성능의 자동차를 만들어 자동차 산업을 발전시키는 첨단 학문입니다. 자동차공학은 기계공학의 한 분야로, 자동차를 구성하는 각 공정의 공학적 내용을 다루며, 자동차의 설계, 조립, 시뮬레이션 및 전체 자동차 시스템과 개별 부품의 동작에 대한 전반적인 연구를 진행합니다. 자동차공학의 연구 분야는 자동차의 동력원에 해당하는 엔진 시스템 분야, 연소·윤활·냉각·연료·흡기 및 배기 시스템 분야, 자동차를 구동하는 동력 전달 분야, 제동·현가장치·조향 시스템에 해당하는 새시 분야로 구분됩니다. 또한 편의 장치를 비롯한 전기 및 전자 시스템을 연구하며, 차체와 관련한 안전성, 경량화, 공력 성능 및 재료에 대해서도 연구합니다.

이전의 자동차는 어떤 성능을 지니는가와 같은 기계 중심적 관점에서 만들어졌지만, 최근에는 자율 주행 자동차와 같은 인공 지능 기술이 적용된 스마트 자동차로 변화하고 있습니다. 자율 주행 자동차의 초기에는 차선을 넘어가면 경보음을 울리거나 핸들을 자동으로 움

자동차공학기술자
자동차공학과

직이는 정도의 초보적인 기능만 존재했다가 현재는 주행 중 운전자의 졸음운전을 막는 기술 수준까지 발전했습니다. 미래의 자율 주행 자동차는 자율 주행뿐만 아니라 모든 스마트 기기와 연동할 수 있는 단계까지 도달할 것입니다. 이밖에 자동차 매연으로 인해 공기 오염이 심화되자, 환경 보호의 필요성으로 인해 하이브리드 자동차가 발명되었습니다.

미래의 자동차는 단순히 육로만 운행하는 수단이 아닌, 하늘에서도 운행 가능한 교통수단이 될 것으로 예상됩니다. 이러한 기술이 실현되기 위해서는 자동차공학기술자들의 아이디어와 연구 개발의 성과가 뒷받침되어야 합니다.

자동차공학기술자는 자동차의 성능, 운전의 안정성, 부품 관리 등을 감독·조정하고, 문제점에 대한 해결책을 제시하며, 자동차의 전체 완성 과정을 계획·감독하는 일을 합니다. 자동차공학 분야는 IT 기술 등과 융합함으로써 다른 산업도 동시에 성장시킬 수 있는 신성장 동력 산업입니다. 그렇기 때문에 자동차공학기술자는 자동차에 대한 전문 지식만큼 다른 분야의 최신 기술을 습득하는 것도 필요합니다.

자동차공학기술자가 하는 일은?

자동차공학기술자는 엔진, 제동 장치, 차체 등 자동차의 각종 구성품을 개발하고, 제조하는 일을 합니다. 쉽게 말해, 자동차를 제작하는 처음부터 끝까지, 전 과정을 담당합니다. 운전의 안전성, 경제성, 배기량 조절 및 제반 조작상의 성능 등을 고려하여 부품 및 기관을 설계하고, 부품·차량 제조·개조·수리 작업을 감독하는 일을 합니다.

자동차공학기술자는 다른 직업에 비해 임금과 복리 후생 수준이 높은 편이고, 정규직 고용이 높은 편이며, 근무 시간은 짧은 편이고, 정신적·육체적 스트레스는 상대적으로 낮은 수준입니다.

> » 차량의 차체, 엔진, 제동 장치 및 기타 구성품에 관하여 개발 및 제조를 계획·감독합니다.
> » 자동차의 각종 장치 및 기관에 대한 새로운 디자인을 개발하기 위해 관련 자료를 검토·분석합니다.
> » 운전의 안정성, 경제성과 각 부분의 성능을 고려하여 구성 부품 및 기관을 설계합니다.
> » 엔진, 변속기 등 주요 부품을 시험·평가하여 개선점을 찾아내고, 이를 설계에 반영합니다.
> » 시뮬레이션 과정을 통해 시험·설계 비용을 절감합니다.
> » 차량의 제조 공정이 공학 기술상의 설계와 일치하는지 확인합니다.
> » 자동차의 성능을 시험, 평가하고, 설계 변경 여부를 결정합니다.
> » 특수한 기능적·조작적 성능을 구현하기 위해 설계를 수정합니다.
> » 제조 공정 중에 발생하는 문제점의 원인을 분석하고, 해결책을 제시합니다.
> » 구성 부품 제조 및 차량 제조 공정의 품질을 관리하고, 기술을 지원합니다.

Jump Up

카메카트로닉스공학과에 대해 알아볼까요?

자동차에 메카트로닉스기술을 응용하여 자동차의 제어 시스템을 분석하고 설계·개발하며, 기계 시스템의 지능화·자동화 기술을 개발할 수 있는 전자 제어 정보 처리 기술을 겸비한 창의적인 고급 엔지니어를 양성해요. 이를 위해 창의적인 사고력과 문제 해결 능력, 전공 지식 응용 능력, 종합적 설계 능력, 정보 지식 습득 능력, 국제화 사회에 대한 적응 능력 등을 고루 갖춘 공학도를 양성하기 위해 노력하는 학과예요.

- 한국자동차협회 www.kaa21.or.kr
- 한국자동차환경협회 www.aea.or.kr
- 한국자동차산업협회 www.kama.or.kr
- 한국자동차공학회 www.ksae.org

- 수학 및 과학 교과 역량 키우기
- 과학 및 공학 관련 동아리 활동
- 자동차 연구소 및 모터쇼 체험 활동
- 자동차 관련 기업이나 학과 탐방 활동
- 자동차공학기술자 직업 체험 활동
- 자동차 관련 잡지 구독
- 인문학, 심리학, 자동차공학, 인공 지능 관련 독서

관련기관

준비방법

- 논리적 사고 능력
- 분석적 사고 능력
- 호기심과 상상력
- 창의적 사고 능력
- 대인관계 능력
- 의사결정 능력
- 협업 능력
- 스트레스 감내력
- 꼼꼼함
- 디자인 및 심리학에 대한 관심
- 기계에 대한 관심
- 손재주

적성과 흥미

자동차공학기술자

관련학과

- 자동차공학과
- 자동차IT융합학과
- 자동차기계공학과
- 자동차공학부
- AI모빌리티공학과
- AI전기자동차학과
- 기계자동차공학과
- 기계자동차공학부
- 기계자동차로봇공학부
- 미래자동차공학과
- 미래자동차공학부
- 미래자동차학과
- 미래모빌리티공학과
- 미래모빌리티학과
- 미래형자동차학과
- 스마트자동차학과
- 스마트모빌리티공학과
- 스마트모빌리티학과
- 전기자동차공학부
- 지능형모빌리티공학과
- 친환경자동차학과

흥미유형

관련교과

- 탐구형
- 현실형

관련자격

관련직업

- 수학
- 과학
- 기술·가정
- 정보

- 자동차정비기사
- 자동차차체수리기능사
- 자동차정비기능사
- 자동차정비산업기사
- 자동차정비기능장
- 자동차검사기사
- 자동차검사산업기사
- 일반기계기사

- 일반기계산업기사
- 기계일반산업기사
- 기계설계기사
- 기계조립산업기사
- 메카트로닉스기사
- 메카트로닉스산업기사
- 디지털제어산업기사
- 자동화설비제어사

- 메카트로닉스공학기술자
- 엔진기계공학기술자
- 철도차량공학기술자
- 로봇공학기술자
- 기계공학기술자
- 보험계리사
- 손해사정인
- 온라인전기자동차연구원
- 전기자동차설계기술자

- 자동차설계기술자
- 자동차엔진기술자
- 자동차튜닝사
- 자동차디자이너
- 철도차량공학기술자
- 카레이서
- 레이싱미케닉
- 자율주행차엔지니어
- 하이브리드차엔지니어

적성과 흥미는?

자동차공학기술자는 자동차 시스템을 이해해야 하고, 새로운 모델과 신기술 개발을 위해 논리적인 능력과 분석적 능력이 필요합니다. 자동차공학 기술은 빠른 속도로 발전하기 때문에 지속적인 연구 개발 활동을 해야 하고, 따라서 새로운 것에 대한 호기심과 상상력, 창의적인 사고력이 요구됩니다.

업무 수행 과정에서 다른 분야의 전문가들과 협업 과정을 수행하기 때문에 원만한 대인 관계 능력이 필수적이고, 의사 결정 능력과 협업 능력을 갖추어야 합니다. 탐구형과 현실형의 흥미를 가진 사람에게 적합하며, 꼼꼼하고 스트레스를 잘 감내는 성격의 사람에게 유리합니다. 소비자의 욕구를 충족시킬 수 있는 새로운 자동차의 모델과 기술을 끊임없이 개발하기 위해서는 지속적인 연구 활동이 필요합니다. 최근의 자동차 산업은 인간 중심의 감성 공학적인 면을 중요시하므로 디자인이나 심리학 등에도 관심과 흥미가 있으면 도움이 됩니다.

자동차의 구동 원리나 자동차의 엔진 구조 및 자동차 디자인 등에 관심이 많아야 하고, 업무 수행 과정에서 실제 자동차를 만들어 보거나 기계 부품들을 다루는 경우가 많으므로 손재주도 있어야 합니다. 새로운 성능을 지닌 자동차를 설계하고 제작하기 위해서는 다양한 분야의 이론을 종합적으로 적용해야 하기 때문에 여러 분야에 호기심이 많고, 기계나 항공, 전기, 전자 등의 학문에도 흥미가 있으면 유리합니다. 물리적·생물학적·문화적 현상들에 대해 호기심을 가지고 관찰하는 것을 즐기고, 상징적·체계적·창조적 활동을 요하는 조사나 연구 활동을 좋아하며, 설득적이고 사회적인 성격을 갖추고 있으면 유리합니다.

자동차공학기술자에 관심이 있다면 자동차공학과 관련성이 깊은 수학, 물리학, 화학, 기술·가정 교과에 대한 관심과 기본적인 학업 역량을 갖추기 위해 노력이 필요하고, 자동차에 대해 관심을 가지는 것이 중요합니다. 국제적인 행사로 진행되는 모터쇼 체험 활동이나 완성차 제조 회사 견학, 자동차 관련 잡지 구독 등도 권장합니다.

자동차공학기술자 커리어맵

관련 학과 및 자격증은?

➔ 관련 학과: 자동차공학과, 자동차IT융합학과, 자동차기계공학과, 자동차공학부, AI모빌리티공학과, AI전기자동차학과, 기계자동차공학과, 기계자동차공학부, 기계자동차로봇공학부, 미래자동차공학과, 미래자동차공학부, 미래자동차학과, 미래모빌리티공학과, 미래모빌리티학과, 미래형자동차학과, 스마트자동차학과, 스마트모빌리티공학과, 스마트모빌리티학과, 전기자동차공학부, 지능형모빌리티공학과 등

➔ 관련 자격증: 자동차차체수리기능사, 자동차정비기능사, 자동차정비기능장, 자동차정비기사, 자동차검사기사, 자동차정비산업기사, 자동차검사산업기사, 일반기계산업기사, 일반기계기사, 기계설계산업기사, 기계설계기사, 기계조립산업기사, 메카트로닉스기사, 메카트로닉스산업기사, 디지털제어산업기사, 자동화설비제어사 등

진출 방법은?

자동차공학기술자가 되기 위해서는 자동차의 설비, 기능 및 성능에 관한 전문적인 지식이 필수이므로 전문 대학 및 대학교의 자동차공학과, 기계공학과, 기계설계학과, 자동차공학과, 차량기계과, 정밀기계공학과 등을 졸업하는 것이 일반적입니다. 기본적으로 기계 계열 관련 학과에서는 유체역학, 열역학, 고체역학, 동역학 등의 공학적 원리와 적용에 대한 이론적 지식을 배우고, 자동차 제조에 관련된 특수 공정 분야의 지식을 배우게 됩니다. 또한 전기·전자 관련 학과에서는 전장 시스템 및 회로 로직 등에 관한 수업을 이수한 후 자동차의 전장 설계, 엔진 및 주행·제동 제어 등에 대한 응용 지식을 습득하게 됩니다.

전문 대학을 졸업한 후에는 자동차공학 관련 현장에서 일정 기간 실무 경력을 쌓은 후에 자동차공학기술자가 될 수 있지만, 추가적인 교육을 통해 전문 지식을 배울 수도 있습니다. 자동차공학 관련 연구소에서 연구원으로 근무하려면 석사 이상의 학위가 필요합니다.

자동차공학기술자는 공개 채용이나 특별 채용을 통해 각종 기계 및 관련 장비 생산 업체, 산업 기계 제작 회사, 자동차 생산 업체, 자동차 부품 설계 및 생산 업체, 자동차 정비 및 검사 업체 등에 취업을 하며, 기업에서 일정 기간 동안 사내 교육을 받은 후 어느 정도 경력을 쌓게 되면 자동차공학기술자로 업무를 수행하게 됩니다. 한국기계연구원, 한국표준과학연구원, 한국과학기술연구원 등에 소속되어 자동차공학 관련 연구원으로 일할 수도 있습니다.

관련 직업은?

공정관리설계기술자, 금형공학기술자,
기계플랜트기술자, 기계감리기술자, 기계공학기술자,
메카트로닉스공학기술자, 산업공학기술자,
공학계열교수, 보험계리사, 손해사정인,
온라인전기자동차연구원, 전기자동차설계기술자,
자동차설계기술자, 자동차엔진기술자, 자동차검사원,
자동차부품기술영업원, 자동차튜닝사, 자동차디자이너,
철도차량공학기술자, 레이싱미캐닉, 카레이서,
자율주행차엔지니어, 하이브리드차엔지니어 등

미래 전망은?

현재 자동차 산업은 빠른 속도로 변화하고 있습니다. 화석 연료 대신 전기로만 달리는 차의 비중이 늘고 있고, 사람의 손을 필요로 하지 않는 자율 주행 기술은 시범 운행 단계까지 와 있습니다. 정보 통신 기술과 융합해 다양한 사물과 소통하는 커넥티드 자동차는 인간의 삶을 빠르게 바꿀 것으로 전망됩니다. 자동차 산업에서 소외되었던 부품과 전장, ICT 기업들이 자동차 산업의 중심부로 자리를 옮기고 있습니다.

2020년 이후 실현될 것으로 예상되는 사람의 손을 필요로 하지 않고 스스로 달리는 자율 주행 자동차, 쌍방향으로 소통하는 커넥티드 자동차, 소유 대신 공유하는 카 셰어링, 순수 전기차 등 네 가지의 거대한 변화의 물결이 우리의 생활 패턴을 크게 바꿀 것으로 전망됩니다.

따라서 향후 자동차공학기술자의 고용은 다소 증가할 것으로 전망됩니다. 기존의 충돌 안전, 차체 설계 및 내연 기관에 대한 기계공학 관련 자동차기술자보다는 자율 주행 자동차, 수소 자동차, 전기 자동차, 연료 전지 자동차의 개발 등 미래 첨단 기술에 대한 경쟁이 치열하기 때문에 전기·전자 관련 자동차공학기술자들이 상대적으로 인기가 좋을 것으로 전망됩니다.

Jump Up

온라인전기자동차연구원에 대해 알아볼까요?

대부분의 사람들이 전기 자동차는 연료가 아닌 자체 배터리를 이용해 구동된다고 알고 있을 거예요. 하지만 자체 배터리 말고도 전기 자동차를 구동시키는 또 다른 방법이 있어요. 바로 도로에 매설된 전력선으로부터 전력을 전송받아 움직이는 방식이에요. 온라인전기 자동차연구원은 전기 자동차에 전력을 전송하는 온라인 급전 장치 및 집전 장치 시스템 등을 개발해요. 전기 자동차 부문에 특화되어 있는 만큼 전망이 좋은 직업이에요.

자동차공학과
자동차공학기술자 전공 분석

어떤 학과인가?

1700년대, 최초의 증기 자동차가 발명된 이래로 자동차는 지금까지도 끝없는 발전을 거듭해 오고 있습니다. 좀 더 친환경적이고 인체공학적인 설계와 디자인, 최첨단 기술을 갖춘 자동차들이 속속 등장하고 있습니다. 앞으로도 자율 주행 자동차, 수소 자동차, 전기 자동차 등 우리의 삶을 획기적으로 변화시켜 줄 자동차들이 차츰 일반화될 것으로 예상됩니다.

자동차공학은 자동차 제작에 필요한 다양한 이론 연구와 새로운 기술 개발을 통해 자동차 산업을 발전시키는 첨단 학문입니다. 자동차공학의 분야는 크게 자동차 내부 기관에 들어갈 기계를 연구하는 내연 기관 분야, 자동차의 외장을 연구하는 새시 분야, 전기와 전자를 연구하는 전기 전자 분야, 차량의 움직임과 힘의 원리를 연구하는 차량 동역학 분야로 분류됩니다. 이외에도 자동차 설계 분야, 자동차 성능 해석 분야, 환경 분야 등이 있습니다.

자동차공학과는 자동차 기술 개발에 필요한 기초 공학 이론을 바탕으로, 자동차 특화 기술 및 최첨단 과학 기술을 접목해 보다 편리하고 안전한 자동차를 만들기 위해 공부하는 학과입니다. 기계학, 재료공학 등을 기반으로 하는 자동차공학에 전기 전자·IT 분야를 융합하여 미래의 지능형 친환경 자동차의 개발을 선도하는 인재를 양성하는 학과입니다.

교육 목표와 교육 내용은?

자동차공학은 제조업의 꽃이라 불릴 정도로 기계·전기·전자·제어·재료 분야 등이 융합된 학문 분야로, 가장 광범위한 공학적 원리를 다룹니다. 오늘날 자동차공학은 기계공학에 기초하여 다른 산업 분야로 응용 범위가 넓어지고 있으며, 최근 이슈가 되고 있는 친환경 자율 주행 자동차 기술 등의 분야에서도 많은 연구가 진행되고 있습니다.

자동차공학과에서는 이러한 환경 변화에 따른 교육 환경 요건을 갖추고, 자동차 및 자동차 부품에 대한 공학적인 개념, 설계, 해석, 제작 등의 전공 교육을 강의, 연습, 설계, 제도, 실험, 실습 등이 종합적으로 연계된 교육 과정을 통해 진행합니다. 종합적이고 창의적인 설계 능력과 윤리 의식을 갖춘 유능한 자동차 엔지니어를 비롯하여, 21세기의 자동차 산업 분야가 필요로 하는 인재 양성을 목적으로 하는 학과입니다.

학과에 적합한 인재상은?

자동차공학을 전공하기 위해서 무엇보다 중요한 것은 자동차에 대한 관심과 애정입니다. 자동차의 구동 원리나 자동차의 엔진 구조 및 자동차 디자인 등에 많은 관심을 가지고 있어야 합니다. 자동차공학을 배우는 과정에서 실제로 자동차를 만들거나 각종 기계 부품을 다루는 일이 많으므로 손재주도 있어야 합니다. 새로운 기능을 지닌 자동차를 설계하고 제작하기 위해서는 다양한

» 자동차 전공 이론 및 실무 능력을 겸비한 자동차 엔지니어를 양성합니다.
» 인성, 전공, 창의를 겸비한 사회 융합형 인재를 양성합니다.
» 졸업 후 즉시 산업 현장에 투입할 수 있는 인재를 양성합니다.
» 공학적 문제들을 인식하며, 해결할 수 있는 인재를 양성합니다.
» 경제, 경영, 환경, 법률 등 다양한 분야에 역량을 갖춘 인재를 양성합니다.
» 효과적으로 의사를 전달할 수 있는 인재를 양성합니다.
» 융·복합 기술을 중점적으로 교육하여 창의적인 글로벌 기술 인력을 양성합니다.

분야의 이론을 종합적으로 공부해야 하기 때문에 여러 분야에 호기심이 많고, 기계나 항공, 전기, 전자 등의 학문에도 흥미가 있어야 합니다. 최근 자동차 산업은 인간 중심의 감성 공학적인 면이 중요시되므로 디자인이나 심리학 등에도 관심과 흥미가 있으면 도움이 됩니다.

수학, 물리 등 기초 과학에 대해 흥미가 있고, 기본적인 지식을 갖추어야 하며, 다양한 공학 지식과 이론을 잘 응용할 수 있는 능력이 필요합니다. 공학 및 과학적 원리에 기초한 논리적 추리력과 창의력이 필요하고, 수학적인 수리 능력 및 물리학에 대한 관심과 재능이 있다면 매우 유리합니다.

일상생활에서 상상력이 무궁무진하고 한번 시작한 일은 끝을 보는 것을 좋아하고, 독서를 통한 인문학적 소양을 지녔으며, 무엇이든지 "저건 어떻게 움직이지?"를 궁금해 하는 사람에게 추천합니다. 또한 팀의 구성원으로서 팀 성과에 기여하고자 하는 협업 능력, 창의적 표현 능력, 과학적 탐구 능력, 지적 호기심, 책임감과 끈기를 지닌 사람에게 추천합니다.

관련 학과는?

자동차공학부, 자동차IT융합학과, 자동차기계공학과, AI모빌리티공학과, AI전기자동차학과, 기계자동차공학과, 기계자동차공학부, 기계자동차로봇공학부, 미래자동차공학과, 미래자동차공학부, 미래자동차학과, 미래모빌리티공학과, 미래모빌리티학과, 미래형자동차학과, 스마트자동차학과, 스마트모빌리티공학과, 스마트모빌리티학과, 전기자동차공학부, 지능형모빌리티공학과 등

진출 직업은?

교통안전연구원, 기계공학기술자, 대체에너지개발연구원, 메카트로닉스공학기술자, 산업공학기술자, 소음진동기술자, 손해사정인, 엔진기계공학기술자, 자동차공학기술자, 자동차소재연구자, 전자계측제어기술자, 전자공학기술자, 제품생산관련관리자, 레이싱미캐닉, 자동차튜닝엔지니어, 전동차정비원, 철도차량공학기술자 등

주요 교육 목표

과학적·공학적 문제 해결
능력을 지닌 인재 양성

- - - - - - - - - - - - - - - -

자기 주도적으로 학습할 수
있는 인재 양성

- - - - - - - - - - - - - - - -

신기술 개발을 위한 창조적
연구 능력을 지닌 인재 양성

- - - - - - - - - - - - - - - -

팀에 기여하고자 하는
협업 능력을 지닌 인재 양성

- - - - - - - - - - - - - - - -

직업 윤리와 사회적 책임을
갖춘 인재 양성

- - - - - - - - - - - - - - - -

창의적인 국제화 능력을 지닌
인재 양성

 ## 취득 가능 자격증은?

- ☑ 기계설계기사
- ☑ 건설기계기사
- ☑ 메카트로닉스기사
- ☑ 메카트로닉스산업기사
- ☑ 자동차정비기사
- ☑ 자동차정비산업기사
- ☑ 그린전동자동차산업기사
- ☑ 그린전동자동차기사
- ☑ 자동차정비기능장
- ☑ 기계설계산업기사
- ☑ 건설기계산업기사
- ☑ 건설기계설비기사
- ☑ 농업기계산업기사
- ☑ 3D프린터개발산업기사 등
- ☑ 손해사정인
- ☑ 농업기계기사

추천 도서는?

- 미래 자동차의 통신 시스템(북두칠판사, 이경섭)
- 미래의 자동차 융합이 좌우한다(골든벨, 김필수)
- 다가오는 미래, UAM 사업 시나리오(슬로미디어, 이정원)
- 세상을 뒤바꿀 미래기술 25
  (이데일리, 이데일리 미래기술 특별취재팀)
- 친환경 자동차 전기전자 시스템(구민사, 전석환)
- 자동차 첨단기술 교과서(보누스, 다카네 히데유키, 김정환 역)
- 전기차 첨단기술 교과서(보누스, 톰 멘튼, 김종영 역)
- 인공지능과 자율주행 자동차, 그리고 법(세창출판사, 명순구 외)
- 인간과 인공지능 그리고 규범(부산대학교출판문화원, 계승균)
- 내 차 달인 교과서: 자동차 구조편(골든벨, 탈것 R&D 발전소)
- 전기자동차가 다시 왔다(지성사, 박근태)
- 친환경 자동차 전기 전자 시스템(구민사, 전석환)
- 전기차 배터리 순환경제(한울아카데미, 김연규 외)
- 이차전지 승자의 조건(길벗, 정경윤 외)
- 처음 읽는 2차전지 이야기(플루토, 사리이시 다쿠, 이인호 역)
- 누가 미래의 자동차를 지배할 것인가
  (미래의창, 페르디난트 두덴회퍼, 김세나 역)
- 대한민국 자동차 명장 박병일의 자동차 백과
  (라의눈, 박병일 외)
- 클라우스 슈밥의 제4차 산업 혁명 더 넥스트
  (새로운현재, 클라우스 슈밥, 김민주 외 역)
- 스티브잡스 첫 청소년 전기
  (서울문화사, 카렌 블루멘탈, 권오열 역)
- 상상 오디세이(다산북스, 최재천 외)
- 니콜라 테슬라, 과학적 상상력의 비밀
  (여름언덕, 신도 마사아키, 김은진 역)
- 로봇 시대, 인간의 일(어크로스, 구본권)

학과 주요 교과목은?

기초 과목	일반물리 및 실험, 정역학, 공학설계입문, 자동차공학기초, 공학기초수학, 공학수학, 프로그래밍언어, 공학응용 프로그래밍, 열역학, 유체역학, 재료역학, 자동차재료, 전기전자공학, 자동차공학개론, 자동차구조실습 등
심화 과목	CAD실습, 고체역학, 동역학, 회로이론, 자동차기능실습, 기계요소설계, 기계진동학, 소음공학, 내연기관, 자동제어, 구동 및 제동시스템, 자동차인간공학, 자동차생산공학, 차체설계, 지능형자동차, 자동차역학, 에너지공학, 용접공학, 로봇공학, 연소공학, 자동차메카트로닉스, 사고분석, 기관설계, 차체설계, 자동차신기술 등

졸업 후 진출 분야는?

기업체	각종 기계 및 장비 관련 생산 업체, 산업 기계 제작 회사, 국내 자동차 완성 업체, 자동차 부품 설계 및 생산 업체, 자동차 정비 및 검사 업체, IT 전자 업체 등
연구 기관	기술·기계·통신 관련 연구소 등
정부 및 공공 기관	기계직 공무원, 한국기계연구원, 자동차부품연구원, 한국표준과학연구원, 한국과학기술연구원, 한국기계연구원, 한국국방연구원, 산업연구원 등

전공 관련 선택 과목은?

▶ 국어, 영어 교과는 모든 학문의 기초적인 성격을 가진 도구교과로 모든 학과에 이수가 필요하여 생략함.

수능 필수	화법과 언어, 독서와 작문, 문학, 대수, 미적분Ⅰ, 확률과 통계, 영어Ⅰ, 영어Ⅱ, 한국사, 통합사회, 통합과학, 성공적인 직업생활(직업)		
교과군	선택 과목		
	일반 선택	진로 선택	융합 선택
수학, 사회, 과학	대수, 미적분Ⅰ, 확률과 통계, 물리학, 화학	기하, 미적분Ⅱ, 인공지능 수학, 역학과 에너지, 전자기와 양자, 물질과 에너지, 화학 반응의 세계	수학과제 탐구, 융합과학 탐구
체육·예술			
기술·가정/정보	기술·가정, 정보		창의 공학 설계, 지식 재산 일반
제2외국어/한문			
교양			

학교생활기록부 관리는?

출결 사항	• 미인정(무단) 결석이나 지각, 조퇴 등이 있으면 인성 영역 등에서 부정적 평가를 받을 가능성이 높아요. • 근태 사항이 개근이 되도록 관리해요.
자율·자치활동	• 다양한 교내 활동을 통해 전반적인 공학 분야에 대한 관심과 흥미는 물론, 리더십, 책임감, 창의력, 문제 해결 능력, 의사 결정 능력, 협업 능력이 드러나도록 하세요.
동아리활동	• 자동차, 컴퓨터 등 공학 관련 동아리 활동에 참여하세요. • 과학실험, 과학탐구, 수학 관련 동아리 활동을 권장해요. • 가입 동기, 본인의 역할, 배운 점, 느낀 점 등이 기록되도록 하세요. • 코딩, 아두이노, 파이썬, C언어 등과 같은 프로그래밍 언어를 학습하는 것을 권장해요. • 학교에서 주관하는 장애인, 다문화 가정 학생 돕기, 양로원 봉사 활동 등 사회 소외 계층을 대상으로 하는 봉사 활동을 하세요. • 학교내에서 타인을 위해 할 수 있는 지속적인 봉사 활동을 하세요.
진로 활동	• 자동차 관련 직업 정보 탐색 활동을 권장해요. • 자동차 관련 기관이나, 기업에서의 직업 체험 활동이나 해양공학 관련 학과 체험 활동이 매우 중요해요. • 자동차공학 분야와 관련 있는 탐구 활동 및 모터쇼 체험 활동 등을 통해 진로 역량이 나타날 수 있도록 하세요.
교과학습발달 상황	• 수학, 물리학, 화학, 정보, 기술·가정 등 자동차공학과 관련된 교과의 우수한 학업 성취도, 도전적이고 실천적인 자세, 창의적 사고를 통해 문제를 해결할 수 있는 역량이 드러나도록 하세요. • 수업을 통해 과제를 탐구하고 새로운 아이디어를 프로그램화하여 발표할 수 있도록 하세요.
독서 활동	• 인문학, 철학, 역사, 심리학 등 다양한 분야의 책을 읽으세요. • 에너지, 자동차, 환경, 4차 산업 혁명, 인공 지능, 로봇 등과 관련된 도서, 과학 관련 잡지, 신문 읽기를 권장해요.
행동 발달 특성 및 종합 의견	• 문제 해결 능력, 전공 적합성, 발전 가능성, 리더십 등이 드러나도록 하세요. • 도전 정신, 인성(나눔과 배려), 성실성, 의사 결정 능력, 자기 주도성, 탐구 능력 등이 드러나도록 하세요.

신소재공학연구원에 대해 알아볼까요?

최근 산업 현장에서는 다양한 산업 재료와 첨단 재료
가 사용되고 있어요. 부가 가치가 높은 신소재, 생체
재료, 기능 재료, 환경 재료 등이 개발되면서 인간 생
활은 더욱 편리해졌어요. 이와 같은 새로운 소재를 만
들기 위해 연구 개발하는 사람을 신소재공학연구원
이라 해요. 신소재공학은 각각의 소재에 대한 제조 공
정 및 특성을 공부하고, 이를 바탕으로 다양한 공학
분야에서 요구하는 소재를 개발하며, 사용에 적합한
물성을 연구하는 학문인데, 이를 교육하는 학과가 신
소재공학과예요.

재료공학기술자란?

재료란 무엇을 구성하거나 만드는 물질을 말합니다. 자연에서 재료를 얻고 가공하여 편리하게 이용하는 동물은 인간뿐입니다. 고대의
인간은 자연에서 구한 재료를 손질하여 사용하였지만, 불의 발견과 동시에 재료의 성질을 바꾸어 사용하기 시작했습니다. 이때부터 인간
은 도구 재료에 대한 지식을 쌓게 되었고, 이것이 재료과학이라는 학문의 시초입니다. 더 나아가 인간은 필요한 새로운 재료를 만들어 내
게 되는데, 이것이 재료공학이라는 학문이 생기게 된 이유입니다.

재료공학은 사회 전 분야에 걸쳐 널리 사용되는 공업 재료를 체계적으로 이해하는 데 중요한 학문입니다. 산업 분야에서 재료를 생산
하고 가공하는 작업은 공정 과정 중 많은 부분을 차지합니다. 인간에게 가장 중요한 의식주를 얻으려고 할 때 의류의 경우 면, 울, 나일론
등의 재료를 가공하여 만들며, 식품의 경우 또한 천연 재료 그대로 섭취하는 경우도 있지만 공업적으로 가공하여 만든 것을 섭취하기도
합니다. 그리고 주택의 경우도, 나무, 벽돌, 철근, 콘크리트 등의 재료를 사용하여 짓습니다. 산업 현장에서 재료를 사용할 때는 재료의 구

재료공학기술자
신소재공학과

조와 성질을 알아야 하고, 제품의 용도에 따라 재료를 선택할 수 있어야 하므로 재료공학적인 지식이 필요합니다. 재료의 성질은 재료의 내부 구조에 따라 다른데, 동일한 재료라도 내부 구조를 변화시킴으로써 서로 다른 성질을 가지게 할 수 있습니다.

금속 재료는 무게를 견디는 힘이 크고, 전성과 연성이 우수하여 다양한 형태로 가공하기 적합하여 각종 기계나 구조물을 만들 때 가장 많이 사용되는 재료입니다. 그래서 철, 동, 알루미늄 등 기초 금속의 생산량이 산업 발전에 큰 영향을 미치기도 합니다. 최근에는 더 나은 화학 기술, 조성 조절 기술, 공정 기술의 발전으로 항공기용 합금, 형상 기억 합금과 같은 합금들의 성능은 개선되고 있어 수요는 계속 증가할 것이며, 저렴한 가격으로 성형이 가능한 분말 야금의 기술도 중요해질 것입니다.

이와 같이 산업에 중요한 역할을 하는 재료를 전문적으로 다루는 사람을 재료공학기술자라고 합니다. 재료공학기술자는 플라스틱, 세라믹과 같이 비금속 재료의 특성에 대해 연구하고, 세라믹, 반도체, 합성 재료와 같은 기타 재료를 조합하여 보다 유용한 기능을 내는 재료를 개발하는 직업입니다.

재료공학기술자가 하는 일은?

재료공학기술자는 전체 산업 부문에서 널리 사용되고 있는 각종 금속 재료, 비철 금속 재료, 세라믹 재료, 고분자 재료, 플라스틱, 반도체 재료 등을 제조하는 공정을 지휘 감독하고, 새로운 소재를 개발하거나 재료의 특성을 연구하는 업무를 합니다. 재료공학의 연구를 통해 각 소재가 지니고 있는 본질을 찾아내고, 그 소재의 특성을 최대한 활용·응용하는 방법을 찾아내는 직업입니다.

재료공학기술자 중 현장 작업자의 경우 제련·제강·용접·주조 과정으로 열, 분진, 소음, 공기 오염 등이 많은 환경에서 근무할 수 있고, 연구자의 경우 금속 소재 및 비금속 소재로 전기적·화학적 실험을 할 때가 많아 안전사고가 발생할 수 있는 환경에서 근무할 수 있어 항상 주의를 기울여야 합니다.

> » 원광석을 녹여 금속을 추출하는 공정을 비롯해, 각종 금속을 이용하여 합금 또는 금속 제품을 생산하는 제조 공정을 관리합니다.
> » 금속 제조 공정 작업과 관련된 화학적·물리적 분석과 연구를 수행합니다.
> » 비금속의 특성에 대해 연구하고, 반도체와 세라믹, 그 외 재료들의 주형, 조형, 열처리를 위해 공정을 설계합니다.
> » 비금속 분야에서 유전 재료, 압전 재료 및 소성형 소재 등을 개발·가공합니다.
> » 각종 금속을 이용해 합금하거나 금속 제품을 생산하는 제조 공정을 관리하고, 관련된 화학적·물리적 분석을 연구합니다.
> » 고분자 재료의 구조, 고분자의 합성법, 고분자의 분자량 결정법 등 고분자 재료의 구조에 관해 연구를 합니다.
> » 산업 설비가 부식되는 원인을 찾아내고 예방하기 위한 대책을 연구하며, 각종 설비와 배관 재료의 부식에 대한 연구를 합니다.
> » 각종 설비와 배관의 물성 및 부식에 대한 진단을 위해 비파괴 기술에 대한 연구를 합니다.
> » 화학 소재 분야에서 광전 기능 소재, 고분자 나노 복합재, 의료용 고분자 소재, 친환경 고분자 소재 등을 개발·생산하고, 공정을 관리합니다.
> » 재료의 설계, 부식 관리 방법, 공정 검사 및 기타 절차들에 관해 자문을 합니다.
> » 제품 검사를 조정하고, 비금속 재료의 생산 공정을 관리합니다.

Jump Up

나노소재연구 및 개발자에 대해 알아볼까요?

나노 소재는 나노 기술을 이용하여 만든 재료를 말하고, 나노소재연구 및 개발자는 나노 기술을 이용하여 나노 필름, 나노 잉크, 나노 기술 적용 직물, 디스플레이 핵심 소재 등과 같은 소재를 연구·개발하는 일을 해요. 대부분이 기업의 연구소나 국책 연구소에서 근무하며, 나노 기술 응용 분야의 다양성으로 화학, 화공, 재료, 물리학, 전자, 기계 등 나노 분야와 밀접한 관련이 있는 학문과 복수 전공을 한 사람이 취업하기에 유리해요. 나노 분야는 아직 연구 개발이 진행 중인 분야이므로 나노 관련 연구를 하기 위해서는 석사 이상의 학력이 필요해요.

재료공학기술자
커리어맵

• 자연 과학 기초 지식 습득
• 공학 관련 동아리 활동
• 재료 산업 및 재료공학기술자 직업 체험
• 재료공학 관련 학과 탐방
• 다양한 분야의 독서 활동
• 창의 공학 캠프 참여

• 대한금속·재료학회
  www.kim.or.kr
• 한국과학기술단체총연합회
  www.kofst.or.kr

• 신소재공학기술자
• 화학물 및 화학제품
  관련 검사원
• 금속공학기술자
• 나노소재연구 및
  개발자
• 나노공학기술자
• 중등학교 재료 교사

• 기초 과학 교과
  지식
• 수학, 물리학, 화
  학에 대한 흥미
• 인내심
• 대인관계 능력
• 의사소통 능력
• 창의력
• 분석적 사고 능력
• 수리적 능력
• 진취성과 혁신성
• 융통성
• 적응성

관련기관   **준비방법**

**적성과
흥미**   **관련직업**

재료공학기술자

흥미유형   **관련교과**

관련자격   **관련학과**

• 탐구형
• 현실형

• 영어
• 수학
• 과학
• 기술·가정
• 정보
• 환경

• 비철야금기술사
• 철야금기술사
• 금속기사
• 금속제련기술사
• 금속가공기술사
• 금속재료산업기사
• 세라믹산업기사
• 세라믹기사

• 세라믹기술사
• 비파괴검사산업기사
• 비파괴검사기술사
• 정밀측정산업기사
• 표면처리기술사
• 표면처리산업기사
• 중등교사 2급 정교사(재료)

• 재료공학부
• 재료화학공학과
• 금속재료공학과
• 기계금속재료전공
• 나노신소재공학과
• 나노신소재학과
• 디스플레이신소재공학과
• 디스플레이융합공학과
• 바이오소재과학과

• 바이오소시스템소재학부
• 소재부품융합공학과
• 스마트그린소재공학과
• 신소재공학과
• 신소재공학부
• 전자재료공학과
• 전자화학재료전공
• 첨단소재공학과

적성과 흥미는?

재료공학기술자가 되려면 수학, 과학 등의 교과에 흥미와 기초 지식이 있으면 유리합니다. 재료공학기술자는 분석과 측정 업무를 많이 하기 때문에 인내심이 필요하고, 다른 분야의 전문가들과의 협업으로 일이 진행되는 경우가 많아 원만한 대인 관계 능력과 의사소통 능력을 갖추면 도움이 됩니다.

재료공학기술자는 업무 수행 과정에서 문제가 발생했을 때 문제 해결을 위한 창의력과 분석적 사고, 수리적 사고가 필요합니다. 소재의 본질을 밝혀내고 그 소재의 특성을 극대화하여 다른 소재와 함께 융합하는 일을 하므로 진취적이고 혁신적인 성격을 가진 사람에게 적합합니다. 끝까지 문제를 해결하려고 하는 의지, 적응성, 융통성이 요구되고, 품질 관리 분석, 기술의 분석 설계, 장비 선정, 상품 제조 공정 등 물리학적·공학적 지식을 갖춘 사람이 좋습니다. 탐구형과 현실형의 흥미를 가진 사람에게 적합한 직업입니다.

재료공학기술자에 관심이 있다면 수학, 과학 교과의 기본적인 지식을 습득할 것을 권하고, 문제 해결 능력과 의사소통 능력을 키우기 위한 다양한 프로그램 참여, 다양한 분야의 독서를 통해 사고의 폭을 확장할 것을 권장합니다.

재료공학기술자 커리어맵

관련 학과 및 자격증은?

➜ 관련 학과: 재료공학부, 재료화학공학과, 금속재료공학과, 기계금속재료전공, 나노신소재공학과, 나노신소재학과, 디스플레이신소재공학과, 디스플레이융합공학과, 바이오소재과학과, 바이오소시스템소재학부, 소재부품융합공학과, 스마트그린소재공학과, 신소재공학과, 신소재공학부, 전자재료공학과, 전자화학재료전공, 첨단소재공학과 등

➜ 관련 자격증: 금속기사, 철야금기술사, 비철야금기술사, 세라믹기술사, 세라믹기사, 세라믹산업기사, 금속제련기술사, 금속재료기술사, 금속재료산업기사, 금속가공기술사, 비파괴검사기술사, 비파괴검사산업기사, 정밀측정산업기사, 표면처리기술사, 표면처리산업기사, 중등학교 2급 정교사(재료) 등

진출 방법은?

재료공학기술자가 되려면 전문 대학 또는 대학의 금속공학과, 세라믹공학과, 재료공학과, 신소재공학과 등의 관련 학과를 졸업해야 합니다. 관련 학과에서 금속 및 비금속 재료의 제조, 가공, 사용 개발에 필요한 공학적 지식과 이론을 습득하는 것이 기본입니다. 연구 개발 분야에 종사하기 위해서는 관련 학과의 석사 이상의 학위가 필요하기 때문에 대학원 진학이 필수입니다.

졸업 후에는 주로 철강, 시멘트, 전자, 조선, 자동차, 항공기, 반도체 등의 제조 회사나 엔지니어링 컨설팅 회사, 정부, 연구소 및 교육

기관 등에 진출할 수 있습니다. 일반 기업에 취업하면 초기에는 실무 업무를 하게 되며, 이후 관리 및 감독 업무 과정을 거쳐, 제조 및 기술 담당 관리자로 승진할 수 있습니다. 연구 개발 업무에 종사할 경우 일정 기간 경력을 쌓거나 석·박사 학위를 취득하면 연구 책임자로 성장할 수 있으며, 독립적인 연구 프로젝트를 통해 자기 성장의 기회도 얻을 수 있습니다. 그 외에도 재료공학 관련 분야에서 지식과 경험을 쌓은 후에는 정부 기관 및 소재 관련 산업체의 자문이나 컨설팅 업무에 종사할 수 있습니다.

관련 직업은?

신소재공학기술자, 화학물 및 화학제품관련검사원, 나노소재연구 및 개발자, 금속공학기술자, 나노공학기술자, 중등학교 교사(재료) 등

미래 전망은?

재료공학을 비롯한 소재 관련 산업은, 국가적 차원에서 미래의 국가 전략 산업으로 지정하여 키우고 있는 10대 차세대 성장 산업 품목인 차세대 연료 전지, 디스플레이 관련 산업(PDP, LCD, LED), 차세대 이동 통신, 디지털 TV, 지능형 로봇 산업 등과 연계되어 있기 때문에 향후 무한한 발전 가능성을 가지고 있습니다.

소재 산업은 하이브리드 자동차, 항공기, 풍력 발전기의 경량화 복합 소재나 고기능·친환경 소재인 스마트 섬유 의류와 같이 다른 산업 분야와 연계되어 있어 제조업 분야의 경쟁력을 확보하는 데 필수적이며, 높은 부가가치를 만들어 내는 미래 유망 산업입니다. 이에 따라 세계 4대 소재 강국을 목표로, 신소재 분야의 핵심 기술을 조기에 확보하기 위해 핵심 인력 및 기술 개발에 중점을 두고 있어 관련 연구 인력 수요는 증가할 것으로 예상됩니다. 최근에는 소재 산업 중에서 나노 기술이 적용된 제품 및 산업의 성장세가 높기 때문에 나노 기술 분야가 각광받을 것으로 전망됩니다.

재료공학기술자의 고용에 영향을 미치는 주요 산업 중 하나가 반도체 산업인데, 현재 우리나라의 반도체 산업은 공장을 해외로 이전하면서 국내 생산 시설은 축소하고 해외에서 생산을 확대하고 있어 재료공학기술자들의 고용에 부정적인 영향을 미칠 것으로 예상됩니다.

Jump Up

비파괴검사기술자 자격증에 대해 알아볼까요?

비파괴 검사 자격 중에서 가장 높은 수준의 자격증이에요. 비파괴검사기술사는 비파괴 검사에 관한 전문 지식과 실무 경험을 갖추고 계획, 연구, 설계, 분석, 시험, 운영, 시공, 평가하는 작업을 진행하며, 지도와 감리 등의 기술 업무를 수행해요. 비파괴 검사 전반을 지도·감독하고, 검사 방법에 대한 연구, 분석, 실험을 담당하며, 비파괴 검사와 관련된 기술 지도 및 자문을 수행하는 만큼 비파괴검사기술사는 응시 자격을 갖춘 사람만이 응시할 수 있어요.

비파괴검사기술사 자격시험은 필기시험과 구술형 면접시험으로 진행하며, 필기와 실기 각 100점 만점에 60점 이상이 되어야 합격이에요. 비파괴검사기술사 자격증을 취득하게 되면 비파괴 검사 방법에 대한 총체적인 전문 기술과 지식을 바탕으로 직접 비파괴 검사 전문 업체를 개업하여 운영할 수도 있고, 전문 비파괴 검사 업체, 비파괴 검사 전문 용역 업체, 공인 검사 기관 등 비파괴 검사가 적용되는 산업 분야로 취업할 수 있어요.

신소재공학과
재료공학기술자 전공 분석

어떤 학과인가?

인류의 문화와 산업의 발달은 소재의 발달과 관련이 매우 깊습니다. 우리가 사용하는 모든 제품은 여러 형태로 만들어진 소재의 집합체입니다. 신소재공학은 기본적으로 소재의 본질을 규명하고 이해하는 것에서 출발하여 소재의 특성을 극대화하여 응용하는 분야에 이르기까지, 기초 과학과 공학이 융합된 학문입니다. 신소재공학은 반도체, 자동차·항공기 부품, 조선, 기계 선반, 최첨단 금속 합금 등 다양한 산업 분야에서 활용되고 있기 때문에 산업 전반에 미치는 영향이 매우 커 국가 산업 경쟁력의 원천이 되고 있습니다.

신소재공학과는 급속히 발전하는 현대 과학 기술에 부응하여 신소재를 제조하고, 재료의 특성과 구조를 이해하여 사용자가 요구하는 신소재를 개발하고 응용할 수 있는 지식을 배우는 학과입니다.

교육 목표와 교육 내용은?

신소재공학과에서는 미세 분자 구조를 설계하고, 다양한 소재의 제조와 가공 기법을 통해 신소재를 현실화하며, 그 특성과 응용 방법을 연구할 수 있는 인재를 양성합니다. 21세기를 이끌어 갈 인재를 양성하고, 금속 신소재 산업에 중추적인 역할을 할 공학인을 배출하는 학과입니다.

학과에 적합한 인재상은?

다양한 소재에 대해 분석하기 위해서는 소재에 대한 관심은 물론, 화학, 물리학, 수학 등 기초 과학 과목에 기본적인 지식이 있어야 합니다. 신소재를 개발하기 위해서는 새로운 과학 기술을 빨리 받아들이고, 이를 바탕으로 더 나은 소재를 개발하려는 진취적인 자세가 필요합니다. 실생활에서 사용하고 있는 다양한 소재에 대한 원리와 특성을 이해하고, 응용할 수 있는 능력이 있으면 좋습니다.

신소재를 만드는 일을 하기 때문에 기계를 다루는 것에 흥미와 손재주가 있으면 좋습니다. 세밀하고 정밀한 작업을 주로 하

» 전공 지식과 현장 적응 능력을 갖춘 전문적 신소재공학인을 양성합니다.
» 사회에 대한 봉사 정신 및 윤리 의식을 갖추고, 합리적인 사고를 지닌 전인적 신소재공학인을 양성합니다.
» 미래 기술을 선도할 수 있는 창의적이며, 국제적인 신소재공학인을 양성합니다.
» 다른 분야와 유기적으로 협력하고, 능동적으로 조직을 관리할 수 있는 리더십을 갖춘 신소재공학인을 양성합니다.
» 신소재의 문제를 찾아내고 분석하며, 종합하여 기획하는 창의적인 기술을 창조할 수 있는 인재를 양성합니다.
» 세계화와 정보화 시대에 능동적으로 대처할 수 있는 신소재공학인을 양성합니다.

기 때문에 꼼꼼한 성격을 가진 사람에게 유리하며, 개발 과정에서 실패를 하더라도 다시 도전하여 끝까지 완수하려는 인내심과 끈기, 세상의 변화를 읽을 수 있는 시각을 갖추는 것이 필요합니다.

우리 주변에서 새로운 소재가 필요한 분야를 파악하기 위해서는 과학 기술의 발달 정도와 인간 심리에 대한 이해도 필요합니다.

창의적인 사고와 도전 정신, 주어진 문제를 다각적으로 분석하려는 자세, 공학적 문제 해결 능력, 우리 사회의 다양성과 공익적인 기능에 대한 관심과 열정을 지닌 사람에게 추천합니다. 신소재 분야는 첨단 기술 분야이므로 세계적인 기술의 흐름을 파악하여 습득하기 위해서는 영어 실력도 매우 중요합니다.

관련 학과는?

신소재공학부, 신소재화학공학과, 신소재화학공학부, 기계금속재료전공, 나노신소재공학과, 나노신소재공학부, 디스플레이신소재공학과, 디스플레이융합공학과, 바이오소재과학과, 반도체신소재공학과, 배터리공학과, 배터리융합공학과, 융합소재공학부, 재료화학공학과, 전기신소재공학부, 정보전자신소재공학과, 첨단신소재공학과, 해양신소재융합공학과 등

진출 직업은?

재료공학기술자, 신소재공학기술자, 금속공학기술자, 금속재료공학시험원, 나노공학기술자, 변리사, 비파괴검사원, 전자의료기기개발기술자, 나노소재품질시험원, 나노소재연구원, 비금속공학기술자, 비누 및 화장품공학기술자, 석유화학공학기술자, 섬유공학기술자, 섬유 및 염료시험원, 의약품화학공학기술자, 전자계측제어기술자, 전자의료기기개발자, 전자제품개발자, 중등학교 교사(재료) 등

주요 교육 목표

전공 지식과 현장 적응력을 갖춘 인재 양성

미래 기술을 선도할 수 있는 인재 양성

윤리 의식과 합리적인 사고를 지닌 인재 양성

창의적인 기술을 창조할 수 있는 인재 양성

리더십을 지닌 인재 양성

융합 지식을 갖춘 창의적 인재 양성

취득 가능 자격증은?

- ☑ 금속기사
- ☑ 반도체설계기사
- ☑ 반도체설계산업기사
- ☑ 섬유물리기사
- ☑ 세라믹기술사
- ☑ 세라믹기사
- ☑ 세라믹산업기사
- ☑ 금속재료기사
- ☑ 금속재료산업기사
- ☑ 섬유화학기사
- ☑ 주조산업기사
- ☑ 표면처리산업기사
- ☑ 중등학교 2급 정교사(재료) 등

추천 도서는?

- 세계를 바꾼 12가지 신소재(북라이프, 사토 겐타로, 송은애 역)
- 신소재 이야기(자유아카데미, 김영근 외)
- 한 권의 화학(프리텍, 데릭 B. 로, 최가영 역)
- 배터리 전쟁(위즈덤하우스, 루카스 베드나르스키, 안혜림 역)
- 배터리의 미래(이음, M. 스탠리 위팅엄 외, 최장욱 역)
- 이차전지 승자의 조건(길벗, 정경윤 외)
- 신소재, 4차 산업혁명을 이끄는 힘(도서출판 홍릉, 한상철 외)
- 한 권으로 읽는 4차 산업혁명(책들의정원, 강규일)
- 빅데이터가 만드는 제4차 산업혁명(북카라반, 김진호)
- 공학자의 세상 보는 눈(시공사, 유만선)
- 위대한 발견과 발명들(코스모스, 정태성)
- 볼트와 너트, 세상을 만든 작지만 위대한 것들의 과학
  (어크로스, 로마 아그라왈, 우아영 역)
- 우주로 간 발명 수업(명랑한책방, 도미닉 윌콕스 외, 정수진 역)
- 제프 베조스, 발명과 방황(위즈덤하우스, 제프 베조스, 이영래 역)
- 자연은 어떻게 발명하는가(루키, 닐 슈빈, 김명주 역)
- 예술의 발명(바다출판사, 래리 샤이너, 조주연 역)
- 이기적 유전자(을유문화사, 리처드 도킨스, 홍영남 외 역)
- 부분과 전체(서커스, 베르너 하이젠베르크, 유영미 역)
- 과학 혁명의 구조(까치글방, 토마스 S. 쿤, 김명자 외 역)
- 엔트로피(세종연구원, 제레미 리프킨, 이창희 역)
- 춤추는 술고래의 수학 이야기
  (까치, 레오나르드 믈로디노프, 이덕환 역)
- 파인만의 여섯 가지 물리 이야기
  (승산, 리처드 파인만, 박병철 역)
- 과학으로 세상 보기(한승, 이창영)
- 과학으로 수학 보기 수학으로 과학 보기
  (궁리, 김홍종 외)

학과 주요 교과목은?

기초 과목	공업수학, 미분적분학, 일반물리학, 일반화학, 소재기초과학, 소재열역학, 결정구조와 결함, 신소재공학실험, 신소재와 미래과학기술 등
심화 과목	금속소재개론, 세라믹소재개론, 소재공정디자인, 소재분석기기, 소재가공학, 재료수치해석, 나노과학과 기술, 환경에너지소재, 바이오소재, 고분자재료구조물성, 물리금속, 물리화학, 바이오재료개론, 반도체재료, 반응속도론, 상평형론, 세라믹재료개론, 에너지환경재료, 유기재료화학, 유기재료개론, 응고 및 결정성장, 재료기계물성, 재료공학실험1·2·3, 재료구조물성, 재료수치해석, 재료열역학, 재료전자기물성, 전자 및 반도체재료공학, 전자세라믹스, 창의설계(영강), 컴퓨터언어 및 실습, X-선결정학 등

졸업 후 진출 분야는?

기업체	기계 부품 및 자동차 부품 관련 기업체, 반도체 및 각종 전기 전자 부품 기업체, 디스플레이, IT 및 컴퓨터 관련 기업체, 의료 기기 및 환경 관련 기업체, 신소재 및 촉매 관련 산업체, 신약 및 생물 소재 관련 산업, 제약 회사, 무기 재료 관련 기업, 에너지 산업 기업(전지, 태양열 전지, 연료 전지 분야) 등
연구 기관	전자 및 반도체 회사 연구소, 석유 화학 회사 연구소, 고분자 회사 연구소, 제약 회사 연구소, 한국전자통신연구원, 한국화학연구원, 재료연구소, 감정 평가 분야 기관 등
정부 및 공공 기관	산업 정책 관련 공무원, 중고등학교 교사, 특허청, 한국가스공사, 한국과학기술연구원, 한국기계연구원, 생산기술연구원 등

전공 관련 선택 과목은?

▶ 국어, 영어 교과는 모든 학문의 기초적인 성격을 가진 도구교과로 모든 학과에 이수가 필요하여 생략함.

수능 필수	화법과 언어, 독서와 작문, 문학, 대수, 미적분Ⅰ, 확률과 통계, 영어Ⅰ, 영어Ⅱ, 한국사, 통합사회, 통합과학, 성공적인 직업생활(직업)		
교과군	선택 과목		
	일반 선택	진로 선택	융합 선택
수학, 사회, 과학	대수, 미적분Ⅰ, 확률과 통계, 물리학, 화학	기하, 미적분Ⅱ, 역학과 에너지, 전자기와 양자, 물질과 에너지, 화학 반응의 세계	수학과제 탐구, 기후변화와 지속가능한 세계, 기후변화와 환경생태, 융합과학 탐구
체육·예술			
기술·가정/정보	기술·가정, 정보		창의 공학 설계
제2외국어/한문			
교양	생태와 환경		

학교생활기록부 관리는?

출결 사항	• 미인정(무단) 결석이나 지각, 조퇴 등이 있으면 인성 영역 등에서 부정적 평가를 받을 가능성이 높아요. • 근태 사항이 개근이 되도록 관리해요.
자율·자치활동	• 공학 분야에 대한 관심과 흥미를 바탕으로 다양한 교내외 활동을 통해 리더십, 책임감, 창의력, 의사 결정 능력, 협업 능력이 드러나도록 하세요.
동아리활동	• 공학 관련 동아리 활동에 참여하세요. • 과학 실험, 과학 탐구, 수학 관련 동아리 활동도 권장해요. • 가입 동기, 본인의 역할, 배운 점, 느낀 점 등이 함께 기록되도록 해요. • 학교에서 주관하는 장애인, 다문화 가정 학생 돕기, 양로원 봉사 활동 등 사회 소외 계층을 대상으로 하는 봉사 활동을 하세요. • 학교내에서 타인을 위해 할 수 있는 지속적인 봉사 활동을 하세요.
진로 활동	• 신소재공학 분야 관련 학과 및 직업의 정보 탐색 활동을 권장해요. • 신소재공학 관련 기관, 학과에서의 직업 체험 활동이 중요해요. • 공학 분야와 관련성이 깊은 탐구 활동을 통해 진로 역량이 드러나도록 하세요.
교과학습발달 상황	• 수학, 물리학, 화학 등 이공계와 관련된 교과 성적은 상위권으로 유지하고, 관련 교과 수업에서 발휘한 역량이 기록될 수 있도록 수업에 적극 참여하세요. • 수학, 과학 관련 과목의 학습 성취도나 참여도, 노력 등이 교과 세부 능력 및 특기 사항에 기록될 수 있도록 관리하세요.
독서 활동	• 인문학, 철학, 역사, 공학 등 다양한 분야의 책을 읽으세요. • 재료공학, 소재 산업, 4차 산업 혁명 등과 관련된 도서, 잡지, 신문 읽기도 권장해요.
행동 발달 특성 및 종합 의견	• 창의성, 문제 해결 능력, 리더십, 전공 적합성 등이 드러나도록 하세요. • 도전 정신, 인성(나눔과 배려), 성실성, 발전 가능성이 드러나도록 하세요.

스마트 그리드에 대해 알아볼까요?

➡️ 스마트 그리드는 '똑똑한'을 뜻하는 'Smart'와 전기, 가스 등의 공급용 배급망 혹은 전력망이란 뜻의 'Grid'가 합쳐진 단어예요. 스마트 그리드는 기존 전력망에 정보 통신 기술을 더해 전력 생산과 소비 정보를 양방향, 실시간으로 주고받음으로써 에너지 효율을 높이는 차세대 전력망이에요.

➡️ 스마트 그리드는 전기 공급자와 생산자들에게 전기 사용자 정보를 제공함으로써 보다 효과적으로 전기 공급을 관리할 수 있도록 해 주는 서비스로, 전기와 정보 통신 기술을 활용해 전력망을 지능화·고도화하여 고품질 전력 서비스를 제공하고, 에너지 이용 효율을 극대화해요.

전기공학기술자란?

전기 에너지는 모든 에너지의 중심입니다. 화석 연료·수력·원자력·풍력·조력·태양 에너지 등의 자연 에너지를 전기 에너지로 변환하고, 이 전기 에너지는 다시 빛, 열, 동력 등과 같은 다른 형태의 에너지로 변환되어 우리의 삶을 더욱 편리하게 해 주고 있습니다.

최근에는 지하철이나 카페에 머무르면 휴대폰이나 노트북 배터리가 저절로 충전되는 무선 충전 기술이 발달하여 언제 어디서든지 자동으로 충전이 가능하게 되었고, 전기 버스가 다니는 도로 밑에 전선을 깔아 자기장을 만들어 내면 버스 아래쪽에 있는 집전장치에서 전기 에너지로 바꿔 전기 버스의 배터리에 충전이 되는 기술도 개발되었습니다. 이러한 무선 전력 전송 기술의 발전으로 인해 우주 태양 발전도 가능할 것으로 예상되며, 또한 이 기술이 상용화될 것으로 예상되는 2030~2040년쯤에는 에너지 분야에서 대혁명이 일어날 것으로 전망됩니다. 에디슨이 1882년 뉴욕에 발전소를 세워 처음으로 전기를 생산한 이후, 현재의 첨단 무선 전력 전송 기술에 이르는 눈부신 발전이 있기까지는 전기공학기술자의 노력이 있었습니다.

전기공학기술자
전기공학과

공학계열

전기공학기술자가 되려면 전기 에너지를 다른 형태의 에너지로 변환하여 제어하는 방법을 연구하고, 전기의 발생과 수송 및 효과적 활용에 관해 연구하는 전기공학을 전공합니다. 전기공학은 일반적으로 전기, 전자, 전자기에 대한 연구와 응용 분야를 다루는 광범위한 공학 분야로, 초기에는 전기, 전자, 전자기 등에 관련된 모든 분야를 다루었으나 최근 기술 발달이 심화됨에 따라 전기공학, 전자공학, 통신공학, 제어계측공학 등으로 세분화되었습니다. 전기공학은 태양광 발전, 풍력 발전 등의 신재생 에너지 분야, 로봇, 전기 자동차, 자기 부상 열차, 초전도에 의한 에너지 저장, 전력선 통신, 스마트 그리드, 전기 재료의 개발 등 다양한 분야와 관련되어 있습니다. 이처럼 전기공학은 전기 에너지를 활용하는 모든 산업과 연관되어 있고, 인간 생활을 보다 쾌적하고 편리하게 하는 데 크게 기여하는 학문입니다.

전기공학기술자는 고품질 전기를 만들어 내고, 수송과 소비에 필요한 각종 설비와 부품 등을 연구·개발하며, 각종 전기 설비 설계 및 시공, 감리, 유지 보수를 담당합니다.

153

전기공학기술자가 하는 일은?

전기공학기술자는 전기 에너지를 만들고 사용하는 곳까지 전달하는 데 필요한 장치 등을 연구·개발하고, 설치·유지·보수하는 일을 하는 전문가입니다. 전기는 모든 분야에 기반이 되는 에너지이기 때문에 전기공학기술자가 하는 일이 다양하지만, 그 분야는 크게 전기를 만들고 전달하는 분야, 전기와 관련된 부품과 기기를 개발·생산·설치하는 분야로 구분됩니다.

정전이 될 경우 일상생활에 미치는 영향이 매우 크므로 전기공학기술자는 전기 사고에 대한 책임감이 크고, 때로는 24시간 비상근무를 하기 때문에 정신적·육체적 스트레스는 상대적으로 높은 편입니다. 초고압 전류를 다루기 때문에 감전이나 화재와 같은 안전사고에 항상 노출되어 있어 많은 주의가 필요합니다.

> » 전기 장비나 시설, 부품, 가정용 전기 시스템, 철도 신호, 전기 설비 등을 계획하고 설계합니다.
> » 발전에서 송전, 변전, 배전까지 안정적이고 효율을 높일 수 있는 설비와 새로운 기술을 연구하고 개발합니다.
> » 발전소의 제어 시스템을 관리하고, 발전과 관련한 기술적인 업무를 수행합니다.
> » 발전소와 송전 및 변전 시설의 설치를 계획하고, 시공 및 관리·운영합니다.
> » 전기 공사 비용 견적을 위한 인력, 재료 및 장비 등에 대한 명세서를 작성합니다.
> » 각종 전력 시설물의 계획서, 설계 도면 등의 관련 서류를 작성합니다.
> » 전기 공사 과정에서 각종 전기 설비가 도면대로 시공되는지 관리·감독합니다.
> » 전기 공사 과정에 문제가 있으면 고치도록 지시합니다.
> » 전기 부품, 전기 기기에 필요한 전기 제어 시스템 등을 설계·개발·제조합니다.
> » 전기 부품, 전기 제품 등을 개발·설계하고, 검사·평가합니다.
> » 각종 전기 설비의 안전을 위해 안전 검사를 하고, 사고가 발생하면 사고 조사와 사고 예방을 위한 대책을 수립합니다.
> » 전력 시스템 및 발전소에 관한 자료를 평가·분석하며, 운영 효율성에 대한 개선점을 권고합니다.
> » 전력 시스템 문제를 확인하고, 개선하기 위해 현장 조사를 수행합니다.

Jump Up

발전, 송전, 변전, 배전에 대해 알아볼까요?

전기가 만들어져서 우리에게 전달되기 위해서는 발전→송전→변전→배전의 과정을 거치게 돼요. 발전소에서 발전을 통해 화학 에너지, 열에너지 등을 전기 에너지로 바꾸면, 발전소에서 만든 전기를 변전소로 나르는데, 이를 송전이라고 해요. 전기를 먼 곳으로 송전하기 위해서 전압을 올리고 반대로 배전하기 위해 전압을 내리는데, 이를 변전이라 하고, 마지막으로 변전소에서 주택이나 공장 등 사용자에게 전기를 전달하는 것을 배전이라고 해요.

전기공학기술자
커리어맵

관련기관
- 대한전기협회 www.kea.kr
- 한국전기학회 www.kiee.or.kr
- 한국전기기술인협회 www.keea.or.kr
- 한국전기안전공사 www.kesco.or.kr
- 한국전기연구원 www.keri.re.kr

준비방법
- 수학 및 과학 교과 기본 지식 습득
- 과학 및 공학 관련 동아리 활동
- 과학 잡지 구독
- 전기 제품 관련 각종 전시회 탐방
- 발전소 견학
- 컴퓨터 역량 키우기

적성과 흥미
- 수학, 물리학, 화학, 정보교과에대한흥미
- 호기심과 탐구심
- 기계에 대한 관심
- 대인관계능력
- 의사소통 능력
- 리더십
- 분석적 사고 능력
- 주의력
- 판단력
- 도전 의식
- 집중력
- 책임감

관련학과
- 전기공학과
- 전기공학부
- 전기공학전공
- 전기전자교육과
- 전기전자융합학과
- 전기전자공학과
- 전기정보공학과
- 전기제어공학과
- 에너지전기공학과
- 전기시스템공학과
- 메카트로닉스공학과
- 전기제어계측공학부

전기공학기술자

흥미유형
- 탐구형
- 현실형

관련교과
- 수학
- 과학
- 기술·가정
- 정보
- 환경

관련자격
- 전기기사
- 전기산업기사
- 전기기술사
- 전기공사기사
- 발송배전기술사
- 전기공사산업기사
- 전기응용기술사
- 전기안전기술사
- 건축전기설비기술사
- 신재생에너지발전설비 산업기사
- 신재생에너지발전설비기사
- 전기철도기사
- 전기철도산업기사
- 전기철도기술사
- 중등학교 2급 정교사(전기)

관련직업
- 전기설계기술자
- 발전설비기술자
- 전기안전관리자
- 계장기술자
- 전기감리기술자
- 송배전설비기술자
- 변전설비기술자
- 전기계측제어기술자
- 전기안전기술자
- 전기제품개발기술자
- 전기전자시험원
- 중등학교 교사(전기)

적성과 흥미는?

전기공학기술자에 관심이 있다면 전기공학과 관련성이 깊은 수학, 물리학, 화학 교과에 대한 관심과 기본적인 학업 역량을 갖추기 위해 노력해야 합니다. 전기공학기술자는 전기, 기계, 전자 회로, 에너지, 통신과 같은 분야에 흥미가 있어야 하고, 전기와 관련된 설비, 장비 등을 연구하고, 새로운 시스템이나 기계를 개발하기 위해 논리적인 능력과 분석적 능력이 필요합니다.

전기의 생산과 수송, 그리고 소비에 필요한 설비, 장비, 부품 등을 연구하고 개발해야 하므로 탐구형과 현실형의 흥미를 가진 사람에게 적합합니다. 컴퓨터와 전자공학에 흥미가 있어야 하며, 전기를 다루는 과정에서 안전사고가 발생할 수 있으므로 주의력이 뛰어나고, 판단력이 뛰어난 사람, 꼼꼼한 성격을 가진 사람에게 유리한 직업입니다.

전기 분야는 여러 분야의 전문가들과 함께 협업 작업을 많이 하기 때문에 원만한 대인 관계 능력, 의사소통 능력, 리더십도 중요합니다.

전기공학기술자는 항상 새로운 분야에 대한 도전 의식과 새로운 것을 찾고자 하는 상상력과 창의력을 갖추는 것이 중요하고, 당면한 여러 문제를 포기하지 않고 끝까지 해결하고자 하는 근면함과 열정과 인내심이 필요합니다. 전기 분야는 빠르게 발전하므로 호기심이 많고, 새로운 것을 잘 받아들이면 도움이 됩니다.

전기공학기술자가 되고자 한다면 인문학, 철학, 공학 등 다양한 분야의 독서를 통해 사고의 폭을 확장시키고, 의사 결정 능력과 대인 관계 증진을 위한 각종 프로그램에 적극 참여하는 것을 권장합니다.

전기공학기술자 커리어맵

관련 학과 및 자격증은?

➡ 관련 학과: 전기공학과, 전기공학부, 전기공학전공, 전기전자교육과, 전기전자융합학과, 전기전자공학과, 전기정보공학과, 전기제어공학과 , 전기제어계측공학부, 에너지전기공학과, 전기시스템공학과, 메카트로닉스공학과 등

➡ 관련 자격증: 발송배전기술사, 전기공사기사, 전기기기기능사, 전기산업기사, 전기기사, 전기기능장, 전기공사산업기사, 전기응용기술사, 전기안전기술사, 발송배전기술사, 건축전기설비기술사, 신재생에너지발전설비기능사, 신재생에너지발전설비산업기사, 신재생에너지발전설비기사, 전기철도산업기사, 전기철도기사, 전기철도기술사, 중등학교 2급 정교사(전기) 등

Jump Up

계장기술자에 대해 알아볼까요?

'계장'이란 계기를 장비한다는 뜻으로, 프로세스에 적합한 계측 제어 시스템을 고려하여 적절히 배치하는 것을 의미해요. 계장 기술은 주로 공장 자동화 분야에서 생산 설비를 보다 합리적으로 운전하기 위해 발전된 것으로, 이른바 공업 계측이 그 중심이에요. 계장기술자는 산업용 플랜트(기계, 전기, 화공 등)나 건설용 장비(운송 장비 등)의 자동 제어, 계측 장치 등을 설계·제작·조정하는 사람을 말해요.

진출 방법은?

전기공학기술자가 되기 위해서는 대학에서 전기공학 관련 학과는 물론, 전자공학, 통신공학, 원자력공학 관련 학과를 졸업해도 진출이 가능한데, 그 이유는 업무 분야 중에 전자, 통신, 원자력 관련 기술들이 사용되기 때문입니다.

전기공학기술자는 대학을 졸업하면 전력 회사, 발전소, 전기 기기 설비 업체, 감리 업체, 통신 업체, 엔지니어링 업체, 종합 건설 회사, 기업체 부설 연구소, 국공립 전기 관련 연구소 등에 취업하여 전기 관련 업무를 하게 됩니다.

일부 전기 공사는 일정 인원 이상의 자격증 소지자가 반드시 참여하도록 법으로 규정하고 있기 때문에 전기 설계·시공·감리 업체에서는

전기공학 자격증 소지자에 한해 채용 공고를 내기도 합니다. 따라서 관련 자격증을 소지하고 있으면 취업에 유리합니다. 기업 연구소, 국공립 전기 관련 연구소 등에서 연구 개발 분야의 업무를 수행하기 위해서는 대학원에 진학해 석사 및 박사 과정에서 전문적인 지식을 배워야 합니다. 대학원 과정이 반드시 필요한 것은 아니지만 전공 지식을 깊이 있게 습득하거나 승진 시 도움이 되기도 합니다. 전기공학기술자는 일정 이상의 경력을 쌓은 후에 전기 공사·감리 시공 업체 등을 본인이 직접 운영하기도 하고, 전문 기술을 인정받아 후진 양성을 위해 학계로도 진출할 수 있습니다.

관련 직업은?

전기설계기술자, 발전설비기술자, 전기안전관리자,
계장기술자, 전기감리기술자, 송배전설비기술자,
변전설비기술자, 전기계측제어기술자,
전기안전기술자, 전기제품개발기술자,
전기전자시험원, 중등학교 교사(전기) 등

미래 전망은?

친환경 전기 에너지, ICT 융합 제어 시스템, 지능형 전기 자동차, 자기 부상 전기 철도, 생체 신호 및 바이오 장비, 의료 및 실버 로봇, 인공 지능, 첨단 자동화 플랜트 설계, 지능형 구조물 안전 진단 등 최근의 전기공학의 학문 영역은, 기존의 전기 에너지 공급, 신호 처리, 반도체 및 전기 재료 등에 머물지 않고, 끊임없이 관련 학문 영역과의 융합을 통해 새로운 영역을 만들고 있습니다. 전기공학 분야는 다양한 학문과의 융합을 통해 21세기 지식 정보화 사회를 발전시키는 데 핵심적인 역할을 수행하고 있습니다.

향후 전기공학기술자의 고용은 증가할 것으로 전망됩니다. 전기공학은 현대 국가의 안전, 행정, 산업, 경제 등에 필수적인 전기 에너지의 생산과 분배, 그리고 효율적 이용에 관한 에너지 저장 기술의 응용 기술에 사용되고 있습니다. 더 나아가 스마트 그리드 산업의 발전과 태양광·태양열·풍력·바이오 등을 이용하는 신재생 에너지 설비의 보급 확대, 신재생 에너지 개발과 응용, 전력 계통과 연계한 배터리 수요 증가, 저공해 환경 설비 개발, 전기 자동차를 포함한 지능형 첨단 수송 기기 개발 등과 관련해서도 주도적인 역할을 하고 있습니다. 전기공학 분야의 기술력이 국가 경쟁력을 좌우할 만큼 그 중요성이 커지고 있기 때문에 전문적인 지식을 갖춘 전기공학기술자의 고용 기회는 증가할 것으로 예상됩니다.

Jump Up

에너지 하베스팅이 무엇인지 알아볼까요?

'에너지 하베스팅(energy harvesting)'은 그냥 버려지는 에너지를 수집해 전기로 바꿔 쓰는 기술이에요. 예를 들어, 집이나 사무실 조명에서는 빛 에너지가 나오고, 우리가 한 걸음씩 걸을 때마다 발바닥이 바닥을 누르는 압력 에너지가 생기지요. 마찬가지로 자동차, 기차, 비행기 등이 움직일 때도 극심한 진동과 열이 발생하는데, 이들 모두가 에너지예요. 이런 버려지는 에너지를 수집해 전기로 바꾸어 사용하는 것이 바로 에너지 하베스팅이에요.

전기공학과
전기공학기술자 전공 분석

어떤 학과인가?

가장 기본적으로 사용되는 에너지는 전기입니다. 주위에서 쉽게 볼 수 있는 전자시계와 같은 각종 생활 가전에서부터 로봇이나 정밀 시스템과 같은 산업용 기기를 작동할 때도 모두 전기 신호를 사용합니다. 이렇듯 전기는 공학 전반에 걸쳐 가장 기본이 되는 에너지이면서, 화석 연료의 고갈로 인해 대체 에너지가 필요한 시점에서 가장 주목받는 에너지이기도 합니다.

전기공학은 이러한 전기의 생산부터 전송, 소비까지 모든 분야를 연구하는 학문입니다. 전기공학은 세부적으로 전력 시스템 및 전력 변환 분야, 플라즈마 및 대전력 분야, 전기 재료 분야, 시스템 제어 분야로 구분됩니다. 또 이 분야를 크게 두 가지로 분류한다면, 첫 번째로 전기를 생산하는 전력 전자와 전력 시스템 분야, 두 번째로 생산된 전기 에너지를 전송하고 사용하는 전기 에너지 변환과 시스템 제어 분야로 분류할 수 있습니다. 시스템 제어 분야에서는 전기 에너지를 이용한 통신 분야까지 확장하여 배우게 됩니다. 이렇듯 전기공학은 미래 에너지 문제의 해결책인 전기 에너지의 발생, 변환, 전달, 소비 등 전 범위에 걸친 분야를 모두 배우게 됩니다.

전기공학과는 전기와 자기의 흐름, 전기를 만들 수 있는 다양한 에너지원, 그리고 정보 전달 도구로써의 전기에 대해 연구하고, 이를 응용하는 학문을 교육합니다. 또한 에너지를 생산, 전달, 소비하는 데 쓰이는 부품, 기기, 시스템에 대해 교육하고, 미래 기술 발달에 기여할 수 있는 전문가를 양성합니다.

교육 목표와 교육 내용은?

전기공학과에서는 이론 및 실험 교육과 현장 연계를 통한 실무 교육의 병행을 통해 시대 요구에 부응하는 기술력과 창의력을 갖춘 전문 기술인을 양성합니다. 첨단화·고도화되는 산업 사회에서 필요한 전기공학 관련 전문 기술인을 양성하고자 전문화된 교육 장비 및 교육 내용을 개발하고, 국가 발전의 기초가 될 인재를 육성합니다.

학과에 적합한 인재상은?

수학이나 물리학, 화학 등 기초 과학에 기본 지식과 흥미가 있어야 하고, 다양한 공학 지식과 이론을 잘 응용할 수 있는 능력이 필요합니다. 공학 및 과학적 원리에 기초한 논리적 추리력과 창의력이 필요하고, 수리 능력에 대한 관심과 재능이 있다면 매

» 현장 실습과 프로젝트를 통해 실질적인 문제 해결 능력과 사회 적응력을 갖춘 인재를 양성합니다.
» 다른 학문 전공자와 의사소통이 가능한 폭넓은 지식 및 소양을 갖춘 인재를 양성합니다.
» 새로운 지식과 기술을 개발하여 세계적으로 경쟁력을 갖춘 인재를 양성합니다.
» 직업 윤리 및 팀워크를 중시하는 교양 있는 전기공학인을 양성합니다.
» 전기 에너지 및 제어 분야의 발전을 주도할 수 있는 창조적 기술인을 양성합니다.

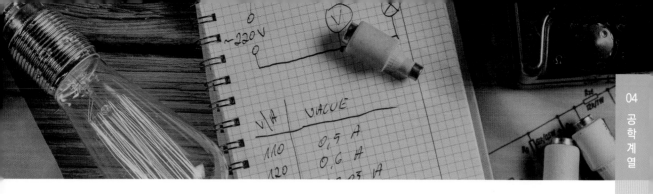

우 유리합니다. 특히 전기, 기계, 전자 회로, 에너지, 통신과 같은 분야에 흥미가 있고, 복잡한 시스템의 구조를 정확하게 분석하고, 이해할 수 있는 능력이 있으면 유리합니다.

또한 항상 새로운 분야에 대한 도전 의식과 새로운 것을 찾고자 하는 상상력이 있어야 하며, 창의력이 매우 중요합니다. 새로운 것을 찾는다는 것은 기본 지식이 필요하기 때문에 성실한 자세로 다방면의 지식을 습득하는 근면함과 인내력도 필요합니다. 전기공학은 연구·개발하는 분야가 많아 논리적이고 분석적인 자세와 전기공학을 배우는 과정에서 실제로 전기 회로를 만들거나 각종 전기 부품을 다루는 일이 많으므로 손재주도 있어야 합니다.

집중력이 뛰어나고, 풍부한 독서 활동으로 다양한 분야에 걸친 상식과 사고를 지녔으며, 원인과 결과를 분석하여 상관관계를 찾는 데 흥미가 있고, 게임을 하다가도 '이 게임은 어떻게 만들었을까?' 하고 관심을 갖는 사람에게 적합합니다.

주요 교육 목표

공학적 문제 해결 능력을 지닌
인재 양성

문제를 해결하고 선도할 수
있는 창의적 인재 양성

윤리적 책임 의식과
협동심을 지닌 인재 양성

창의적인 설계 능력을 지닌 인재 양성

팀워크 능력을 지닌 인재 양성

글로벌 리더십을 지닌 인재 양성

관련 학과는?

전기전자공학과, 전기정보공학과, 전기공학부, 전기공학전공, 전기전자교육과, 전기전자융합학과, 전기전자통신공학부, 전기제어계측공학부, 전기전자제어공학부, 전기제어공학과, 에너지전기공학과, 전기시스템공학과, 스마트공학부 전기에너지공학전공 등

진출 직업은?

전기공학기술자, 발전설비기술자, 송배전설비기술자, 전기계측제어기술자, 전기설비설계기술자, 전기감리기술자, 전기안전기술자, 전기제품개발기술자, 공학계열 교수, 기술직 공무원, 변리사, 공장자동화전기설비기술자, 전기콘트롤패널설계기술자, 전기장비제조및 수리기술자, 전기 및 전자설비조작원, 중등학교 교사(전기) 등

 ## 취득 가능 자격증은?

☑ 전기산업기사 ☑ 전기기사
☑ 전기기능장 ☑ 전기공사기사
☑ 전기응용기술사 ☑ 전기안전기술사
☑ 정보통신기사 ☑ 전기철도기사
☑ 전기공사산업기사
☑ 발송배전기술사
☑ 건축전기설비기술사
☑ 신재생에너지발전설비기능사
☑ 신재생에너지설비산업기사
☑ 신재생에너지설비기사
☑ 정보통신산업기사
☑ 전기철도산업기사
☑ 전기철도기술사
☑ 중등학교 2급정교사(전기) 등

추천 도서는?

- 4차 산업혁명 시대의 생활과 전기전자
  (GS인터비젼, 정용욱 외)
- 생활과 전기전자(GS인터비젼, 신윤기)
- 전기의 역사(기파랑, 이봉희)
- 일렉트릭 유니버스(글램북스, 데이비드 보더니스, 김명남 역)
- 기초 전기공학(성안당, 김갑송)
- 교양으로 읽는 반도체 상식
  (시그마북스, 고죠 마사유키, 정현 역)
- 데이터 인문학(한빛미디어, 김택우)
- 그리드(동아시아, 그레첸 바크, 김선교 역)
- 시간여행을 위한 최소한의 물리학
  (미래의창, 콜린 스튜어트, 김노경 역)
- 모든 순간의 물리학(쌤앤파커스, 카를로 로벨리, 김현주 역)
- 물질의 물리학(김영사, 한정훈)
- 물질의 재발견(김영사, 정세영 외)
- 한 번 읽으면 절대 잊을 수 없는물리
  교과서(시그마북스, 이케으에 쇼타, 이선주 역)
- 맥스웰이 들려주는 전기 자기 이야기
  (자음과모음, 정완상)
- 클라우스 슈밥의 제4차 산업 혁명 더 넥스트
  (새로운현재, 클라우스 슈밥, 김민주 외 역)
- 열정과 야망의 전기 이야기(대영사, 김석환)
- 상상 오디세이(다산북스, 최재천 외)
- NEW 전기를 알고 싶다(골든벨, 박형술 외)
- 페르마의 마지막 정리
  (영림카디널, 사이먼 싱, 박병철 역)
- 이기적 유전자(을유문화사, 리처드 도킨스, 홍영남 외 역)
- 문명으로 본 과학과 기술의 역사(동명사, 장병주 외)

학과 주요 교과목은?

기초 과목	전기회로, 회로이론, 전자기학, 자동제어, 배전계통운용, 신호 및 시스템, 디지털회로, 제어공학, 전자기장, 물리학 및 실험, 공업수학, 프로그래밍언어, 화학 및 실험, 디지털시스템, 기초전기공학실험, 현대물리학 등
심화 과목	반도체공학, 전기에너지공학, 로봇공학, 전기설비, 신호처리, 전력기기실험, 디지털시스템설계, 전기기기, 전력공학, 전력전자공학, 통신공학, 전기공학실험, 센서시스템공학, 에너지변환공학, 전기응용, 플라즈마공학, 응용전기공학실험, 에너지하베스팅, 현대제어이론, 반도체플라즈마, 전력전자제어 등

졸업 후 진출 분야는?

기업체	각종 전기 또는 전자 관련 제조 업체, 통신 회사, 전력 회사, 발전소, 전기 기기 설비 업체, 전기 안전 관리 업체, 중공업 회사, 자동차 업체, 건설 회사 등
연구 기관	전기·전자 관련 기업 연구소, 정부 출연 연구 기관 등
정부 및 공공 기관	중앙 정부 및 지방 자치 단체 전기 기술직 공무원, 한국전력공사, 기초전력연구원, 한국전기전자시험연구원, 전력거래소, 한국수력원자력, 철도공사, 도로공사, 지하철공사, 한국수자원공사, 한국전기안전공사, 한국전자통신연구원, 한국전파연구원, 특성화 고등학교, 대학 등

전공 관련 선택 과목은?

▶ 국어, 영어 교과는 모든 학문의 기초적인 성격을 가진 도구교과로 모든 학과에 이수가 필요하여 생략함.

수능 필수	화법과 언어, 독서와 작문, 문학, 대수, 미적분 I , 확률과 통계, 영어 I , 영어 II , 한국사, 통합사회, 통합과학, 성공적인 직업생활(직업)		
교과군	선택 과목		
	일반 선택	진로 선택	융합 선택
수학, 사회, 과학	대수, 미적분 I , 확률과 통계, 물리학, 화학	기하, 미적분 II , 전자기와 양자, 역학과 에너지	수학과제 탐구, 기후변화와 지속가능한 세계, 기후변화와 환경생태, 융합과학 탐구
체육·예술			
기술·가정/정보	기술·가정, 정보		창의 공학 설계, 지식 재산 일반
제2외국어/한문			
교양	생태와 환경		

학교생활기록부 관리는?

출결 사항	• 미인정(무단) 결석이나 지각, 조퇴 등이 있으면 인성 영역 등에서 부정적 평가를 받을 가능성이 높아요. • 근태 사항이 개근이 되도록 관리해요.
자율·자치활동	• 과학 탐구 활동 등을 통해 공학 분야에 대한 관심과 흥미가 드러나도록 아이디어 제안 및 문제 해결, 완성 등 일련의 활동 내역을 기록하세요. • 리더십, 책임감, 창의력, 문제 해결 능력, 의사 결정 능력, 협업 능력이 드러나도록 하세요.
동아리활동	• 컴퓨터, 프로그래밍, 소프트웨어 등 공학 관련 동아리 활동에 참여하세요. • 과학실험, 과학탐구, 수학 관련 동아리 활동을 권장해요. • 가입 동기, 본인의 역할, 배운 점, 느낀 점 등이 기록되도록 하세요. • 코딩, 아두이노, 파이썬, C언어 등과 같은 프로그래밍 언어를 학습하는 것을 권장해요. • 학교에서 주관하는 장애인, 다문화 가정 학생 돕기, 양로원 봉사 활동 등 사회 소외 계층을 대상으로 하는 봉사 활동을 하세요. • 학교내에서 타인을 위해 할 수 있는 지속적인 봉사 활동을 하세요.
진로 활동	• 전기공학 분야의 직업 탐색 활동을 권장해요. • 전기 관련 기관, 기업에서의 직업 체험 활동이나 전기공학 관련 학과 체험 활동이 매우 중요해요. • 전기공학과 관련성이 있는 탐구 활동을 통해 진로 역량이 드러나도록 하세요.
교과학습발달 상황	• 수학, 물리학, 화학, 정보, 기술·가정 등 전기공학과 관련된 교과 성적은 상위권으로 유지하세요. • 전기공학 관련 교과 수업에서 어떤 역량을 발휘했는지가 학교생활기록부에 기록되도록 수업에 적극 참여하세요. • 수업을 통해 과제를 탐구하고, 새로운 아이디어를 프로그램화하여 발표할 수 있도록 하세요.
독서 활동	• 인문학, 철학, 역사, 공학 등 다양한 분야의 책을 읽으세요. • 에너지, 원자력, 전기, 환경, 4차 산업 혁명, 인공 지능, 로봇 등과 관련된 도서, 잡지, 신문 읽기를 권장해요.
행동 발달 특성 및 종합 의견	• 창의성, 문제 해결 능력, 리더십, 발전 가능성, 전공 적합성 등이 드러나도록 하세요. • 도전 정신, 인성(나눔과 배려), 성실성, 의사 결정 능력, 자기 주도성, 발전 가능성이 드러나도록 하세요.

Jump Up

전자공학 분야에 대해 알아볼까요?

전자공학 분야는 크게 반도체, 통신, 회로 설계, 자동 제어, 신호 처리, 컴퓨터 등으로 구분할 수 있어요.

▶ 반도체: 반도체를 설계하고 만드는 것을 연구해요.

▶ 통신: 유·무선 통신으로 정보를 빠르고 정확하게 주고받을 수 있는 방법을 연구해요.

▶ 회로 설계: 전자 제품에 들어가는 회로나 칩(Chip)을 설계하는 것을 연구해요.

▶ 자동 제어: 컴퓨터와 같은 장치를 이용하여 자동으로 기계를 원하는 대로 움직이게 하는 방법을 연구해요.

▶ 신호 처리: 영상, 음성 등과 같은 신호를 원하는 목적에 맞게 바꾸는 것을 연구해요.

▶ 컴퓨터: 컴퓨터 하드웨어의 구조나 칩(Chip)에 대해 연구해요.

전자공학기술자란?

일상생활에서 우리가 활용하고 있는 스마트폰, 컴퓨터, TV, 냉장고와 같은 전자 제품은 물론, 최근 대두되고 있는 전기 자동차, 수소 자동차, 로봇 청소기, 사물 인터넷, 인공 지능 기술, 사이버 원격 수업 등 새롭게 개발된 전자 제품과 전자 서비스는 우리 생활 속으로 들어와 삶을 편리하게 해 주고 있습니다.

이와 같이 과거에는 상상 속에만 머물렀던 제품들을 구현하는 기술은 전자공학기술자들이 노력하여 만들어 낸 발명의 결과라는 공통점이 있습니다. 앞으로 20~30년 후에는 지금보다는 더 발전된 또 다른 세상이 펼쳐질 것으로 예상되는데, 이를 위해서는 전자공학기술자의 역할이 매우 클 것입니다.

전자공학은 전자의 흐름인 전기를 에너지로 사용하여 우리 생활과 밀접한 제품들을 연구하고 개발하는 학문입니다. 1952년에 미국 전기전자학회(IEEE)에서는 전자공학을 '정보를 처리하거나 정보를 필요로 하는 장소로 보내어 기기를 제어하거나 사람의 감각이나 두뇌를 보완해 주는 과학 기술'이라고 정의하였습니다.

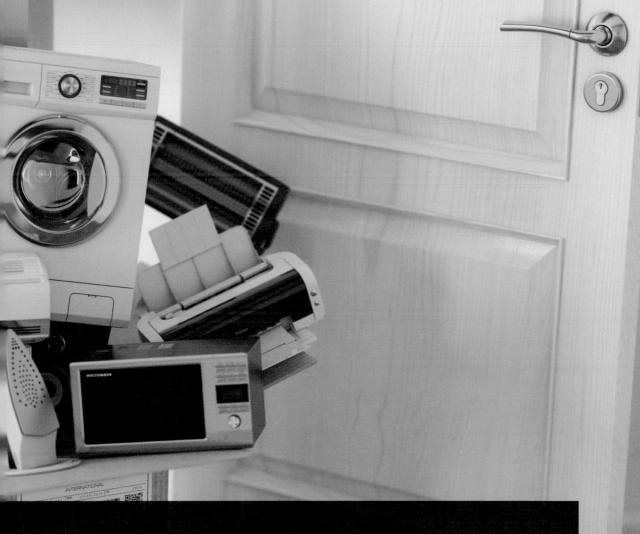

전자공학기술자
전자공학과

전자공학은 제2차 세계 대전 이전까지는 무선공학과 유사한 의미로 사용되었고, 활용 범위도 전기 통신이나 라디오, TV 등에 주로 한정되었으나 이후부터 다양한 전자 기기가 개발되면서 빠른 속도로 발전되었습니다. 전자공학 기술은 반도체의 원리를 이용하는 소자와 그 소자를 이용한 회로를 주로 사용하는데, 초고속 컴퓨터, 로봇, 인공 지능 기술, 사물 인터넷, 정보 통신 기술, 우주 과학에 이르기까지 첨단 기술의 발전을 이끄는 모든 과학 기술의 핵심에 해당합니다.

우리나라의 전자공학 기술 중에는 세계를 선도하는 기술이 많은데, 특히 메모리 분야와 박막 트랜지스터 액정 표시 장치(TFT LCD) 분야는 세계적으로도 앞선 기술력을 가지고 있는 상황입니다.

이와 같이 전자공학 기술을 활용하여 인간의 삶을 윤택하게 하는 데 필요한 다양한 전기 제품 및 서비스를 만들고, 기능을 향상시키기 위해 연구하는 사람을 전자공학기술자라고 합니다. 전자공학기술자는 사람들의 눈에 보이지 않는 세계 속에서 엄청난 일들을 수행하는 사람이라 할 수 있습니다. 전자공학기술자는 보다 더 작고, 보다 더 많은 정보와 기능을 담을 수 있는, 보다 더 처리 속도가 빠른, 제품을 개발하기 위해 부단히 노력하며 연구하고 있습니다.

전자공학기술자가 하는 일은?

전자공학기술자는 각종 전자 이론 및 다양한 지식을 활용하여 가전제품, 의료 기기, 컴퓨터, 반도체, 휴대폰 단말기, 사무 자동화 기기 등의 전자 시스템에 활용되는 각종 전자 회로와 전자 부품을 설계·개발하는 일을 합니다. 전자공학기술자가 연구·개발하는 데 있어 가장 중요한 핵심 기술인 반도체는 각종 첨단 전자 산업 부문뿐만 아니라 우리가 일상에서 흔히 사용하는 전자 제품에도 사용되어 우리의 삶을 윤택하게 만들기 때문에 '마법의 돌'이라고 부르기도 합니다.

전자공학기술자는 인간의 삶을 풍요롭게 하는 데 기여하기 때문에 직무를 수행하면서 보람과 자부심을 느낍니다. 하지만 창의적인 제품을 만든다는 것은 많은 시행착오를 겪어야 하기 때문에 개발 기간도 길고, 실패하는 경우도 많아서 정신적·육체적 스트레스가 큰 편입니다.

주로 연구소나 사무실 등 실내에서 연구 및 개발 업무를 하지만 때로는 제품 생산 현장에서 근무하기도 합니다. 외국 기업과 공동으로 작업을 하게 될 경우, 자주 해외 출장을 가거나 작업이 끝날 때까지 해외에 머물면서 일하기도 합니다. 제품 개발 과정에서 각종 전기 장비를 많이 다루기 때문에 작업 중에 감전이나 화재 등과 같은 안전사고에 노출될 위험성이 있으므로 주의가 요구됩니다.

» 전자 제품을 설계하고 개발하기 위해 가장 먼저 소비자의 의견을 파악하는 시장 조사를 합니다.
» 기존에 출시된 경쟁 업체 제품과 세계적인 기술 흐름 등을 분석합니다.
» 분석 결과를 토대로, 새롭게 개발하고자 하는 제품의 디자인과 생산 가능성 등을 제품 디자이너와 협의하고, 사업의 성공 여부를 분석합니다.
» 새로운 제품에 적합한 부품, 부속품, 회로 등을 설계합니다.
» 설계도가 완성되면 시제품을 만들어 진동이나 충격을 견디는 내구성, 강도 등 성능을 확인합니다.
» 시제품 성능 검사 후에는 생산 라인 구축에 대한 협의를 마친 후 본격적으로 제품을 제작합니다.
» 대량 생산 과정에서 발생할 수 있는 문제점과 불량품 생산 여부를 검사합니다.
» 제품 개발과 관련한 보고서를 작성하고, 신기술일 때에는 특허를 출원하기도 합니다.
» 전자 기기가 생산되는 과정을 관리·감독하는 업무를 담당합니다.
» 전자 장비, 시스템 등을 유지·보수하는 활동을 지휘하거나 조언을 합니다.

전자공학기술자 커리어맵

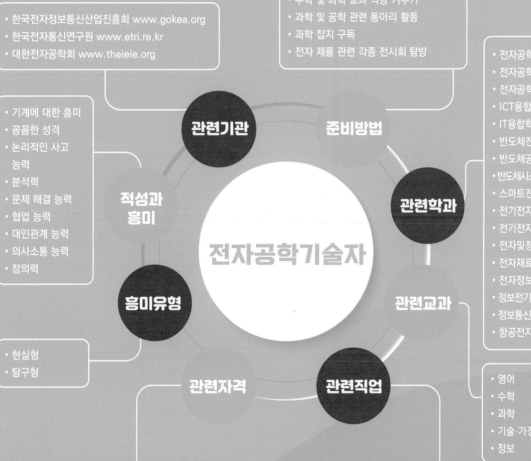

- 한국전자정보통신산업진흥회 www.gokea.org
- 한국전자통신연구원 www.etri.re.kr
- 대한전자공학회 www.theieie.org

- 수학 및 과학 교과 역량 키우기
- 과학 및 공학 관련 동아리 활동
- 과학 잡지 구독
- 전자 제품 관련 각종 전시회 탐방

관련기관

준비방법

적성과 흥미

- 기계에 대한 흥미
- 꼼꼼한 성격
- 논리적인 사고 능력
- 분석력
- 문제 해결 능력
- 협업 능력
- 대인관계 능력
- 의사소통 능력
- 창의력

관련학과

- 전자공학과
- 전자공학부
- 전자공학전공
- ICT융합공학과
- IT융합학과
- 반도체전자공학과
- 반도체공학과
- 반도체시스템공학과
- 스마트전자공학과
- 전기전자공학과
- 전기전자공학부
- 전자및정보공학과
- 전자재료공학과
- 전자정보공학과
- 정보전기전자공학과
- 정보통신전자공학부
- 항공전자공학과

전자공학기술자

흥미유형

- 현실형
- 탐구형

관련교과

- 영어
- 수학
- 과학
- 기술·가정
- 정보

관련자격

관련직업

- 전자기사
- 전자응용기술사
- 전자산업기사
- 전기계산기제어산업기사
- 중등학교 2급 정교사(전자)
- 광학기사
- 광학기기산업기사
- 임베디드기사
- 반도체설계기사
- 의공기사
- 의공산업기사

- 전자제품개발기술자
- 반도체공학기술자
- 나노공학기술자
- 전자계측제어기술자
- 전자의료기기 개발 및
  설계기술자
- 전자부품 개발 및 설계기술자
- 반도체소자연구원
- 디스플레이연구원
- 중등학교 교사(전자)

적성과 흥미는?

전자공학은 대부분이 과학적인 이론을 이해하고, 그것을 수학으로 풀어내어 적용하는 과정이기 때문에 전자공학기술자에 관심이 있다면 공학과 관련이 깊은 수학, 물리학, 기술·가정 교과에 대한 관심과 기본적인 학업 역량을 갖추어야 합니다. 또한 전자 회로나 부품에 대해 관심을 갖고, 무엇인가를 만드는 것을 좋아해 제품을 분해하거나 조립하는 것을 즐겨하고, 기계를 다루는 경우가 많으므로 손재주도 있어야 합니다.

전자공학기술자는 연구 개발 과정에서 분석하여 문제를 해결하는 경우가 많으므로 논리적 분석 능력, 문제 해결 능력도 필요합니다. 이와 함께 새로운 제품을 개발하기 위한 창의적 사고력과 개발 과정에서 생기는 문제를 끝까지 해결하려는 열정과 인내심, 제품 개발 과정에서 여러 분야의 전문가와 함께 일을 하기 때문에 협업 능력, 의사소통 능력, 원만한 대인 관계 능력을 갖추는 것도 필요합니다. 탐구형과 현실형의 흥미를 가진 사람에게 적합하며, 꼼꼼하고 스트레스를 잘 감내하는 성격의 사람에게 유리합니다.

이외에도 전기를 다루는 과정에서 안전사고가 발생할 수 있으므로 주의력이 뛰어나야 합니다. 또한 새로운 전자공학 기술을 습득하기 위해서는 영어 자료를 참조해야 하는 경우가 많으므로 영어 실력도 매우 중요합니다. 세밀하고 정밀한 작업을 주로 하기 때문에 꼼꼼한 성격을 가진 사람에게 유리하며, 기술 흐름의 변화를 읽을 수 있는 시야를 갖추는 것이 필요합니다. 대학에서 주관하는 각종 창의 공학 기술 캠프 활동에 참여하면 공학적 지식을 활용하여 기술에 적용할 수 있는 기회를 얻을 수 있습니다.

전자공학기술자 커리어맵

관련 학과 및 자격증은?

→ 관련 학과: 전자공학과, 전자공학부, 전자공학전공, ICT융합공학과, IT융합학과, 반도체전자공학과, 반도체공학과, 반도체시스템공학과, 스마트전자공학과, 전기전자공학과, 전기전자공학부, 전자및정보공학과, 전자재료공학과, 전자정보공학과, 정보전기전자공학과, 정보통신전자공학부, 항공전자공학과 등

→ 관련 자격증: 전자기사, 전자산업기사, 전자응용기술사, 반도체설계기사, 반도체설계산업기사, 의공기사, 의공산업기사, 전자계산기제어산업기사, 광학기사, 광학기기산업기사, 임베디드기사, 중등학교 2급 정교사(전자) 등

진출 방법은?

전자공학기술자가 되기 위해서는 전문 대학이나 대학에서 전자공학을 전공하거나 전기공학과, 반도체공학과, 통신공학과 등 관련 학과를 졸업해야 합니다. 대학을 졸업하면 보통 전자 제품을 만드는 가전 제품 제조 업체, 반도체 생산 업체, 전자 의료기 생산 업체, 사무 자동화 기기 생산 업체, 자동차·항공기·선박 제조 업체에 취업하여 주로 전자 회로나 컴퓨터 프로그래밍 관련 부서에서 근무하게 됩니다.

전자공학 관련 연구소에서 연구원으로 근무하려면 석사 이상의 학위가 필요합니다. 기업체의 연구소에 취업하게 되면 새로운 상품을 개발하거나 기존 제품보다 성능이 개선된 제품을 만들기 위한 연구 업무를 담당하게 됩니다.

일부는 실무에서 경험을 쌓은 뒤 벤처 업체를 창업하기도 하고, 기술 컨설팅, 기술 영업과 같은 부서로 이동하거나 관련 산업 분야로 이직하기도 합니다.

Jump Up

나노공학기술자에 대해 알아볼까요?

인간의 머리카락 한 가닥의 지름은 약 70마이크로미터(μm)라고 해요. 1나노미터(nm)는 마이크로미터보다 약 1/1,000 정도의 작은 단위로, 머리카락 굵기의 약 70,000분의 1 정도라고 할 수 있어요. 나노공학이란 이처럼 눈으로는 확인할 수 없는 보이지 않는 세계를 연구하면서 구조물을 만들고, 미세한 조작을 통해 새로운 물질, 새로운 제품을 만드는 분야를 말해요. 나노공학은 전기, 전자뿐만 아니라 바이오, 화학, 생명 등 학문적으로도 발전 가능성이 무궁무진한 분야이기 때문에 나노공학자가 다른 공학 분야에서 근무하는 경우가 많아지고 있어요.

관련 직업은?

전자제품개발기술자, 반도체공학기술자, 나노공학기술자, 전자계측제어기술자, 전자의료기기개발 및 설계기술자, 전자부품개발 및 설계기술자, 디스플레이연구원, 반도체소자연구원, 반도체공정기술연구원, 센서연구원, 정밀전자기기기술자, 산업용전자기기 및 영상기기 개발기술자, 가전제품개발 및 설계기술자, 정보통신단말기수리기술자, 중등학교 교사(전자) 등

미래 전망은?

전자공학은 응용 범위가 넓은 융·복합 학문으로, 반도체, 통신, 제어, 컴퓨터, 로봇, 광학, 바이오 등으로 그 범위가 갈수록 확장되고 있습니다. 더욱이 4차 산업 혁명 시대가 열리면서 전자공학 분야에 대한 관심도 증가하고 있습니다.

우리나라 10대 수출 주력 산업의 하나인 전자 산업은 선진국의 IT 경기 회복세에 힘입어 차세대 반도체에 대한 수요 급증, 스마트폰, 넷북, 태블릿 컴퓨터 등의 소비 수요의 증가세로 인해 관련 분야의 경기가 호조를 보일 것으로 전망됩니다. 이런 전망은 전자 산업 분야의 기존 설비의 교체 및 새로운 설비 투자의 증가 원인으로 작용하여 전자공학기술자의 고용 증가에 큰 영향을 미칠 것으로 예상됩니다.

특히 최근에 각광받고 있는 홈 네트워크, 차세대 PC, 지능형 서비스 로봇, 사물 인터넷, 자율 주행 자동차, 드론 등의 연구 개발에서도 전자공학 기술의 비중이 커지므로 전자공학기술자의 고용에 긍정적인 영향을 미칠 것으로 예상됩니다.

Jump Up

전기공학, 전자공학, 컴퓨터공학, 정보통신공학의 차이점은 무엇일까요?

전자공학은 반도체가 등장하면서 전기공학에서 전기를 이용하는 방법에 대해 연구하는 과정에서 발생한 학문이에요. 이후에 컴퓨터가 등장하면서 컴퓨터공학이 전자공학에서 독립하고, 전자공학의 한 분야인 통신에 대해 연구하는 정보통신공학도 전자공학에서 나오게 되었어요. 전기에서 전자가, 또 전자공학에서 컴퓨터공학과 정보통신공학이 나왔기 때문에 배우는 과목은 비슷해요. 이런 배경과 함께, 융합 시대를 맞아 학과 간의 경계도 희미해지면서 전기전자통신공학부, 전기전자컴퓨터공학부 등으로 학과가 통합하는 경향이 나타났어요.

학문 간 차이점은 전기공학은 전기를 이용하는 방법을, 전자공학에서는 반도체와 하드웨어 분야를, 컴퓨터공학은 컴퓨터의 소프트웨어 분야를, 정보통신공학은 네트워크를 주로 연구한다는 점이에요.

전자공학과
전자공학기술자 전공 분석

어떤 학과인가?

전자공학은 전자의 성질을 이용하여 만든 전자 신호로 기기나 장치를 움직이거나 정보를 처리하는 것을 연구하는 학문입니다. 전자공학은 컴퓨터, 반도체, 이동 통신, 가전, 로보틱스, 영상 등 다양한 분야의 기술 발전을 주도하므로 정보화·자동화 시대의 핵심 분야이기도 합니다.

전자공학과는 21세기 신성장 동력인 IT 기술의 기초 및 응용에 대한 교육과 연구를 수행하여 4차 산업 혁명을 이끌어 나갈 핵심 인재를 양성합니다. 따라서 전자, 전기에 대한 기본적인 이론과 반도체, 자동 제어, 의용 생체, 정보 통신, 컴퓨터, 신호 처리, 회로 설계 등의 전공 관련 이론과 실습 과정을 운영하고, 학문적·인성적 기본에 충실하며, 창의성, 전문성, 도전 정신을 갖추고 현장에서 리더십과 협동심을 발휘할 수 있도록 교육하고 있습니다.

교육 목표와 교육 내용은?

전자공학과에서는 첨단 전자 공학 분야에 필수적인 기술과 이론을 교육함으로써 국가 산업과 학문 발전에 이바지하며, 산업 현장에서 진취적으로 적응할 수 있는 핵심 전문 인력의 양성을 목표로 합니다. 빠르게 변화하고 있는 사회의 요구를 반영하는 교육 과정을 운영하여 공학적 이해, 분석 및 응용 능력을 갖춘 전문 인력과 종합 설계 능력을 갖춘 엔지니어를 양성합니다.

학과에 적합한 인재상은?

전자공학을 전공하기 위해서는 수학, 물리학, 화학 과목에 흥미와 관심이 많아야 합니다. 수학 문제의 풀이 과정을 중요시하고, 물리 공식의 의미를 알고 싶어 하며, 주어진 문제에 원인과 결과를 분석하여 상관관계를 찾아내는 데 재능이 있는 사람에게 적합합니다.

집중력이 뛰어나고 풍부한 독서 활동과 성찰로 어느 한 분야에만 치우치지 않은 균형적인 사고를 하며, 새로운 것에 대한 호기심이 왕성하고, 문제점을 발견하면 끝까지 해결해 보려는 끈기와 인내심이 있는 사람에게 적합합니다. 또한 평소에 기계나 부품을 다루는 것에 흥미가 있고, 손재주도 있어야 합니다. 전자공학은 다양한 분야와 융합되어 발전하므로 다른 분야의 전문

» 공학적 기초 지식 습득을 통해 창의적 사고를 지닌 인재를 양성합니다.
» 전자공학 분야의 기초 이론을 습득하고, 새로운 기술을 창출할 수 있는 인재를 양성합니다.
» 공학인으로서 갖추어야 할 의사 표현 능력과 협동 능력을 지닌 인재를 양성합니다.
» 수학, 기초 과학, 공학의 원리와 개념을 이해하고, 응용할 수 있는 인재를 양성합니다.
» 전자공학 관련 하드웨어 및 소프트웨어의 실습 및 설계로, 전공 기반의 실무 능력을 갖춘 인재를 양성합니다.
» 효과적인 의사 전달 능력 및 외국어 구사 능력, 현장 적응력을 지닌 인재를 양성합니다.
» 다양한 세계 문화에 대한 폭넓은 이해력과 국제적 협동 능력을 지닌 인재를 양성합니다.

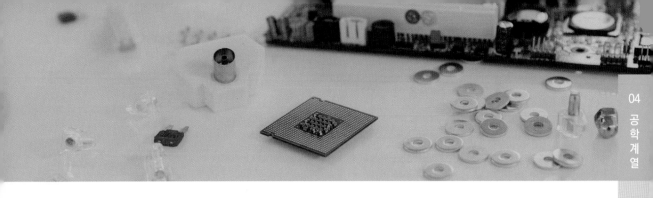

가와 일을 하는 경우가 많은데, 협업 능력과 의사소통 능력, 대인 관계 능력, 리더십도 중요합니다.

전자공학과에 관심 있다면, 수학, 과학 과목에 대해 흥미가 있어야 하고, 기본적인 지식을 갖추어야 하며, 다양한 공학 지식과 이론을 잘 응용할 수 있는 능력이 필요합니다. 풍부한 독서 활동과 공학 관련 동아리 활동을 통해 공학적 소양을 증진하고, 공학 관련 분야에서 진로 탐색 및 직업 체험을 할 것을 추천합니다.

관련 학과는?

전자공학부, 전자공학전공, ICT융합공학과, IT융합학과, 반도체전자공학과, 반도체공학과, 반도체시스템공학과, 스마트전자공학과, 전기전자공학과, 전기전자공학부, 전자재료공학과, 전자정보공학과, 정보전기전자공학과, 정보통신전자공학부, 항공전자공학과 등

진출 직업은?

전자제품개발기술자, 반도체공학기술자, 전자계측제어기술자, 전자의료기기개발기술자, 디스플레이연구원, 정보공학전자기술자, LED연구 및 개발자, RFID시스템개발자, 빌딩자동화설계기술자, 공장자동화설계기술자, 공학계열 교수, 변리사, 공무원, 중등학교 교사(전자) 등

주요 교육 목표

공학적 문제 해결 능력을 지닌 인재 양성

국제적 협업 능력을 지닌 인재 양성

사회성과 리더십을 갖춘 인재 양성

전자공학의 전문 지식을 지닌 인재 양성

창의적 사고 능력을 지닌 인재 양성

새로운 기술을 창출할 수 있는 인재 양성

취득 가능 자격증은?

- ☑ 전자산업기사
- ☑ 전자기사
- ☑ 전자응용기술사
- ☑ 반도체설계산업기사
- ☑ 반도체설계기사
- ☑ 전자기기기능장
- ☑ 전자계산기기사
- ☑ 전자계산기제어산업기사
- ☑ 전자계산기조직응용기사
- ☑ 전자응용기술사
- ☑ 산업계측제어기술사
- ☑ 정보통신기사
- ☑ 정보통신산업기사
- ☑ 중등학교 2급 정교사(전자) 등

추천 도서는?

- 수학 없는 물리(프로텍미디어, Paul G. Hewitt, 박홍이 외 역)
- 앨빈 토플러 청소년 부의 미래(청림출판, 앨빈 토플러 외)
- 세상에서 가장 재미있는 물리 이야기(사람과나무사이. 하시모토 고지, 서수지 역)
- 우리 몸은 전기다(세종서적, 샐리 에이디, 고현석 역)
- 반도체 인사이트 센서 전쟁 (교보문고, 한국반도체산업협회)
- K 반도체 대전략(위즈덤하우스, 권순용)
- 반도체 오디세이(워너스북, 이승우)
- 반도체 열전(비즈니스맵, 유용환)
- 떨림과 울림(동아시아, 김상욱)
- 물질의 물리학(김영사, 한정훈)
- 물질의 재발견(김영사, 정세영 외)
- 하늘과 바람과 별과 인간(바다출판사, 김상욱)
- 한 번 읽으면 절대 잊을 수 없는 물리 교과서(시그마북스, 이케스에 쇼타, 이선주 역)
- 수식 없이 술술 양자물리 (북스힐, 쥘리앙 보브로프, 김희라 역)
- 자율주행차와 반도체의 미래(이코노믹북스, 권영화)
- 일렉트릭 유니버스(글램북스, 데이비드 보더니스, 김명남 역)
- 구글은 어떻게 일하는가(김영사, 에릭 슈미트 외, 박병화 역)
- 데일 카네기 인간관계론 (베이직북스, 데일 카네기, 이문필 역)
- 맛있고 간편한 과학 도시락(은행나무, 김정훈)
- 커넥션(살림, 제임스 버크, 구자현 역)

학과 주요 교과목은?

기초 과목	기초전기실험, 기초전자실험, 기초전자회로, 전자기학, 컴퓨터네트워크, 회로이론, 전자프로그래밍 등
심화 과목	공학설계, 광전자공학, 디지털논리설계, 디지털논리실험, 디지털제어, 디지털통신, 마이크로프로세서응용, 물리전자공학, 반도체소재공학, 센서공학, 신호처리, 통신공학, 무선공학, 집적회로, 디스플레이공학, 멀티미디어시스템, 컴퓨터구조, VLSI시스템설계, 전파공학, 네트워크, 의용전자공학, 광전자공학 등

졸업 후 진출 분야는?

기업체	전자 기기·부품 설계 및 제조 업체, 통신 회사, 자동차 업체, 건설 회사, 첨단 의료 장비 제조 업체 등
연구 기관	전자·전기 관련 기업 연구소, 정부 출연 연구 기관 등
정부 및 공공 기관	한국전력공사, 국방부, 기술직 공무원, 특성화 고등학교, 대학 등

전공 관련 선택 과목은?

▶ 국어, 영어 교과는 모든 학문의 기초적인 성격을 가진 도구교과로 모든 학과에 이수가 필요하여 생략함.

수능 필수	화법과 언어, 독서와 작문, 문학, 대수, 미적분 I , 확률과 통계, 영어 I , 영어 II , 한국사, 통합사회, 통합과학, 성공적인 직업생활(직업)		
교과군	선택 과목		
	일반 선택	진로 선택	융합 선택
수학, 사회, 과학	대수, 미적분 I , 확률과 통계, 물리학, 화학	기하, 미적분 II , 역학과 에너지, 전자기와 양자	수학과제 탐구, 융합과학 탐구
체육·예술			
기술·가정/정보	기술·가정, 정보		창의 공학 설계, 지식 재산 일반
제2외국어/한문			
교양			

학교생활기록부 관리는?

출결 사항	• 미인정(무단) 결석이나 지각, 조퇴 등이 있으면 인성 영역 등에서 부정적 평가를 받을 가능성이 높아요. • 근태 사항이 개근이 되도록 관리해요.
자율·자치활동	• 과학 탐구 활동 등을 통해 공학 분야에 대한 관심과 흥미가 드러나도록 아이디어 제안 및 문제 해결, 완성 등 일련의 활동 내역을 기록하세요. • 리더십, 책임감, 창의력, 문제 해결 능력, 의사 결정 능력, 협업 능력이 드러나도록 하세요.
동아리활동	• 공학 관련 동아리 활동에 참여하세요. • 과학 실험, 과학 탐구, 수학 등 관련 동아리 활동을 권장해요. • 가입 동기, 본인의 역할, 배운 점, 느낀 점 등이 기록되도록 하세요. • 학교에서 주관하는 보건소, 병원, 재활원, 사회 복지 시설 등 사회 소외 계층 및 약자를 대상으로 하는 봉사 활동에 참여하세요. • 봉사 시간을 늘리는거 것보다 양질의 봉사를 꾸준하게 하세요.
진로 활동	• 전자공학 관련 기관, 기업에서의 직업 체험 활동이나 전자공학 관련 학과 체험 활동이 매우 중요해요. • 전자공학 분야의 진로 탐색 활동을 통해 진로 역량, 전공 적합성, 발전 가능성 등이 드러나도록 하세요.
교과학습발달 상황	• 수학, 물리학, 화학 관련 교과 성적은 상위권으로 유지하고, 수업에서 발휘된 역량이 기록될 수 있도록 적극 참여하세요. • 수학, 과학 관련 학습 성취도나 참여 노력 등이 교과 세부 능력 및 특기 사항에 기록될 수 있도록 관리하세요. • 구체적인 수업 참여와 그로 인해 변화된 점이 드러나도록 하세요.
독서 활동	• 인문학, 철학, 역사, 공학 등 다양한 분야의 책을 읽으세요. • 전자공학, 일반공학, 로봇, 인공 지능, 4차 산업 혁명과 관련된 도서, 과학 잡지, 신문 읽기를 권장해요.
행동 발달 특성 및 종합 의견	• 창의성, 문제 해결 능력, 리더십, 전공 적합성 등이 종합적으로 드러나도록 하세요. • 도전 정신, 인성(나눔과 배려), 성실성, 의사 결정 능력, 자기 주도성, 탐구 능력 등이 드러나도록 하세요.

토목공학의 분야에 대해 알아볼까요?

▶ 구조공학: 건설 구조물에 가해지는 하중이 구조물의 요소나 전체에 작용하는 응력이나 작용 하중을 해석하거나, 구조물의 최대 저항력을 계산하여 설계하는 등 구조물의 역학적 특성 및 거동을 분석하는 학문이에요.

▶ 지반공학: 흙과 암반에 접하는 구조물 또는 흙과 암반 자체가 구조물로 작용하는 지반 구조물의 하중 및 최대 지지력을 분석하고, 하중으로 인한 구조물의 변위를 해석하는 학문이에요.

▶ 수리학/수문학: 수리학은 지형에 따른 물(유체)의 흐름 또는 대류 등을 해석하는 학문이며, 수문학은 강우에 따른 하천, 강, 바다의 물 이동과 수자원을 이용한 각종 기간 시설물(댐, 하천, 플랜트 및 수자원 시스템)에 관한 해석, 설계, 정책 등을 다루는 학문이에요.

▶ 측량공학: 지형의 위치 정보를 수집하여 제공함으로써 노선 설계, GPS 내비게이션, 해양 공간, 우주 공간에 존재하는 사물의 정보 등을 탐측·해석·연구하는 학문이에요.

▶ 도로공학: 도로를 건설하기 위해 필요한 도로의 포장, 도로 구조체 설계, 선형 설계, 소음, 진동 등의 지식을 다루는 학문이에요.

▶ 상하수도공학: 상하수도의 용량 및 관로의 설계 및 시공, 정수장과 하수 처리장 시설의 설계 및 운영을 연구하는 학문이에요.

토목공학기술자란?

토목공학을 영어로는 'Civil Engineering'이라고 합니다. 여기서 Civil은 '시민의, 민간의'라는 뜻이며, 1760년경 영국의 '존 스미턴'이 군 기술자(Military Engineer)와 민간 기술자를 구별하기 위해 민간 기술자를 '토목 기술자(Civil Engineer)'라고 부르면서부터 시민을 위한 공공사업에 쓰이는 토목 기술을 토목공학이라 부르기 시작했습니다. 토목공학은 인류 역사와 함께 시작되었습니다. 원시 인류는 생명과 안전을 지키기 위해 본능적으로 토목 기술을 사용하게 되었고, 나아가 운하와 육지의 길을 만들기 위해, 마차가 다닐 도로를 만들기 위해, 식수와 농사에 필요한 물을 얻기 위해, 통치자를 기념하기 위해 또는 전쟁에서 승리하기 위해서 토목 기술을 다양하게 활용하였습니다. 이집트의 피라미드, 중국의 만리장성, 로마의 도로와 상수도 시설 등은 토목 기술의 발전 정도를 보여주는 대표적인 예입니다.

현대의 토목공학은 도로, 철도, 항만, 공항, 교량, 터널, 하천, 수자원, 댐, 관개, 배수, 상하수도, 지하철, 고속 전철, 원자력 발전소, 선박, 플랜트 등 사회 간접 자본 시설을 계획·설계·시공 및 유지·관리하는 데 필요한 학문입니다. 사회 간접 자본은 사람들의 삶을 더욱 윤

토목공학기술자
토목공학과

택하게 하고, 홍수, 가뭄, 지진, 태풍 등의 각종 자연재해로부터 사람의 생명과 재산을 보호하며, 일상생활에 편리함을 제공하기 때문에 이와 관련된 토목공학은 사회적으로 가장 기본이 되는 공학 기술이라 할 수 있습니다.

토목공학의 분야에는 교통의 편의를 꾀하고 물자를 수송하기 위한 도로공학, 철도공학, 항만공학, 공항공학과 도로와 철도에 관련된 교량공학, 터널공학이 있습니다. 도시의 건설 및 재개발은 도시계획학, 상하수도위생공학 등과 관련이 있고, 하천의 개수 및 수자원의 개발은 하천공학, 수력공학, 댐공학 등과 관련이 있습니다. 현대의 토목공학은 보다 경제적이고 안전하며 편리한 공공시설을 건설하기 위해 수치 해석 기법, 원격 탐사, 인공 지능, 컴퓨터 그래픽 등을 이용하는 첨단의 기술 분야로 발전하고 있습니다.

토목공학기술자는 생활 전 분야에 걸쳐 있는 사회 간접 자본 시설인 도로, 철도, 교량, 항만, 터널, 댐, 상하수도 등의 공사를 진행·관리하고 감독하는 사람입니다. 연주회에서 관객들의 귀를 즐겁게 해 주는 아름다운 선율 뒤에는 작곡가와 연주자의 노력이 있듯이, 수많은 도로, 교량, 항만 등의 건설 과정에는 토목공학기술자들의 땀과 열정이 스며 있습니다.

토목공학기술자가 하는 일은?

토목공학기술자는 인간의 삶을 더욱 편리하고 윤택하게 하는 기본 생활 시설인 도로, 철도, 교량, 항만, 터널, 댐, 상하수도 등의 공사 진행을 관리하고 감독하는 사람입니다. 규모가 작은 공사에서는 한두 명의 토목공학기술자가 모든 업무를 담당하기도 하지만, 대규모의 공사에서는 건축, 지질, 전기, 기계, 환경 등 각 분야의 전문가가 참여하여 협업을 통해 공사를 진행합니다.

토목공학기술자는 공사 현장에서 근무하는 경우가 많습니다. 그러므로 항상 안전사고 예방에 신경을 써야 합니다. 공사 일정을 맞추다 보면 야간에 근무하는 경우도 많고, 공사 현장이 전국 및 해외 각지에 위치하고 있기 때문에 장기간 집을 떠나 현장에서 근무하기도 합니다.

토목공학기술자는 정규직으로 고용되는 비율이 비교적 높고, 다른 직업과 비교해 임금이 높고 복리 후생이 좋은 편입니다. 최근에는 여성의 진출 비율 증가하고 있으나 업무의 특성상 남성들에 비해 상대적으로 적은 편입니다. 업무 자율성이 높고 사회적인 평판이 좋을 뿐만 아니라 직업 전문성도 높게 평가된 직업입니다.

» 공사 현장의 지형, 지질, 기상 조건, 도로 상황, 자연환경 등의 관련 자료를 수집하고 분석합니다.
» 토목 구조물의 공사 일정, 설계 일정, 공사 비용 등의 기본 계획을 세우고, 실제 공사에 사용될 세부 설계를 합니다.
» 기계, 전기, 건축과 기타 설비의 규모, 기능, 하중 등을 파악하여 토목 구조물의 규모, 형태 등이 소관 설비의 사양에 적합한가를 검토하고 판단합니다.
» 설계 도면이 완성되면, 시공 분야의 기술자가 설계도에 지정된 구조 방식으로 공사를 진행합니다.
» 공정대로 공사가 진행되도록 종합 공정표를 만들어 인원 및 장비 투입을 적절히 조정하며 공사를 진행합니다.
» 기기의 하중, 풍압 등의 조건에 적합한 구조를 결정하며, 색채, 외형 등이 균형과 조화를 이루도록 관리합니다.
» 시공 과정에서 공사의 방법을 바꾸거나 시공상에 나타난 품질 등의 문제점을 검토하여 해결합니다.
» 측량, 조사 시험, 설계 등의 용역과 공사 시공에 따른 과업 지시서, 시공품의 중간 검사, 설계 변경, 준공 검사 등과 시설 공사의 감리 업무 등 제반 행정 처리 업무를 수행합니다.
» 조사 시험 기록의 통계 유지, 공사 기록지, 건설지 등을 작성·유지하고, 제반 행정 서류 등 문서 이관 작업을 수행합니다.

토목공학기술자
커리어맵

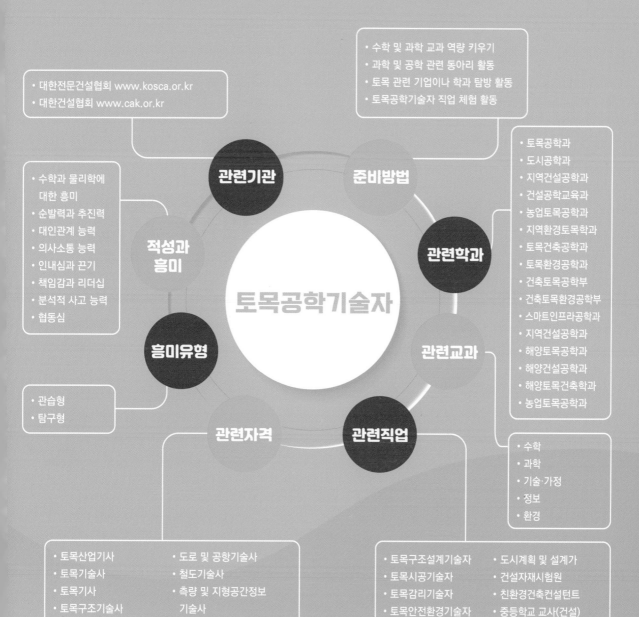

준비방법
- 수학 및 과학 교과 역량 키우기
- 과학 및 공학 관련 동아리 활동
- 토목 관련 기업이나 학과 탐방 활동
- 토목공학기술자 직업 체험 활동

관련기관
- 대한전문건설협회 www.kosca.or.kr
- 대한건설협회 www.cak.or.kr

적성과 흥미
- 수학과 물리학에 대한 흥미
- 순발력과 추진력
- 대인관계 능력
- 의사소통 능력
- 인내심과 끈기
- 책임감과 리더십
- 분석적 사고 능력
- 협동심

흥미유형
- 관습형
- 탐구형

토목공학기술자

관련학과
- 토목공학과
- 도시공학과
- 지역건설공학과
- 건설공학교육과
- 농업토목공학과
- 지역환경토목학과
- 토목건축공학과
- 토목환경공학과
- 건축토목공학부
- 건축토목환경공학부
- 스마트인프라공학과
- 지역건설공학과
- 해양토목공학과
- 해양건설공학과
- 해양토목건축학과
- 농업토목공학과

관련교과
- 수학
- 과학
- 기술·가정
- 정보
- 환경

관련자격
- 토목산업기사
- 토목기술사
- 토목기사
- 토목구조기술사
- 토목시공기술사
- 토질 및 기초기술사
- 토목품질시험기술사
- 도로 및 공항기술사
- 철도기술사
- 측량 및 지형공간정보기술사
- 건설기계기술사
- 중등학교 2급 정교사(건설)

관련직업
- 토목구조설계기술자
- 토목시공기술자
- 토목감리기술자
- 토목안전환경기술자
- 지리정보시스템전문가
- 도시계획 및 설계가
- 건설자재시험원
- 친환경건축컨설턴트
- 중등학교 교사(건설)

적성과 흥미는?

토목공학은 기초 학문인 수학, 역학을 바탕으로 발전하였기 때문에 토목공학기술자가 되려면 수학, 물리학 등은 물론이고 정보, 기술·가정 등의 교과에 흥미가 있어야 합니다. 토목 시공 현장에서는 기술적으로 해결해야 할 문제가 발생하면 단시간 내에 최선의 해결 방안을 제시하여 현장에 적용해야 하므로 순발력과 추진력, 결단력이 필요합니다. 이때 여러 사람들과 효율적으로 협업하여 공사 시간이 낭비되지 않도록 해야 합니다. 따라서 다양한 사람들과의 원활한 협업을 위해 원만한 대인 관계 능력, 의사소통 능력, 협동심, 자기 통제력 등이 중요하며, 다른 사람들의 의견을 잘 듣고 조율할 수 있는 리더십과 책임감

이 필수적입니다. 토목 건설 현장의 작업 환경에 적응할 수 있는 인내심과 끈기도 요구됩니다. 토목공학기술자가 다루는 구조물은 인간 생활에 꼭 필요한 것들이기 때문에 관리 시스템을 효과적으로 분석할 수 있는 분석적 사고 능력도 중요합니다.

토목공학기술자라는 직업에 관심이 있다면 수학, 과학, 물리학, 정보, 기술·가정 등 공학과 관련한 교과 지식을 습득하는 데 노력하고, 과학이나 공학 분야의 동아리 활동을 하거나 인문학과 철학, 역사, 환경, 에너지, 4차 산업 혁명, 교통 등 다양한 분야의 독서를 통해 폭넓은 지식을 습득하는 것이 중요합니다.

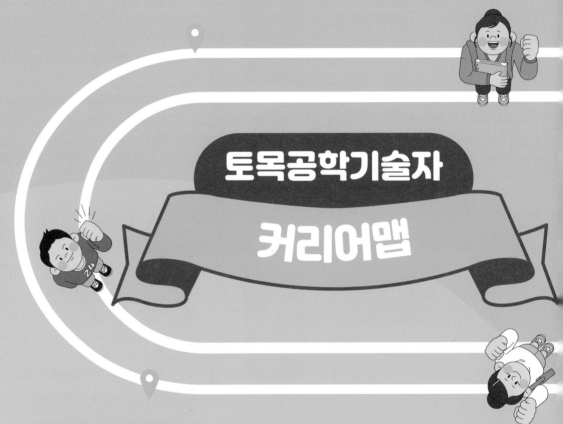

토목공학기술자
커리어맵

관련 학과 및 자격증은?

➡ 관련 학과: 토목공학과, 도시공학과, 농업토목공학과, 지역건설공학과, 건설공학교육과,
　　농업토목공학과, 지역환경토목학과, 토목건축공학과, 토목환경공학과,
　　건축토목공학부, 건축토목환경공학부, 스마트인프라공학과, 지역건설공학과,
　　해양토목공학과, 해양건설공학과, 해양토목건축학과 등

➡ 관련 자격증: 토목기사, 토목산업기사, 토목기술사, 토목구조기술사, 토목시공기술사,
　　토질 및 기초기술사, 토목품질시험기술사, 도로 및 공항기술사,
　　철도기술사, 측량 및 지형공간정보기술사, 농어업토목기술사,
　　건설기계기술사, 중등학교 2급 정교사(건설) 등

진출 방법은?

토목공학기술자가 되기 위해서는 일반적으로 전문 대학이나 대학에서 토목공학, 건설공학, 구조공학, 건설토목, 토목설계, 해양토목공학, 지질공학 등 토목공학 관련 학과를 졸업하고, 공개 채용이나 특별 채용을 통해 건설 회사나 토목 엔지니어링 회사, 토목 공사 전문 업체 등에 진출하는 것이 일반적입니다. 소수이지만 특성화 고등학교의 토목과를 졸업한 후 토목 건설 현장에서 경력을 쌓고 토목공학기술자가 되는 경우도 있습니다.

정부의 중앙 부처나 지방 자치 단체의 기술직(토목직) 공무원이 될 수도 있으며, 연구소에 취업하기도 합니다. 토목공학기술자로 지원할 때 토목공학 관련 자격증이 있으면 우대받을 수 있고, 일부 기업에서는 필수적으로 요구하는 경우도 있기 때문에 관련 자격증을 취득하는 것이 취업에 유리합니다. 토목공학기술자 중 일부는 회사에서 경력을 쌓은 후 토목 엔지니어링 회사를 창업하기도 합니다.

관련 직업은?

토목구조설계기술자, 토목시공기술자, 토목감리기술자, 토목안전환경기술자, 지리정보기술자, 지리정보시스템전문가, 도시계획 및 설계가, 사진측량 및 분석가, 지리정보시스템전문가, 건설자재시험원, 교통영향평가원, 친환경건축컨설턴트, 중등학교 교사(건설) 등

미래 전망은?

우리나라는 도로, 철도, 항만 등 사회 간접 자본 시설의 건설을 국가 주도 정책으로 추진해 왔고, 그 결과 급속하게 성장하였습니다. 다만 중동 지역 등에서 많이 진행되었던 해외 건설 및 플랜트 사업은 세계적으로 건설 경기가 하락함에 따라 위축되었고, 중국과의 경쟁 심화로 어려움을 겪고 있습니다. 그러나 국토 균형 발전을 위한 새로운 도로 건설이나 유지 보수, 신규 철도 및 도시 철도 건설, 기존 노후화된 철도에 대한 시설 개량, 소규모 공항 및 항공 교통 센터 건설 등에 대한 꾸준한 투자가 이루어질 것으로 전망되고, 신도시 개발이나 신규 택지 개발이 지속적으로 이루어질 것으로 전망되어, 토목공학기술자의 고용에 긍정적인 요소로 작용할 것입니다.

최근에는 우리나라에서도 지진 발생 횟수가 증가하고 있고, 지진으로 인해 피해를 입은 사례도 발생하고 있습니다. 따라서 지진에 대비한 건축물 구조 진단 및 보강 업무가 증가할 것으로 예상되어 토목공학기술자나 안전진단전문가에 대한 수요가 증가할 것으로 전망됩니다. 이 밖에도 국토 환경 개선 및 관리 부문에 대한 정부의 투자 확대가 예상되고, 태양광, 풍력 등 신재생 에너지에 대한 투자가 증가할 것으로 보입니다.

Jump Up

지리정보시스템에 대해 알아볼까요?

지리정보시스템은 지형 공간에 관한 정보를 컴퓨터에 저장하고, 이를 바탕으로 인간이 생활하는 공간과 관련된 계획 수립, 의사 결정, 산업 활동을 효율적으로 지원할 수 있도록 만든 최첨단 정보 시스템이에요. 지리정보시스템전문가는 각종 지리 정보를 체계적으로 수집하여 데이터베이스로 구축하고, 이를 관리하기 위해 시스템을 분석·설계하는 기술자예요. 측지, 측량, 수치 지도 제작 등의 데이터베이스 구축 관련 업체와 시스템 개발 전문 회사, 국책 연구 기관 등에서 근무해요.

토목공학과
토목공학기술자 전공 분석

어떤 학과인가?

토목공학은 자연과 환경을 인간 생활에 편리하도록 개선하고자 하는 노력으로 탄생한 학문입니다. 그렇기 때문에 토목공학의 역사는 인류의 역사와 그 기원을 같이 하고 있고, 유사 이래 인류의 삶의 질 향상에 큰 역할을 하는 학문입니다. 토목공학 기술의 발전 수준은 한 국가의 산업과 기술의 발전 수준을 나타내고, 국가의 발전 가능성을 가늠하는 하나의 잣대가 되고 있습니다.

토목공학과에서는 도로, 철도, 항만, 공항, 댐, 교량, 터널, 상하수도, 플랜트, 공단과 택지, 매립과 간척지, 해저 도시, 지하 공간 구조물과 같은 사회 간접 자본 시설뿐만 아니라 태풍, 홍수, 가뭄, 지진, 해일 및 환경 공해와 같은 재해로부터 국민을 보호하기 위한 재해 방지 시스템의 설계, 시공, 유지 관리에 대한 지식을 배웁니다. 최근에는 우주 개발이나 사막 개발, 해저 개발 등 점차 범위가 확장되고 있습니다. 자연환경을 보존하면서 사람들이 편리하고 쾌적하게 살 수 있는 공간과 기반을 만들 수 있는 인재를 양성하고, 인간이 사용하는 시설물들이 최적의 상태와 성능을 유지하도록 하며, 동시에 각종 재해로부터 안전하도록 설계·시공·유지·관리하는 기술들을 배웁니다.

교육 목표와 교육 내용은?

토목공학과는 이론과 실습으로 이루어진 체계적인 실무 교육 과정을 기본으로 하며, 컴퓨터를 활용한 정보 처리 능력을 키우기 위해 토목 설계에 대한 최신 이론과 기술을 습득하게 하여 실무 능력을 갖춘 전문 인력을 양성하는 데 교육 목표를 두고 있습니다.

학과에 적합한 인재상은?

토목공학은 현재 우리 생활과 관련이 깊은 각종 기반 시설의 부족 문제, 교통 문제, 에너지 개발 문제, 환경 오염 문제 등의 해결 방법을 찾아내는 학문입니다. 따라서 토목공학을 전공하려는 학생은 어떤 일이 주어졌을 때 합리적으로 판단하여 해결할 수 있는 판단력, 문제 해결 능력, 대인 관계 능력, 수치를 해석하는 수리 능력, 컴퓨터 활용 능력, 외국어 능력 등이 요구됩니다.

수학, 물리학 등 공학을 학습하는 데 기초가 되는 교과에 흥미가 있어야 하고, 교량, 도로, 항만 등 다양한 구조물과 건축물

> » 토목 구조를 이론적으로 해석하고 설계하는 능력을 지닌 인재를 양성합니다.
> » 측량 실습을 통하여 공간 정보 능력을 지닌 인재를 양성합니다.
> » 상하수도, 하천, 해안, 항만 등 지역 환경을 이해하는 능력을 지닌 인재를 양성합니다.
> » 기초 시설물, 도로 설계 등에 관한 현장 실무 능력을 지닌 인재를 양성합니다.
> » 컴퓨터를 활용하여 토목 설계 기술을 익힌 인재를 양성합니다.

에 대한 관심과 이해력이 높으면 좋습니다. 설계에 관심이 있다면 미술이나 디자인 분야에, 환경에 관심이 있다면 화학이나 생명과학 분야에 흥미와 소질이 있어야 합니다.

토목공학과는 각종 구조물의 건설과 관련된 교육 과정으로 운영되기 때문에 활동적이고 적극적인 성격을 지닌 사람, 새로운 것에 대한 도전 정신과 책임감을 지닌 사람이라면 적극 추천합니다. 변화를 두려워하지 않는 능동적이고 진취적인 기상을 가진 사람, 건물을 건설하면서 성취감을 맛보고 싶은 사람, 첨단 기술 및 정보 매체를 활용한 학습 능력을 지닌 사람에게도 적합합니다.

관련 학과는?

토목공학부, 도시공학과, 농업토목공학과, 지역건설공학과, 건설공학교육과, 농업토목공학과, 지역환경토목학과, 토목건축공학과, 토목환경공학과, 건축토목공학부, 건축토목환경공학부, 스마트인프라공학과, 지역건설공학과, 해양토목공학과, 해양건설공학과, 해양토목건축학과 등

진출 직업은?

토목공학기술자, 토목시공기술자, 토목구조설계기술자, 토목안전환경기술자, 지능형교통시스템연구원, 도시재생전문가, 토목직 공무원, 중등교사(토목), 중등학교 교사(건설) 등

주요 교육 목표

통합적 지식을 갖춘 인재 양성

공간 정보 능력을 갖춘 인재 양성

지역 환경을 이해하는 인재 양성

현장 실무 능력을 지닌 인재 양성

융합 지식을 갖춘 창의적 인재 양성

국가와 지역 사회에 기여하는 인재 양성

 ### 취득 가능 자격증은?

▶ 국내 자격
- ☑ 토목기사
- ☑ 토목산업기사
- ☑ 토목기술사
- ☑ 건설재료시험기사
- ☑ 응용지질기사
- ☑ 지적기사
- ☑ 지적산업기사
- ☑ 철도토목기사
- ☑ 철도토목산업기사
- ☑ 콘크리트기사
- ☑ 콘크리트산업기사
- ☑ 항로표지기사
- ☑ 항로표지산업기사
- ☑ 해양자원개발기사
- ☑ 해양환경기사
- ☑ 측량기사
- ☑ 화약류관리기사
- ☑ 화약류관리산업기사
- ☑ 건설재료시험산업기사
- ☑ 측량 및 지형공간정보기사
- ☑ 측량 및 지형공간정보산업기사
- ☑ 중등학교 2급정교사(건설) 등

▶ 해외 자격
- ☑ PE(미국토목기술사)
- ☑ SE(미국구조기술사)
- ☑ GE(미국지반기술사) 등

추천 도서는?

- 토목공학의 역사: 고대부터 근대까지
  (대한토목학회, 한스 스트라우브, 김문겸 역)
- 더 나은 세상을 디자인하다(KSCE PRESS, 장승필 외)
- 토목공학의 역사(대한토목학회, 한스 스트라우브, 김문경 역)
- 역사를 잇다. 우리 옛 다리((KSCE PRESS, 장승필)
- 다리 구조 교과서 (보누스, 사오이 유키타, 김정환 역)
- 자연과 문명의 조화 토목공학
  (KSCE PRESS, 대한토목학회 출판위원회)
- 토목공학기술자 어떻게 되었을까
  (캠퍼스멘토, 캠퍼스멘토 편집부)
- 공학과 대중과의 연결-공학 커뮤니케이터러서의
  경험(작가와, 허혜연)
- 공학이란 무엇인가(살림, 성풍현)
- 공학의 미래(쌤앤파커스, 김정호)
- 공대생도 잘 모르는 재미있는 공학 이야기
  (플루토, 한화택)
- 뇌를 바꾼 공학, 공학을 바꾼 뇌(MID, 임창)
- 이기적 유전자(을유문화사, 리처드 도킨스, 홍영남 외 역)
- 재미있는 흙 이야기(씨아이알, 히메노 켄지 외, 박시현 외 역)
- 거의 모든 것의 역사(까치, 빌 브라이슨, 이덕환 역)
- 과학 혁명의 구조(까치, 토머스 S. 쿤, 홍성욱 외 역)
- 건축물은 어떻게 해서 무너지는가
  (기문당, Mario Salvadori, 손기상 역)
- 세계 건축의 이해
  (마로니에북스, 마르코 부살리, 우영선 역)

학과 주요 교과목은?

기초 과목	토목공학개론, 공학프로그래밍입문, 일반화학, 미분적분학, 일반물리학, 기초물리학, 선형대수, 기초공학설계, 건설플랜트설계입문, 역학의 이해, 공학수학 등
심화 과목	창의적설계입문, 토목CAD, 재료역학, 유체역학, 수문학, 건설재료학, 측량학, 토목지질학, 토목전산학 및 실습, 지적측량학, 토목시공학, 철근콘크리트공학, 응용역학, 토질역학, 수리학 및 실험, 토목시공관리학, 구조역학, 건설시공 및 설계, 교통공학, 댐공학, 상하수도공학, 교량공학, 하천공학, 수자원공학, 구조물유지보수, 해안 및 항만공학, 환경플랜트공학, 공업윤리학, 유체역학 및 실험, 토목환경공학 등

졸업 후 진출 분야는?

기업체	건설 회사, 설계 사무소, 엔지니어링 업체, 건설 안전 진단 업체, 토질 조사 및 시험 업체, 항만 개발 업체 등
연구 기관	국공립 및 민간 기업체 등의 연구 기관, 토목 관련 국가·민간 연구소 등
정부 및 공공 기관	토목직 공무원, 한국수자원공사, 한국토지공사, 한국도로공사, 대한주택공사, 한국농촌공사, 국토연구원, 한국건설기술연구원, 지자체 시설공단, 대학, 특성화 고등학교 등

🔍 전공 관련 선택 과목은?

▶ 국어, 영어 교과는 모든 학문의 기초적인 성격을 가진 도구교과로 모든 학과에 이수가 필요하여 생략함.

수능 필수	화법과 언어, 독서와 작문, 문학, 대수, 미적분 I, 확률과 통계, 영어 I, 영어 II, 한국사, 통합사회, 통합과학, 성공적인 직업생활(직업)		
교과군	선택 과목		
	일반 선택	진로 선택	융합 선택
수학, 사회, 과학	대수, 미적분 I, 확률과 통계, 세계시민과 지리, 물리학, 화학	기하, 미적분 II, 한국지리 탐구, 역학과 에너지, 전자기와 양자, 물질과 에너지, 화학 반응의 세계, 지구시스템과학, 행성우주과학	수학과제 탐구, 사회문제 탐구, 기후변화와 지속가능한 세계, 기후변화와 환경생태, 융합과학 탐구
체육·예술			
기술·가정/정보	기술·가정, 정보		창의 공학 설계, 지식 재산 일반
제2외국어/한문			
교양	생태와 환경		

학교생활기록부 관리는?

출결 사항	• 미인정(무단) 사항이 없도록 관리해요. 미인정(무단) 결석 등이 있으면 인성 및 성실성에서 부정적 평가를 받을 가능성이 높아요.
자율·자치활동	• 다양한 교내외 활동을 통해 토목공학 분야에 대한 관심과 흥미는 물론 창의력, 의사 결정 능력, 문제 해결 능력, 리더십 등이 드러나도록 하세요.
동아리활동	• 과학 실험, 과학 탐구, 수학, 컴퓨터, 코딩 관련 동아리 활동에 참여하여 토목공학 전공에 대한 기본 지식을 습득하도록 하세요. • 가입 동기, 본인의 역할, 배우고 느낀 점 등이 함께 기록되도록 하세요. • 학교에서 주관하는 장애인, 다문화 가정 학생 돕기, 양로원 봉사 활동 등 사회 소외 계층을 대상으로 하는 봉사 활동을 하세요. • 학교내에서 타인을 위해 할 수 있는 지속적인 봉사 활동을 하세요.
진로 활동	• 토목공학 분야의 직업 정보 탐색 활동을 권장해요. • 토목공학 분야의 관련 기관 및 학과 체험 활동이 무척 중요해요. • 공학 및 토목공학 관련 분야의 다양한 진로 탐색 활동을 통해 진로 역량이 드러나도록 해요.
교과학습발달 상황	• 수학, 과학, 정보 등 토목공학 분야와 관련된 교과 성적은 상위권으로 유지하고, 수업에서 전공 적합성, 자기 주도성, 창의적 문제 해결 능력, 협업 능력, 발전 가능성 등의 역량이 발휘될 수 있도록 적극 참여하세요. • 구체적인 수업 참여 내용과 그로 인해 변화된 점이 드러나도록 해야 해요.
독서 활동	• 인문학, 철학, 역사, 공학, 정보 통신 등 다양한 분야의 책을 읽으세요. • 토목과 환경, 에너지, 4차 산업 혁명 등과 관련된 도서를 반드시 읽으세요.
행동 발달 특성 및 종합 의견	• 창의력, 문제 해결 능력, 협업 능력, 의사소통 능력, 전공 적합성, 자기 주도성 등이 드러날 수 있도록 해요. • 학교생활에서 자기 주도성, 경험의 다양성, 성실성, 인성(나눔과 배려), 리더십, 학업 태도와 의지에 대한 장점이 기록되도록 관리해야 해요.

관제 분야별 업무에 대해 알아볼까요?

항공기 관제 업무는 크게 비행장 관제 업무(관제탑), 접근 관제 업무(접근관제소), 항로 관제 업무(항공교통관제소)로 구분돼요. 비행장 관제는 공항의 관제탑에서 수행하는 지상관제로서 비행장 안의 이동 지역 및 비행장 주위에서 운항하는 항공기, 차량 등을 통제하는 것이고요. 접근 관제는 공항 부근에 설치되어 있는 레이더실에서 공항으로 진입하는 항공기나 이륙하여 나가는 항공기를 관제하는 것이에요. 항로 관제는 출발 공항에서 목적 공항까지의 항로 및 고도를 포함한 항로 비행 허가 등 항로를 관제해요.

항공교통관제와 관련된 주요 용어를 알아볼까요?

▶ 방공식별구역(ADIZ): 국가의 안전을 위해 설정하는 구역으로, ADIZ에 진입하기 전 모든 항공기는 조기에 식별되어야 하므로 비행 계획서, 상호 무선 교신 장비, 위치 등에 대한 사항을 제공하여야 해요.

▶ 비행정보구역(FIR): 항공 교통 관제 업무, 비행 정보 업무 및 경보 업무를 제공하여 항공기가 안전하고 효율적으로 비행할 수 있도록 각 공항이 설정한 공간이에요.

▶ 항공 교통 관제(ATC): 항공기에 대한 지상관제, 관제탑 관제, 접근 관제, 항로 관제로 구분되며, 안전한 항행과 원활한 항공 교통 흐름을 위해 항공기를 통제하는 제반 기능을 의미해요.

항공교통관제사란?

우리나라의 항공기 관문인 인천국제공항은 하루 평균 18만 명 이상의 승객이 이용하고, 하루 최대 1,100편의 비행기가 출발과 도착을 할 정도로 규모가 큰 공항입니다. 수많은 비행기가 사고 없이 안전하게 이륙과 착륙을 할 수 있는 것은 항공교통관제사들의 역할 덕분입니다. 비행기는 특성상 한번 사고가 발생하면 대형 사고로 이어질 수 있기 때문에 운항 중에 위급한 상황이 발생하면 가장 먼저 찾게 되는 사람이 항공교통관제사입니다.

인천국제공항의 관제탑은 높이 100.4m, 지상 22층, 지하 2층의 규모로, 인천공항에서 가장 높고 상징적인 건물입니다. 이곳에서 관제 업무가 진행됩니다. 인천국제공항에 항공기가 착륙하기 위해서는 항공기조종사와 관제탑과의 지속적인 교신이 이루어져야 합니다.

항공교통관제사
교통공학과

항공기조종사가 관제사에게 항공기의 착륙을 요청하면 관제사의 착륙 허가가 떨어집니다. 관제사는 항공기가 어떤 활주로로 착륙할지를 결정해 지시를 내리고, 항공기조종사는 관제사의 지시에 따라 정해진 활주로로 착륙하게 됩니다. 항공기조종사와 관제사 사이 교신에는 초단파(VHF)와 극초단파(UHF)를 이용한 무선 통신이 사용됩니다.

도로도 신호등도 없는 하늘에서 수많은 항공기가 안전하게 목적지까지 비행할 수 있는 것은 항공 교통의 흐름을 조절하고, 항공기조종사에게 공항의 활주로 상태, 기상 상태 등의 정보를 제공하여 항공기의 안전한 이륙과 착륙을 돕는 항공교통관제사가 있기 때문입니다. 항공교통관제사는 항공기의 안전한 이륙과 착륙을 도와주기 위해 다양한 임무를 수행합니다.

항공교통관제사가 하는 일은?

항공교통관제사는 항공 교통의 안전을 가장 중요하게 생각하여 비행기를 비롯한 항공 교통의 원활한 흐름을 유도하고, 항공기조종사들에게 활주로 상태, 기상 상태 등의 정보를 제공하여 항공기의 안전한 착륙과 이륙을 도와주는 업무를 수행합니다. 하늘길의 안전을 책임지는 교통경찰관인 셈입니다. 항공관제 업무는 항공기와 항공기 간의 충돌을 방지하고, 질서 유지를 목적으로 지상에 있거나 비행 중인 모든 항공기의 이륙, 착륙의 순서와 시기, 방법을 결정하고 지시를 내려야 하기 때문에 24시간 운영됩니다.

항공교통관제사들의 업무 환경은 좋은 편입니다. 휴식 시간을 포함해 하루 9시간을 근무하며, 계속된 근무로 인해 집중력이 떨어지는 것을 막기 위해 2시간을 일하면 의무적으로 1시간의 휴식 시간이 주어집니다. 또한 5일 이상 연속 근무도 금지되어 있습니다. 그만큼 항공기의 안전이 중요하기 때문입니다. 그러나 주·야간 교대 근무를 해야 하고, 주말이나 명절 연휴가 없는 경우도 있으며, 항상 긴장하며 근무하기 때문에 정신적인 스트레스를 받는 경우도 많습니다.

> » 빠른 속도로 날아다니는 비행기들 간의 충돌을 예방하기 위해 안전하게 길을 안내합니다.
> » 착륙한 항공기를 어느 곳에 세워둘지 결정합니다.
> » 항공기조종사에게 기상 변화에 따라 어떤 길로, 얼마만큼의 속력으로 운항해야 하는지 등의 정보를 제공합니다.
> » 항공기기장으로부터 항공기의 이륙 및 착륙 신고서를 받아 확인하고, 예정 시간을 점검합니다.
> » 이륙할 항공기를 적절한 활주로로 유도하고, 항공기조종사에게 목적 공항의 풍향, 풍속, 가시거리 등의 기상 상태를 알려줍니다.
> » 각 항공기의 이륙과 착륙 순서와 배정 시간에 따라 활주로에 준비 중인 항공기의 이륙을 허가합니다.
> » 착륙할 항공기에 대해서는 항공기의 목적지, 소속 항공사, 연료의 잔량, 항공기의 상태 등을 수신하고 착륙에 필요한 활주로, 착륙 순서, 예정 시간 등을 배정하여 착륙을 허가합니다.
> » 항공기 내에서 비상사태가 발생하거나 기상 악화로 착륙이 어려우면 항공사의 요청에 의해 회항 등의 조치를 취합니다.
> » 운항 중인 항공기의 위치와 고도 등을 확인하고, 항공기 간의 비행 거리, 각종 항공 시설 등에 관한 정보를 파악하여 안전하고 신속하게 항공 교통을 통제합니다.
> » 비상 상황 발생 시 관련 기관에 연락을 취하고, 비상 착륙 방법 및 비상 활주로에 대해 안내합니다.

Jump Up

해상교통관제사에 대해 알아볼까요?

해상교통관제사는 바닷길을 안내하여 바다 위의 배들이 질서 정연하고 안전하게 운항하도록 안내하고 돕는 사람으로, 모두 해양수산부 소속의 공무원이에요. 해상의 날씨, 기상 특보 등 운항에 도움이 되는 정보를 실시간으로 선박에 전달하며, 관제 업무 수행에 필요한 각종 문서를 작성하고 관리해요. 바다에 있는 모든 배에 대해 관제를 하는 것은 아니며, 레이더로 위치가 잡히고 무선 통신이 가능한 300톤 이상의 내국선, 외국선, 예인선, 여객선을 대상으로 해요.

항공교통관제사 커리어맵

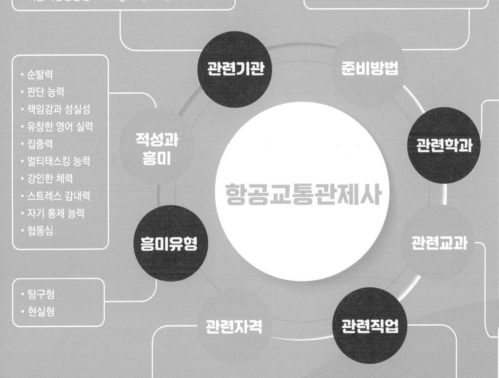

준비방법
- 수학 및 과학 교과 역량 키우기
- 공학 및 항공 관련 동아리 활동
- 항공 관련 직업 체험 활동
- 항공 관련 학과 체험 활동
- 유창한 영어 실력 갖추기
- 체력 관리
- 다양한 분야의 독서 활동

관련기관
- 교통안전공단 www.ts2020.kr
- 국토교통부 항공정책실 www.koca.go.kr
- 서울지방항공청 molit.go.kr/sroa/intro.do

적성과 흥미
- 순발력
- 판단 능력
- 책임감과 성실성
- 유창한 영어 실력
- 집중력
- 멀티태스킹 능력
- 강인한 체력
- 스트레스 감내력
- 자기 통제 능력
- 협동심

흥미유형
- 탐구형
- 현실형

관련학과
- 교통공학과
- 기계공학과
- 정보통신공학과
- 컴퓨터공학과
- 항공교통학과
- 항공교통물류학과
- 항공기계설계학과
- 항공기계공학과
- 항공모빌리티학과
- 항공산업공학과
- 항공소프트웨어공학과
- 항공시스템계열
- 항공전자공학과
- 항공학부
- 기계항공공학과

관련교과
- 영어
- 수학
- 과학
- 기술·가정
- 정보
- 환경

관련자격
- 항공교통관제사

관련직업
- 철도교통관제사
- 해상교통관제사
- 선박운항관리사
- 항공운항관리사
- 우주센터발사 지휘통제원

항공교통관제사

적성과 흥미는?

항공교통관제사는 하루에 수백 대의 비행기를 안전하게 이륙 및 착륙시키기 위해 공항과 상공에서 발생하는 다양한 상황들을 신속하고 정확하게 파악해야 합니다. 순발력과 상황 파악 능력은 항공교통관제사가 갖춰야 할 중요한 역량입니다.

항공기와 다른 항공기 또는 전투기가 근접하는 위험한 상황에서, 관제사는 단 몇 초 안에 최적의 판단을 하여 위험한 상황을 해결해야 합니다. 순간 당황하여 지시를 내리지 못하면 큰 인명 사고로 이어질 수 있기 때문에 냉철한 판단력과 침착한 태도는 관제사의 기본적인 자질입니다.

항공교통관제사는 능숙한 영어 실력이 필수입니다. 항공의 발전이 미국에서 시작되었기 때문에 항공 용어의 표준은 영어이고, 기상 상태가 좋지 않거나 비상 상황이 발생했을 때 조종사는 필요한 것들을 영어로 관제사에게 요청합니다. 관제사가 조종사와 의사소통이 되지 않으면 큰 사고가 날 수 있습니다. 또한 관제사는 협조를 위해 외국 관제 기관과 통화를 하는 경우도 있는데, 이때도 모든 대화는 영어로 이루어집니다. 따라서 영어 회화 능력은 관제사의 필수 역량입니다.

관제 업무 수행 중 레이더 모니터를 보고 빠르게 이해하고 해석할 수 있어야 하며, 비상 상황에서 순간적으로 판단해야 하므로 고도의 집중력과 침착함은 물론, 동시에 여러 가지 업무를 수행해야 하기 때문에 멀티태스킹 능력도 갖추어야 합니다. 24시간 운영되는 공항 업무의 특성상 야간 근무가 잦은 편입니다. 따라서 누구보다 강인한 체력과 철저한 자기 관리 능력이 요구됩니다. 현실형과 탐구형의 흥미를 가진 사람에게 적합하며, 협조심, 자기 통제 능력, 스트레스 감내성을 지닌 사람에게 유리합니다.

항공교통관제사 커리어맵

관련 학과 및 자격증은?

➡ 관련 학과: 교통공학과, 기계과, 정보통신공학과,
컴퓨터공학과, 항공교통학과,
항공교통물류학과, 항공기계설계학과,
항공기계공학과, 항공모빌리티학과,
항공산업공학과, 항공소프트웨어공학과,
항공시스템계열, 항공전자공학과, 항공학부,
기계항공공학과 등

➡ 관련 자격증: 항공교통관제사 등

Jump Up

항공교통관제사 자격 면허에 대해 알아볼까요?

항공교통관제사가 되려면 교통안전공단에서 시행하는 항공교통관제사 자격증을 반드시 취득해야 해요. 21세 이상이면 응시 가능하고, 서류 전형, 영어 시험(객관식, 말하기), 면접시험을 거쳐 선발해요. 영어 시험은 TOEIC, TEPS, G-TELP 등 공인된 영어 능력 검정 시험과 유사한 형식의 일반 영어 시험(문법, 청문, 독해 등)으로 시행돼요.

진출 방법은?

항공교통관제사가 되기 위해 반드시 대학을 나올 필요는 없으나 항공교통관제사 자격은 반드시 취득해야 합니다. 항공교통관제사 자격시험에 응시하는 방법으로는 세 가지가 있습니다. 첫 번째 방법은 국토교통부 지정 전문 교육 기관(한국공항공사항공기술훈련원, 공군교육사령부 항공교통관제사전문교육원, 한국항공대학교 항공교통관제교육원, 한서대학교 항공교통관제교육원)에서 항공 교통 관제에 필요한 교육 과정을 이수하여 자격시험에 응시 자격을 얻는 것입니다. 두 번째는 항공교통관제사 자격증이 있는 사람의 지휘 감독하에 9개월 이상의 관제 실무 경력이 있거나, 민간 항공에 사용되는 군의 관제 시설에서 9개월 이상 관제 업무를 수행한 경력이 있으면 응시가 가능합니다. 세 번째는 항공교통관제사 학과 시험 과목을 교육받고, 6개월 이상 관제 업무를 한 후 자격시험에 응시하는 방법입니다. 이외에도 외국 정부가 발행한 항공교통관제사 자격을 소지한 경우에는 항공교통관제사 자격시험에 응시할 수 있습니다.

한국항공대학교의 항공교통학과나 전문대 등의 항공 교통 관제 관련 학과를 졸업하면 취업에 유리합니다. 우리나라에서 근무 중인 대다수의 항공교통관제사는 국토교통부 소속 공무원입니다. 따라서 관제사로 일하려면 기술직(항공직) 공무원 특별 채용 시험에 합격해야 합니다. 공무원 채용 과정을 거쳐 합격하게 되면 국토교통부 소속 기관인 서울지방항공청, 부산지방항공청, 항공교통센터의 관제 시설에서 근무하게 됩니다. 그리고 각 기업체의 채용 방법에 따라 국토교통부의 위탁을 받아 업무를 수행하는 민간 관제 시설에서도 근무할 수 있습니다. 따라서 대부분의 신분은 국가 공무원이라 할 수 있습니다. 응시 자격은 항공교통관제사 면허 취득자와 일정 수준 이상의 영어 시험 점수(민간항공기구ICAO 시행 영어 구사 능력 4등급 이상 등) 소지자에게만 주어집니다. 단, 외국 정부가 발행한 항공교통관제사 자격증 소지자는 별도의 면허나 영어 성적 없이도 시험에 응시할 수 있습니다.

관련 직업은?

해상교통관제사, 철도교통관제사, 선박운항관리사,
항공운항관리사, 우주센터발사지휘통제원 등

미래 전망은?

소득 수준이 높아짐에 따라 경제 규모의 확대 및 여가 활동의 증가로 해외여행객의 수가 증가하고 있으며, 국가 간 무역 거래도 활발해지면서 항공을 통한 무역량도 빠른 속도로 증가하고 있습니다. 이에 따라 각 나라마다 항공 수송 물량을 늘리기 위해 새로운 공항을 건설하고, 기존 공항 규모를 확대하는 등 항공 시설에 대한 투자가 늘어나고 있습니다. 우리나라도 늘어나는 수요에 맞추어 인천공항에 있는 항공교통센터의 뒤를 이어 2017년에 대구 항공교통센터를 설립하였습니다. 또한 사전에 교통량을 예측하고 분산하여 교통 혼잡과 지연 운항을 예방할 수 있도록 항공 흐름 관리 시스템도 구축하였습니다. 이와 같은 항공 교통 관제 관련 기관들이 새롭게 만들어지면서 전문 인력에 대한 수요가 증가하고 있습니다. 또한 항공 사업체 설립, 개인 레저 항공 사업 추진 등 항공 산업에 대한 규제가 완화됨에 따라 항공 교통 관제 인력의 보강이 예상되고 있습니다.

우리나라의 경우에는 국제선 항로가 많은 인천과 제주 공항의 관제 활동이 대부분이지만, 최근에는 지방 공항의 관제 활동도 늘어나고 있는 추세이기 때문에 항공교통관제사에 대한 수요도 증가하고 있습니다. 그러나 항공교통관제사는 공무원 신분이기 때문에 항공교통관제사 수가 많아지면 그만큼 국가 재정에 부담이 되므로 급격한 일자리 수 증가로 연결되기는 어려운 상황입니다. 또한 공무원을 선호하는 사회 분위기로 인해 입직 경쟁도 치열할 것으로 보입니다.

교통공학과
항공교통관제사 전공 분석

어떤 학과인가?

인간의 삶에서 자동차나 비행기, 지하철, 배 등의 이동 수단이 없다면 얼마나 불편할지 상상조차 할 수 없습니다. 그러나 우리에게는 삶의 편리함과 더불어 급속한 도시화로 인한 교통 문제 또한 주어졌습니다. 교통 문제는 의식주의 3대 요소 다음으로 중요하므로 교통 문제 해결은 한 나라와 도시의 경제생활을 원활하게 하는 데 필수적입니다. 교통 환경은 사회·경제 분야뿐만 아니라 도시인의 삶의 질에 미치는 영향도 크기 때문에 교통 문제를 해결하는 교통공학의 중요성 또한 커지고 있습니다.

교통공학과는 교통사고 문제와 도로, 환경, 안전 등의 문제를 해결하기 위해 다양한 교통 이론을 공부하는 학과입니다. 교통공학적 해결 방안을 기본으로 한 종합적인 접근을 통해 교통 문제의 본질과 원인을 규명합니다. 그리고 교통 문제의 해결 방안을 모색할 수 있도록 새로운 기법을 연구하며, 이를 실무에 적용하여 도시 교통 문제를 해결할 수 있는 전문가를 양성합니다.

최근 교통 문제를 해결하기 위해 창의성 높은 전문가에 대한 수요가 증가하고 있고, 전문 교통인의 필요성에 대한 사회적인 인식이 높아졌으며, 도시화로 인한 교통 문제도 심각해지고 있기 때문에 교통공학과의 전망은 밝을 것으로 예상됩니다. 교통공학과를 졸업하게 되면 정부 기관(건설교통부, 한국도로공사), 연구원(교통개발연구원, 시정개발연구원, 건설기술연구원, 국토개발연구원, 도로교통안전협회), 교통 관련 설계 전문 업체 등으로 진출합니다.

교육 목표와 교육 내용은?

대도시에서는 교통 문제로 인한 개인적·사회적인 손실이 매우 크기 때문에 개인뿐만 아니라 사회적으로도 매우 중요한 문제가 되었습니다. 따라서 교통 문제의 근본적인 원인을 파악하고, 공학적으로 접근하여 해결 방법을 찾아야 합니다. 교통공학과에서는 점차 첨단화되고 있는 지능형 교통 체계를 비롯하여, 지상 교통 관련 정책이나 물류 관리 등에 대한 기본 자질을 갖춘 전문 교통인을 양성하는 것을 목표로 합니다.

학과에 적합한 인재상은?

교통공학을 전공하기 위해서는 수학, 과학, 특히 물리학 과목에 대한 기본 지식을 갖추는 것이 도움이 됩니다. 우리 사회에서 일어나는 문제들에 대해 관심을 갖고, 문제를 해결하는 데 있어 합리적인 성향을 지닌 사람에게 적합합니다. 무슨 일이든 할

» 창의력과 도전 정신을 갖춘 글로벌 리더를 양성합니다.
» 공학도로서의 기본 자질을 갖춘 실용적 전문 교통인을 양성합니다.
» 발전한 교통 체계를 이끌어 갈 미래 지향적 교통 인력을 양성합니다.
» 교통 문제의 경제적·환경적·사회적 측면을 종합적으로 사고할 수 있는 인재를 양성합니다.
» 협업 능력, 팀워크 의사소통 능력 등 창의적 문제 해결 능력을 지닌 인재를 양성합니다.
» 교통 프로젝트의 계획, 설계, 시공, 유지 및 관리, 평가에 필요한 지식과 실무 능력을 갖춘 인재를 양성합니다.

수 있다는 도전 정신과 긍정적인 자세, 다른 사람들과 협업할 수 있도록 소통 능력을 지니는 것도 중요합니다.

등교하거나 여행할 때 혹은 지하철이나 자동차 등을 이용할 때에 우리나라의 도로 교통 시스템에 대해 관심과 흥미를 갖는 사람, 주어진 문제를 과학적이고 논리적으로 해결할 수 있는 사람에게 적합합니다. 교통 문제는 복잡하고 다양한 문제들이 얽혀 발생하기 때문에 창의적이면서도 합리적인 해결 방법을 찾아내는 능력도 필요합니다.

교통공학은 우리 사회에 발생하는 문제점을 해결하는 데 중심을 두는 학문이기 때문에 교통, 공학을 비롯해 인문학, 철학, 역사, 심리학, 환경 등 다양한 분야의 독서를 통해 지식을 갖추는 것이 도움이 됩니다.

관련 학과는?

교통물류공학과, 교통시스템공학과, 건설환경도시교통공학부, 도시교통공학과, 스마트철도교통공학과, 토목교통공학, 철도운전경영학과, 철도운전관제학과, 철도운전시스템공학과, 철도운전시스템학과, 철도운전제어학과, 철도차량시스템공학과, 도시철도시스템학과 등

진출 직업은?

교통계획 및 설계가, 항공교통관제사, 교통관리시스템전문가, 교통정보서비스전문가, 교통분석전문가, 교통안전교육강사, 교통안전시설기술자, 교통안전연구원, 교통영향평가원, 교통체계연구원, 지능형첨단교통망연구원 등

주요 교육 목표

이론과 실무 능력을 갖춘
교통 전문가 양성

- - - - - - - - - - - - - - - - - - - -

기본 자질을 갖춘 실용적
전문 교통인 양성

- - - - - - - - - - - - - - - - - - - -

합리적인 도로 교통 체계를
구축할 수 있는 인재 양성

- - - - - - - - - - - - - - - - - - - -

글로벌 사회에서의 경쟁력을
지닌 인재 양성

- - - - - - - - - - - - - - - - - - - -

교통 문제를 종합적으로
사고할 수 있는 인재 양성

- - - - - - - - - - - - - - - - - - - -

창의적 문제 해결 능력을 갖춘
인재 양성

취득 가능 자격증은?

☑ 교통기사

☑ 교통기술사

☑ 도시계획기사

☑ 도시계획기술사

☑ 도시계획산업기사

☑ 감정평가사

☑ 교통산업기사

☑ 교통안전관리자

☑ 지적기사

☑ 지적산업기사

☑ 지적기술사 등

추천 도서는?

- 시민 교통(빨간소금, 조중래 외)
- 자율 주행차가 교통 문제를 해결한다면?
  (초록개구리, 예린 실버, 한혜진 역)
- 얄팍한 교통인문학(크레파스북, 이상우)
- 도시와 교통(크레파스북, 정병두)
- 시간과 공간의 연결, 교통이야기
  (씨아이알, 대한교통학회)
- 철도가 그린 동아시아 풍경
  (BG북갤러리, 이용상 외)
- 바퀴의 이동(소소의책, 존 로산트 외, 이진원 역)
- 지속가능한 교통계획 및 설계
  (한울아카데미, 제프리 톰린, 노정현 역)
- 자율주행차와 반도체의 미래
  (이코노믹스, 김영화)
- 그들이 말하지 않는 23가지
  (부키, 장하준, 김희정 외 역)
- 작은 도시 큰 기업(알에이치코리아, 모종린)
- 우리 마을 만들기(나무도시, 김기호 외)
- 나는 튀는 도시보다 참한 도시가 좋다
  (효형출판, 정석)
- 어떻게 원하는 것을 얻는가
  (8.0, 스튜어트 다이아몬드, 김태훈 역)
- 청소년을 위한 세계사: 서양 편
  (두리미디어, 이강무)
- 알기 쉬운 도시 이야기(한울, 경실련도시개혁센터)

학과 주요 교과목은?

기초 과목	교통안전공학, 교통수요분석, 교통계획, 도로설계, 교통학개론, 물리학 및 실험, 미적분학, 일반화학 및 실험 등
심화 과목	교통공학론, 교통통계학, 교통정책, 교통법규, 항공 및 항만교통학, 교통조사, 공학수학, 공항공학, 교통경제, 교통계획 및 실습, 교통공학LAB, 교통사고분석 및 실습, 교통실무실습, 교통알고리즘, 교통용량분석, 교통운영 및 실습, 교통전산, 교통조사 및 정보, 교통체계분석, 교통GIS, 대중교통, 도로설계 및 실습, 물류관리, 응용역학, 지능형교통체계, 철도공학, 토질역학, 포장공학, 화물교통 및 실습, SOC개발 등

졸업 후 진출 분야는?

기업체	교통 정보화 관련 업체, 국토 계획 교통 관련 엔지니어링 회사, 정보통신 회사, 항공사, 교통 관련 엔지니어링 회사, 도시 설계와 단지 계획 및 주택지 설계 등을 담당하는 설계 회사 등
연구 기관	교통 건설 관련 국가·민간 연구소 등
정부 및 공공 기관	교통직 공무원, 공기업(도로교통공단, 도시철도공사, 코레일, 한국도로공사, 해양항만청, 국토연구원, 한국도로공사, 한국토지주택공사, 한국수자원공사, 지역도시개발공사, 한국교통연구원) 등

전공 관련 선택 과목은?

▶ 국어, 영어 교과는 모든 학문의 기초적인 성격을 가진 도구교과로 모든 학과에 이수가 필요하여 생략함.

수능 필수	화법과 언어, 독서와 작문, 문학, 대수, 미적분Ⅰ, 확률과 통계, 영어Ⅰ, 영어Ⅱ, 한국사, 통합사회, 통합과학, 성공적인 직업생활(직업)		
교과군	선택 과목		
	일반 선택	진로 선택	융합 선택
수학, 사회, 과학	대수, 미적분Ⅰ, 확률과 통계, 세계시민과 지리, 사회와 문화, 물리학, 화학	기하, 미적분Ⅱ, 한국지리 탐구, 도시의 미래 탐구, 경제, 역학과 에너지, 전자기와 양자	실용 통계, 수학과제 탐구, 사회문제 탐구, 기후변화와 지속가능한 세계, 기후변화와 환경생태, 융합과학 탐구
체육·예술			
기술·가정/정보	기술·가정, 정보	데이터 과학	창의 공학 설계, 지식 재산 일반
제2외국어/한문			
교양	생태와 환경		

학교생활기록부 관리는?

출결 사항	• 미인정(무단) 사항이 없도록 관리하세요. 미인정 출결 내용이 있으면 인성, 성실성 영역 등에서 부정적 평가를 받을 가능성이 높아요.
자율·자치활동	• 교통공학 분야에 대한 관심과 흥미를 바탕으로 다양한 교내외 활동을 통해 창의적 문제 해결 능력, 의사소통 능력, 협업 능력, 리더십 등이 드러나도록 하세요.
동아리활동	• 공학, 과학 실험, 과학 탐구, 수학, 컴퓨터, 코딩 관련 동아리 활동을 통해 준비하세요. • 가입 동기, 본인의 역할, 배운 점, 느낀 점, 진학을 위한 활동 등이 드러나도록 하세요. • 학교내에서 타인을 위해 할 수 있는 지속적인 봉사 활동을 하세요. • 학교에서 주관하는 보건소, 병원, 재활원, 사회 복지 시설 등 사회 소외 계층 및 약자를 대상으로 하는 봉사 활동에 참여하세요.
진로 활동	• 교통공학 분야의 직업 정보 탐색 활동을 권장해요. • 교통공학 관련 기관 및 학과 체험 활동이 중요해요. • 교통공학 분야에 대한 적극적 진로 탐색 활동을 통해 진로 역량, 전공 적합성, 발전 가능성 등이 드러나도록 하세요.
교과학습발달 상황	• 수학, 과학, 정보 등 이공계 관련 교과의 성적은 상위권으로 유지하고, 수업에서 학업 역량, 전공 적합성, 자기 주도성, 문제 해결 능력, 창의력, 발전 가능성 등이 드러나도록 적극 참여하세요. • 희망 전공과 관련한 구체적인 수업 참여 내용과 그로 인해 변화된 점이 드러나도록 하세요.
독서 활동	• 인문학, 철학, 역사, 과학, 공학 등 다양한 분야의 책을 읽으세요. • 정보 통신, 4차 산업 혁명, IT 관련 독서 활동을 통해 해당 전공에 대한 기본 지식을 쌓는 것이 중요해요.
행동 발달 특성 및 종합 의견	• 창의력, 문제 해결 능력, 의사소통 능력, 협업 능력, 리더십, 발전 가능성, 전공 적합성 등이 드러나도록 하세요. • 학교생활에서 자기 주도성, 경험의 다양성, 성실성, 인성(나눔과 배려), 학업 태도와 학업 의지 등 장점이 기록되도록 관리하세요.

미래에 등장할 우주 관련 직업에 대해 알아볼까요?

▶ 우주분석가: 미생물과 방사능 등 우주의 위험 요소를 사전에 파악하고 대처해요.

▶ 우주정거장정비공: 우주 정거장을 정비해요.

▶ 우주도선사: 우주선 도킹(우주선과 정거장을 연결)을 담당해요.

▶ 화물우주선조종사: 우주선이나 로켓에 화물을 실어서 전달해요.

▶ 우주복 디자이너: 우주에서 활동할 때 필요한 우주복을 디자인해요.

▶ 우주인 트레이너: 우주인을 꿈꾸는 사람들을 가르쳐요.

▶ 우주관리인(우주청소부): 우주에 떠돌아다니는 쓰레기를 제거해요.

▶ SCV(자원채굴로봇)조종사: 우주에서 자원을 채굴하는 로봇을 조종해요.

항공우주공학기술자란?

'2024년 화성으로 가는 유인 우주선을 발사해 2025년에는 인류를 화성에 착륙시키겠다.' 미국의 한 민간 우주 항공기 개발사의 최고 경영자인 일론 머스크가 발표한 내용입니다. 일론 머스크는 더 나아가 2030년에 화성에 유인 우주선을 보내 자립 도시를 구축하겠다고 발표하였습니다. 사람을 태운 우주선을 화성에 보내겠다는 그의 계획은 미국항공우주국(NASA)보다도 5년 이상 빠른 것이라고 합니다. 그런가 하면 세계 최대 전자 상거래 업체의 최고 경영자인 제프 베이조스도 우주 개발 회사를 설립해 민간 우주여행을 상업화하기 위한 경쟁에 뛰어들었습니다. 두 최고 경영자의 회사는 실제로 로켓 발사체의 귀환 실험을 여러 차례 성공시키면서 민간인들의 우주여행이 머지않았다는 것을 입증하고 있습니다.

공상 과학 영화에서나 가능한 일들이 현실화되는 그 기술의 중심에는 항공우주공학 기술이 있습니다. 항공우주공학은 항공기의 개발,

항공우주공학기술자
항공우주공학과

제작, 운용에 관한 종합적인 학문으로 넓게는 항공의학, 기상학까지 포함하고 있습니다. 초기에는 기계, 물리 등의 종합 학문으로 출발했으나 현재는 항공, 기계, 전자, 재료, IT, 광학 등 다양한 첨단 산업도 함께 융합하여 발전하고 있습니다. 항공우주공학 기술은 오늘날 인공위성, 우주선, 우주 정거장, 로켓 엔진 등 최첨단 비행체를 만듦으로써 발전 속도가 빨라지고 있습니다. 항공우주공학 기술의 발전은 국가적으로 중요하며, 많은 사람의 협력이 필요한 분야입니다.

항공우주공학의 분야는 크게 항공공학과 우주공학으로 나눕니다. 항공공학은 여객기와 전투기, 헬리콥터 등 대기권 내의 비행체를 연구하고, 우주공학은 우주 발사체와 인공위성 등 대기권 밖의 비행체를 연구합니다. 세부적으로는 항공기를 유도하고 제어하는 분야, 응용 및 항공 역학 분야, 항공 구조 및 재료 분야, 항공 추진 기관 분야 등으로 나눌 수 있습니다.

항공우주공학기술자는 항공공학 및 우주공학과 관련된 최첨단의 다양한 비행체를 설계하고 만드는 일을 하는 사람입니다. 항공공학기술자는 우리가 상상만 했던 일을 현실로 만들어줄 수 있는 매력적인 직업입니다.

항공우주공학기술자가 하는 일은?

항공우주공학기술자가 하는 일은 비행기, 드론, 우주선, 위성 등의 연구는 물론이고, 더 나아가 자동차의 자동 제어 연구, 여러 개의 비행 물체가 합동 미션을 할 때 설계 및 제어 연구, 기체를 손상시키지 않고 비행기를 검사하는 비파괴 검사 연구, 극초음속으로 비행기가 날 때의 연소 및 제어 연구, 비행기 구조에 대한 연구 등 매우 다양합니다.

» 여객기, 전투기, 헬리콥터, 미사일, 로켓, 우주선, 무인 항공기 등의 각종 비행 물체를 공학적인 원리와 기술을 적용하여 연구하고 개발합니다.

» 항공기의 본체나 시스템 및 전자 설비를 설계하고, 새로운 항공공학 기술을 개발합니다.

» 비행기의 착륙, 구동, 유압, 조종 등과 관련된 장치를 설계합니다.

» 항공기 기체 구성품(날개, 동체, 착륙 장치, 조종 시스템 등)의 설계 개발에 참여합니다.

» 비행 시험에 관한 프로그램의 분석, 소음 및 진동 해석, 열역학적 해석을 하고, 추진 시스템을 전문적으로 개발합니다.

» 항공사에서 장비의 구입, 보수, 운용에 관한 기술적 업무를 수행합니다.

» 다목적 인공위성, 로켓 개발과 같은 프로젝트에 참여하여 기체나 시스템 및 각종 장비를 연구하고 설계합니다.

» 항공기의 제조 공정을 감독하며, 실험 연구를 통해 새로운 항공공학 기술을 개발합니다.

Jump Up

나사(NASA)의 우주비행사가 되기 위해 갖추어야 할 조건을 알아볼까요?

우주비행사가 되려면 어떤 스펙을 가져야 할까요? 미국에서는 우주 왕복선의 비행사인 경우 대담하고 용기 있는 사람, 냉정하고 결단력 있는 사람, 튼튼한 체력과 강인한 정신력을 소유한 사람을 선발한다고 해요. 또한 미국 시민권을 가지고 있어야 하고, 공학, 생명과학, 물리학, 수학 관련 학과를 졸업해야 해요. 1천 시간 이상의 제트기 비행 경험을 가지고 있어야 하며, 신체적으로는 키 162.5cm 이상, 193cm 이하만 지원이 가능해요.

임무전문가의 경우, 미국 시민권이 반드시 필요한 것은 아니지만 신장이 152cm이상 193cm이하이어야 하는 등 미국 항공우주국이 요구하는 신체적 조건에 맞아야 해요. 또한 공학, 생물과학, 물리학, 수학에 관한 학사 이상의 학위가 있어야 하며, 3년 정도의 관련 분야 종사 경력이 있어야 하지요. 직장인이 아닐 경우 석사는 1년, 박사는 3년을 실무 경력으로 인정해 줘요. 우주비행사가 되려면 이러한 요구 조건은 물론이고, 협동심이 있어야 하며, 지상관제 요원들과 소통해야 하기 때문에 영어도 잘해야 해요.

항공우주공학기술자 **커리어맵**

관련기관
• 한국항공우주연구원 www.kari.re.kr
• 한국우주연구정보센터 www.aric.or.kr
• 한국항공우주학회 www.ksas.or.kr
• 한국항공우주산업진흥협회 www.aerospace.or.kr

준비방법
• 수학 및 과학 교과 역량 키우기
• 과학 및 공학 관련 동아리 활동
• 항공우주공학 관련 기업이나 학과 탐방 활동
• 항공우주공학기술자 직업 체험 활동

적성과 흥미
• 수학과 물리학에 대한 흥미
• 호기심과 상상력
• 대인관계 능력
• 의사소통 능력
• 인내심과 끈기
• 책임감
• 리더십
• 창의력
• 영어 실력
• 판단력

관련학과
• 우주공학부
• 기계우주항공공학부
• 드론항공기계학과
• 무인항공기학과
• 항공우주공학과
• 항공우주공학부
• 항공우주공학전공
• 항공기계공학과
• 항공드론학과
• 항공보안학과
• 항공산업공학과
• 항공운항학과
• 항공정비학전공

흥미유형
• 현실형
• 탐구형

관련교과
• 수학
• 과학
• 기술·가정
• 정보

항공우주공학 기술자

관련자격
• 항공기관기술사
• 항공기관기사
• 항공기체기술사
• 항공정비기능장
• 항공기사
• 항공산업기사
• 항공교통관제사
• 일반기계기사
• 일반기계산업기사
• 항공기관사

관련직업
• 인공위성개발원
• 인공위성관제원
• 위성통신설비연구원
• 우주비행사
• 인공위성발사체기술연구원
• 우주센터발사지휘통제원
• 우주전파예보관
• 인공위성분석원
• 항공기계부품검사원
• 항공안전관리원
• 항공교통관제사
• 항공기관기술사

적성과 흥미는?

항공우주공학자가 되기 위해서는 수학과 물리학 분야에 대한 능력을 갖추는 것이 중요합니다. 특히 수학에 대한 기초 능력을 갖추어야 하는데, 수학에 대한 흥미와 교과 지식이 부족하면 항공우주공학기술자가 되는 데 어려움이 따릅니다. 항공우주공학기술자는 첨단 과학과 관련된 분야의 업무를 수행하기 때문에 새로운 것에 대한 호기심과 상상력이 풍부한 사람이 적합합니다.

다양한 기계들을 만지는 것에 대해 관심이 높고, 아울러 미사일, 비행기 등의 원리에 대해 배우므로 역학이나 기계학 등의 과목을 잘하면 도움이 됩니다. 연구 과정에서 다양한 분야의 전문가들과 협업하여 작업하기 때문에 의사소통 능력과 협업 능력, 원만한 대인 관계 능력, 리더십, 책임감을 필요로 합니다.

항공우주공학 기술은 미국을 중심으로 발전해 왔기 때문에 항공기의 기준이 되는 규격서나 문서 등이 모두 영어로 되어 있습니다. 유창한 영어 실력을 갖추지 못한다면 항공우주공학 분야의 다양한 정보와 관련 기술의 변화를 따라가지 못할 뿐 아니라 항공공학 관련 자격증도 취득하기가 어렵습니다. 항공 우주 산업을 포함한 항공기에 관한 기술은 계속 발전하므로 새로운 기술 습득에 대한 적극적인 자세와 창의성, 문제 해결을 위한 논리적 사고, 분석력, 정확한 판단력도 요구됩니다.

항공우주공학기술자에 관심이 있다면 수학, 물리학, 화학 과목에 관심을 두고, 관련 교과 지식을 습득하는 데 노력해야 합니다. 우주 및 로켓과 관련된 교양서적을 틈틈이 읽는 것도 좋습니다. 모형 비행기나 드론을 조립한 다음 비행을 조정하는 활동을 하는 것도 권장합니다. 또한 영어 실력과 창의력, 논리적 사고 능력, 의사 결정 능력, 협업 능력을 키울 수 있는 다양한 프로그램에 참여하는 것도 권장합니다.

항공우주공학기술자

커리어맵

관련 학과 및 자격증은?

→ 관련 학과: 우주공학부, 기계우주항공공학부,
　　　　　드론항공기계학과, 무인항공기학과,
　　　　　항공우주공학과, 항공우주공학부,
　　　　　항공우주공학전공, 항공기계공학과,
　　　　　항공드론학과, 항공보안학과, 항공산업공학과,
　　　　　항공운항학과, 항공정비학전공 등

→ 관련 자격증: 항공기관기술사, 항공기관기사,
　　　　　항공기체기술사, 항공정비기능장,
　　　　　항공기사, 항공산업기사, 항공교통관제사,
　　　　　일반기계기사, 일반기계산업기사,
　　　　　항공기관사 등

Jump Up

우주전파예보관에 대해 알아볼까요?

우주전파예보관은 기본적으로 우주 전파 환경을 변화시키는 가장 중요한 요인인 태양 활동을 관측해 우주 전파의 현황을 파악하는 일을 해요. 지구 밖 여러 인공위성에서 보내오는 관측 자료와 세계 여러 나라의 지상에서 관측한 지구자기장, 전리층 관측 자료 등을 활용하여 우주의 날씨라고 할 수 있는 우주 전파 환경의 변화를 예측하고, 그 변화가 인공위성이나 지상의 방송 통신 시스템, 그리고 항공기 운항과 전력망 등에 어떤 영향을 미칠지를 분석하는 일을 해요. 더 나아가서는 생태계와 일상생활에 미치는 영향을 분석하는 일을 하기도 해요.

진출 방법은?

항공우주공학기술자가 되기 위해서는 대학에서 항공우주공학과, 항공우주시스템공학과 등에 진학하면 유리합니다. 항공우주공학 관련 학과에서는 비행역학, 유체역학, 항공우주구조역학, 항공우주시스템설계, 항공우주학 등 항공우주공학기술자에게 반드시 필요한 교육을 체계적으로 배울 수 있습니다. 항공우주공학기술자는 보통 박사 학위 과정을 마친 후 한국항공우주연구원, 한국항공우주산업주식회사, 한국기계연구원, 한국과학기술연구원 등의 연구 개발직으로 진출하거나 항공기 제작 회사, 헬리콥터 개발 업체, 전자 부품 업체 등의 일반

기업이나 관련 대학의 연구직으로 진출할 수 있습니다.

항공우주공학기술자는 대부분 연구 및 개발 업무를 주로 담당하기 때문에 대학원에 진학해서 석사 학위 이상의 학력을 갖는 것이 좋으며, 항공우주공학 분야의 자격증을 취득하면 취업에 유리합니다. 우주 산업을 포함하는 항공기 기술은 계속 발전하므로 새로운 기술 습득과 끊임없는 자기 계발이 필요하며, 영어 등의 외국어 소통 능력은 기본적으로 갖추어야 합니다.

관련 직업은?

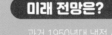

인공위성개발원, 인공위성관제원, 위성통신설비연구원, 우주비행사, 인공위성 발사체기술연구원, 우주센터발사지휘통제원, 우주전파예보관, 인공위성분석원, 항공기계부품검사원, 항공안전관리원, 항공교통관제사, 항공기관기술사 등

미래 전망은?

과거 1950년대 냉전 시대부터 시작된 우주 개발은, 미국과 소련의 경쟁으로 인해 대부분 국가 주도로 진행되었습니다. 그러다 보니 로켓이나 인공위성 기술 등 우주 개발 관련 기술은 무기나 정찰·감시 기술 개발 분야에 초점이 맞추어져 있었고 민간 기업의 참여는 적었습니다. 그러나 최근 상황은 민간 기업 주도하에 우주 개발이 이루어지고 있습니다. 이것은 우주 개발 상업화 시대가 본격적으로 시작되었다는 것을 의미합니다. 미국, 유럽, 일본, 중국 등 항공 우주 분야에서 앞선 기술을 보유하고 있는 국가에서는 여러 벤처 기업이 나서서 항공 우주 산업에 뛰어들고 있어 앞으로 관련 시장의 규모는 더욱 확대될 것으로 보입니다.

우리나라의 우주 항공 기술 및 산업은 개발 초기 단계라고 할 수 있습니다. 우리나라는 첫 우주 발사체인 나로호 발사, 한국형 헬기 사업과 스마트 무인기 사업, 중형 항공기 사업, 다목적 실용 위성 개발, 달 탐사 프로젝트 등과 같은 대규모의 개발 계획을 진행함으로써 일류 항공 우주 산업 국가로서의 성장을 준비하고 있습니다. 항공 우주 개발 기술은 각종 신기술의 개발을 가능하게 하는 첨단 산업입니다. 항공 우주 개발 과정을 통해 발전한 기술로는 방송 통신, 위성 항법 시스템, 일기 예보, 지구 자원 관측 등이 있습니다. 인공위성이나 우주선 등은 항공, 기계, 전자, 재료, IT, 광학 등 다양한 분야의 첨단 산업이 융합되어야만 만들 수 있기 때문에 항공우주공학기술자의 성장 가능성도 높을 것으로 예상됩니다. 항공 우주 관련 산업의 분야가 다양해지면서 현재는 존재하지 않지만 미래에는 이색적인 직업이 속속 등장할 것으로 예상됩니다.

항공우주공학과
항공우주공학기술자 전공 분석

어떤 학과인가?

　항공우주공학은 항공기의 개발, 제작, 운용에 관한 종합적인 학문으로, 넓게는 항공의학, 기상학까지도 포함하고 있습니다. 초기에는 기계와 물리 등의 종합 학문으로 출발했고, 항공, 기계, 전자, 재료, IT, 광학 등 다양한 첨단 산업이 융합하여 발전하였습니다. 오늘날에는 로켓, 인공위성, 우주선 등을 만들게 되면서 항공우주공학 기술은 급격한 발전을 이루었고, 최근에는 나노공학, 생명공학 분야와 결합하여 신성장 산업으로 주목받고 있습니다. 항공우주공학 기술의 발전은 항공 우주 산업분만 아니라 다른 산업에 미치는 파급 효과도 크기 때문에 앞으로도 성장 가능성이 무궁한 분야라 할 수 있습니다.

　우리나라도 나로호의 발사 성공, 한국형 헬리콥터 개발, 차세대 전투기 개발, 스마트 무인기 개발 등 항공우주공학 분야에 대한 국가 차원의 지원이 확대되고 있고, 핵심 인력 양성에 노력을 기울이고 있습니다. 또한 일상생활에 필수적인 미래 자동차 기술과 초고속 열차 기술, 에너지 기술 분야와의 융합으로 더욱 각광받고 있습니다. 항공 우주 산업은 국가 안보에 미치는 영향이 크고, 고부가 가치 산업으로 국내 전체 산업에 미치는 영향이 크기 때문에 중요한 산업 분야입니다.

　항공우주공학과는 항공기, 헬리콥터 등의 대기권 비행체와 인공위성, 발사체와 같은 우주 비행체의 설계, 해석, 제작, 시험 평가, 운용을 위한 기반 학문 및 최신 공학 기술을 교육하고, 이를 통해 21세기 첨단 항공 우주 산업 사회에서 요구하는 창의적이면서 실용적인 항공 우주 전문가를 양성하는 학과입니다.

교육 목표와 교육 내용은?

　항공우주공학과에서는 항공 우주 시스템 개발에 필요한 종합적·창의적인 공학적 능력과 리더십을 갖춘 인재를 육성합니다. 항공우주공학과를 졸업한 후에 국가 항공 우주 산업 및 관련 산업 분야에서 중추적 역할을 담당할 수 있는 인재를 양성하는 것이 교육 목표입니다.

학과에 적합한 인재상은?

　항공우주공학을 공부하기 위해서는 수학, 물리학에 대한 기초 지식이 필수적입니다. 그중에서도 가장 중요한 것이 수학에

» 과학적 사고 능력과 창의력을 겸비한 인재를 양성합니다.
» 항공 우주 산업 분야에 적용 가능한 실무 능력을 지닌 인재를 양성합니다.
» 미래 지향적인 기술을 연구하여 유익하게 적용할 수 있는 인재를 양성합니다.
» 사회 발전에 적극적으로 기여할 수 있는 인재를 양성합니다.
» 책임감 있고 합리적인 사고와 풍부한 교양을 갖춘 인재를 양성합니다.
» 창의적 종합 설계 능력을 갖춘 항공우주공학 분야의 기술인을 양성합니다.
» 협동 정신과 국제화 적응 능력을 겸비한 엔지니어를 양성합니다.
» 엔지니어로서의 사회적 역할과 윤리적 책임감을 지닌 인재를 양성합니다.

대한 기초 지식을 갖추는 것인데, 이것이 부족하면 항공우주공학을 전공하기 힘듭니다. 따라서 수학과 물리학 교과에 대한 흥미는 물론 관련 지식을 갖추도록 노력해야 합니다. 아울러 비행물체의 원리에 대해서 배우는 학과이므로 역학, 기계학 등의 과목을 잘하면 도움이 됩니다.

항공우주공학은 첨단 과학에 관련된 분야를 다루므로 상상력이 풍부하고, 호기심이 많으며, 새로운 것을 배우는 데 흥미가 있으면 좋습니다. 한번 시작한 일은 끝을 보는 사람, 인내와 노력을 감수할 수 있는 사람, 독서를 통한 인문학적 소양으로 상상력이 풍부한 사람에게 적합합니다. 주변에 있는 다양한 기계들을 다루는 것에 관심과 손재주가 있어야 합니다. 연구 과정에서 다른 분야의 전문가들과 협업하여 작업하기 때문에 의사소통 능력과 협업 능력, 책임감이 필요합니다.

항공 우주 산업은 미국을 중심으로 진행되고 있기 때문에 기술적 교류를 위해 영어 실력이 필요합니다. 영어 실력이 부족하다면 관련 분야의 기술을 습득하거나 관련 자격증을 취득하기도 어렵기 때문에 영어 실력을 갖추기 위해 노력해야 합니다.

주요 교육 목표

창의적 종합 설계 능력을
갖춘 인재 양성

윤리적·사회적 책임 의식을
갖춘 인재 양성

국제 경쟁력을 갖춘 인재 양성

미래 지향적이며 창의적인 인재 양성

리더십 및 의사 전달 능력을
갖춘 인재 양성

산업 현장 적응 능력을
갖춘 인재 양성

관련 학과는?

우주공학부, 기계우주항공공학부, 기계항공공공학과, 기계항공공학부, 드론항공기계학과, 무인항공기학과, 항공우주공학부, 항공우주공학전공, 항공기계공학과, 항공드론학과, 항공보안학과, 항공산업공학과, 항공운항학과, 항공정비학전공, 항공전자공학과 등

취득 가능 자격증은?

☑ 항공기관사
☑ 항공기관기술사
☑ 항공기관기사
☑ 항공기사
☑ 항공산업기사
☑ 항공기체기술사
☑ 항공교통관제사
☑ 항공운항관리사
☑ 항공정비사 등

진출 직업은?

인공위성발사체기술연구원, 우주센터발사지휘통제원, 우주전파예보관, 인공위성분석원, 항공기계부품검사원, 항공우주공학기술자 등

추천 도서는?

- 로켓의 과학적 원리와 구조
  (하이픈, 데이비드 베이커, 염성수 역)
- 직감하는 양자역학(보누스, 마쓰우라 소, 전종훈 역)
- 꿈꾸는 우주(멀리깊이, 사토 가쓰히코, 최지영 역)
- 처음 읽는 인공위성 원격탐사 이야기
  (플루토, 김현옥)
- 인공위성 만드는 물리학자 황정아 박사의
  우주미션 이야기(플루토, 황정아)
- 우주궤도를 선점하는 글로벌 리더
  인공위성개발자(토크쇼, 김명철)
- 비행의 시대(사이언스북스, 장조원)
- 비행기는 어떻게 날까?
  (민음인, 장밥티스트 투샤르, 김성희 역)
- 미래전의 도전과 항공우주산업
  (사회평론아카데미, 신범식 외)
- 항공우주공학(문운당, 송윤섭)
- 우주 기술의 파괴적 혁신(텍스트북스, 김승조)
- 우주 탐사의 물리학(동아시아, 윤복원)
- 우주탐사 메뉴얼(위즈덤하우스, 김성수)
- NASA 탄생과 우주탐사의 비밀
  (한울아카데미, 존 룩스톤, 황진영 역)
- 파인만의 여섯 가지 물리 이야기
  (승산, 리처드 파인만, 박병철 역)
- 재미있는 항공 우주 이야기(동명사, 임달연)
- 시크릿 스페이스(어바웃어북, 서울과학교사모임)

학과 주요 교과목은?

기초 과목	공업역학, 미분적분학, 미분방정식, 일반물리학, 일반화학, 선형대수학, 전산개론, 항공우주공학개론, 정역학 등
심화 과목	공학설계입문, 열역학, 재료역학, 전산응용제도, 수치해석, 전기전자공학, 기초공학실험, 동역학, 유체역학, 계측공학, 공기역학실험, 열공학실험, 공기역학, 구조역학 및 실험, 비행동역학 및 성능, 수치해석, 신호 및 시스템, 임베디드시스템설계, 항공우주형상설계, 공업재료, 열역학응용, 응용수학활용, 응용공학실험, 기계제작법, 기구학, 자동제어, 항공역학, 항공우주구조역학, 항공우주기계현장실습, CAD/CAM, 기계진동, 가스터빈기관, 압축성유동, 항공기제어, 응용구조역학, 전산유체역학, 항공기성능, 로켓추진공학, 우주비행역학, 항공우주구조설계, 인공위성시스템 등

졸업 후 진출 분야는?

기업체	민간 항공사, 항공기 제작 회사, 항공기 부품 회사, 중공업 관련 업체, 우주 관련 설계 및 엔지니어링 회사, 항공기 정비 업체 등
연구 기관	항공·우주 관련 국가·민간 연구소 등
정부 및 공공 기관	기술직 공무원, 한국기계연구원, 한국항공우주연구원, 국방과학연구소 등

🔍 전공 관련 선택 과목은?

▶ 국어, 영어 교과는 모든 학문의 기초적인 성격을 가진 도구교과로 모든 학과에 이수가 필요하여 생략함.

수능 필수	화법과 언어, 독서와 작문, 문학, 대수, 미적분 I, 확률과 통계, 영어 I, 영어 II, 한국사, 통합사회, 통합과학, 성공적인 직업생활(직업)		
교과군	선택 과목		
	일반 선택	진로 선택	융합 선택
수학, 사회, 과학	대수, 미적분 I, 확률과 통계, 물리학, 화학, 지구과학	기하, 미적분 II, 역학과 에너지, 전자기와 양자, 지구시스템과학, 행성우주과학	수학과제 탐구, 융합과학 탐구
체육·예술			
기술·가정/정보	기술·가정, 정보		창의 공학 설계, 지식 재산 일반
제2외국어/한문			
교양			

학교생활기록부 관리는?

출결 사항	• 미인정(무단) 사항이 없도록 관리해요. 미인정(무단) 결석 등이 있으면 인성 영역 등에서 부정적 평가를 받을 가능성이 높아요.
자율·자치활동	• 항공우주공학 분야에 대한 관심과 흥미를 바탕으로 다양한 교내외 활동을 통해 자기 주도성, 창의력, 의사 결정 능력, 리더십 등이 드러나도록 하세요.
동아리활동	• 항공, 공학, 과학 실험, 과학 탐구, 수학, 코딩 관련 동아리 활동에 참여하여 항공우주공학 전공에 대한 준비를 하세요. • 가입 동기, 본인의 역할, 배운 점, 느낀 점, 항공우주공학 전공 적합성 등이 입증될 수 있도록 하세요. • 학교내에서 타인을 위해 할 수 있는 지속적인 봉사 활동을 하세요. • 학교에서 주관하는 보건소, 병원, 재활원, 사회 복지 시설 등 사회 소외 계층 및 약자를 대상으로 하는 봉사 활동에 참여하세요.
진로 활동	• 항공 우주 분야의 직업 정보 탐색 활동을 권장해요. • 항공 우주 관련 기업 및 학과 체험 활동이 중요해요. • 항공우주공학 분야에 대한 적극적 진로 탐색 활동을 통해 자신의 진로 역량이 드러나도록 하세요.
교과학습발달 상황	• 수학, 과학 등 이공계 관련 교과 성적은 상위권으로 유지하고, 관련 교과 수업에서 전공 적합성, 자기 주도성, 문제 해결 능력, 창의력, 발전 가능성 등의 역량이 발휘될 수 있도록 적극 참여하세요. • 구체적인 수업 참여와 그로 인해 변화된 점이 드러나도록 하세요.
독서 활동	• 인문학, 철학, 역사, 과학, 공학 등 다양한 분야의 책을 읽으세요. • 항공 우주, 항공 전자, 항공기 제어, 4차 산업 혁명 등 항공우주공학 관련 독서 활동이 필요해요.
행동 발달 특성 및 종합 의견	• 창의력, 문제 해결 능력, 협업 능력, 리더십, 발전 가능성, 전공 적합성 등이 드러나도록 해요. • 학교생활에서 자기 주도성, 경험의 다양성, 성실성, 인성(나눔과 배려), 학업 태도와 학업 의지 등 장점이 기록되도록 관리해야 해요.

Jump Up

해양공학 분야에 대해 알아볼까요?

해양을 효과적으로 개발하기 위한 해양공학의 분야는 해양 생물을 이용하는 분야, 파도나 조류를 이용하는 에너지 분야, 해저 석유, 해저 가스, 해저 심층수 등을 이용하는 해저 광물 자원 분야, 해양 교통 및 수송, 항만 및 방파제 등을 위한 매립, 각종 저장 시설 등을 이용하는 해양 공간 분야로 구분할 수 있어요.

해양공학기술자란?

현재 지구는 다양한 문제로 몸살을 앓고 있습니다. 기후 변화로 인해 식량 부족 문제가 심각해지고 있고, 가장 중요한 석유 자원은 그 매장량이 머지않아 고갈될 것으로 예상됩니다. 인류의 활용 공간을 확대하는 방안 중의 하나는 우주 개발인데, 이는 현실적으로 너무 많은 비용이 들고, 실패할 확률도 매우 큽니다. 그래서 우주 개발보다 비용이 적게 들고, 실패의 확률도 낮은 해양으로 눈을 돌리고 있는 것입니다.

해양은 인간이 살아가는 데 있어 필수적인 식량, 자원, 에너지 등을 해결하기 위해 남겨진 마지막 장소이며, 미래의 해양은 육지를 대신하여 인류 생활의 중심지가 될 것으로 예상되고 있습니다. 그러나 지금의 해양은 각종 폐기물의 유입으로 많은 문제점을 안고 있습니다. 따라서 미래 자원의 중요한 역할을 담당할 해양의 효율적인 개발과 환경 오염 방지 방안에 대해 관심을 기울여야 합니다. 더욱이 삼면이 바다인 우리나라는 해양에 대한 연구 및 개발이 시급한 실정입니다.

해양공학기술자
해양공학과

해양공학은 해양 개발 및 보호에 필요한 해양물리학, 해양생물학, 해양지구물리학, 해양수산학, 해양토목공학 등의 학문을 종합적으로 다루는 학문입니다. 따라서 해양공학은 해양의 이용이나 개발 분야뿐만 아니라 지구의 환경 문제와 관련하여 해양 환경과 해양의 보전 방향과도 연관되어 있습니다. 한마디로 해양공학은 해양 개발을 위해 해저 지형 및 지질의 특성, 해양 에너지, 해양 광물, 해양 공간 등의 학문을 연구하고, 한편으로는 해양 보존을 위해서 오염의 종류와 원인 등에 대해 연구하는 학문입니다. 해양 개발이 본격화되고 해양공학을 연구하게 된 것은 불과 60년도 되지 않았기 때문에 해양공학은 수많은 가능성이 열려있는 학문이며, 미래를 선도할 새로운 미래 공학이라 할 수 있습니다.

해양공학기술자는 다양한 엔지니어링 공법을 이용하여 해양과 해안의 바닷물을 움직일 수 있는 시스템을 개발하고 사용하며, 건설과 시설 관리 프로젝트로 항구, 항만, 제방, 해양 굴착 준설기와 구조 작업, 수중 건설, 해양 환경 관리 등의 업무를 수행하는 직업입니다. 해양 및 자원 개발 업체, 해저 석유 개발 업체, 해양 구조물 설계 및 제작 회사, 항만 장비 개발 회사, 해양 환경 관련 업체 등에서 근무합니다.

해양공학기술자가 하는 일은?

해양공학기술자는 해양 과학 기술이나 해양 정책에 관한 연구를 수행하고, 개발하는 일을 하는 사람입니다. 해양 공학기술자의 업무는 크게 해양 과학 기술 분야와 해양 정책 분야로 분류됩니다. 해양 과학 기술 분야는 해양 물리, 해양 화학, 해양 생물, 해양 지질, 해양 자원 개발 등으로 세분화되어 업무를 수행하고, 해양 정책 분야는 국제 물류, 해사 정책, 환경 보전, 항만 개발 등의 업무를 수행합니다.

해양공학기술자는 에너지 분야의 연구·개발 업무를 담당할 때에는 연구실이나 사무실 등 실내에서 주로 업무를 수행하게 되고, 실험을 위해 실험 장비를 활용하는 경우가 많습니다. 에너지 시스템 현장 연구 및 시스템 구축 시에 는 현장을 직접 방문해야 하므로 외부에서 근무하는 시간이 많으며, 안전사고에 대비하기 위해 특수 보호 장비를 착용합니다. 해양공학기술자는 다른 직업과 비교하여 임금이 높은 편이고, 고용이 안정적이며, 자기 계발 가능성이 높은 직업에 속합니다.

> » 항만 개발, 임해 공업 단지 조성 등을 위한 자료를 조사·분석합니다.
> » 각종 해양 관련 개발을 위한 해양 환경 현황을 조사·관측·평가·계획합니다.
> » 각종 관측과 기상 관측을 통해 환경 영향 평가 및 위치적 타당성을 검토합니다.
> » 해양 구조물의 안정을 위한 합리적인 설계 및 도면 작성, 재료 선택, 시공 및 시공에 따른 오염물의 확산, 해안 건설 공사로 인한 생태계의 영향 등을 분석합니다.
> » 적조 원인과 확산 경로, 연안에서의 해류 이동을 분석하여 방제 기술과 조기 탐지 기술을 개발합니다.
> » 해양환경도를 작성하고, 해상의 기상 상황을 관측하기 위해 해역에 띄운 인공위성으로 추적하여 해류도를 제작합니다.
> » 연안에서의 해류 이동 및 에너지 연구 등을 통해 방제 기술을 개발하고, 조기 탐지 기술을 연구합니다.
> » 해양 환경의 기초 자료를 제공하며, 해양 관측 시스템 개발, 심해저 광물 자원 탐사를 수행합니다.
> » 선박 및 해사 관련 정보 시스템과 해양 관측 시스템을 개발합니다.
> » 항만 물류 시스템의 구축에 관한 연구·개발 업무를 수행합니다.

Jump Up

해양과학기술자에 대해 알아볼까요?

다양한 자연 과학 지식을 바다에 적용해 바다에서 일어나는 여러 가지 현상을 조사하고 연구해요. 대학교에서 물리학, 화학, 생물학, 지질학, 해양학 등 자연 과학을 전공하고, 대학원 석사 과정에서 좀 더 세분화된 해양학을 공부하는 경우가 많아요. 전공 분야로는 물리해양학, 화학해양학, 생물해양학, 지질해양학 등이 있고, 연구자로서 일하려면 박사 학위를 취득해야 해요.

해양공학기술자

커리어맵

- 한국해양연구소 www.kordi.re.kr
- 한국해양연구원 www.kriso.re.kr
- 해양산업개발연구소 www.rcoid.pknu.ac.kr
- 국립해양조사원 www.nori.go.kr
- 국립수산진흥원 www.nfrda.re.kr

- 수학 및 물리학, 화학, 지구과학, 정보 교과 역량 키우기
- 공학 및 과학 및 컴퓨터 동아리 활동
- 해양 관련 기관 탐방 활동
- 해양공학 관련 학과 탐방 활동

- 해양공학기술자 직업 체험 활동
- 공학, 해양, 환경, 인공 지능, 4차 산업 혁명 등 다양한 분야의 독서 활동
- 체력 증진

- 분석적 사고 능력
- 책임감
- 사명감
- 해양 환경에 대한 이해
- 해양 구조물에 대한 관심
- 호기심과 도전 정신
- 공학 전반에 대한 폭넓은 이해
- 수리 능력
- 공간지각 능력
- 창의력
- 대인관계 능력
- 의사 결정 능력
- 협업 능력
- 컴퓨터 활용 능력
- 리더십
- 도덕성
- 글로벌 감각

관련기관

준비방법

적성과 흥미

관련학과

해양공학기술자

흥미유형

관련교과

관련자격

관련직업

- 해양공학과
- 조선해양공학과
- 조선해양공학부
- 조선해양시스템공학부
- 기계조선해양공학부
- 선박해양공학과
- 해양토목공학과
- 해양환경과학과
- 해양환경공학과
- 해양융합공학과
- 해양융합학과
- 조선해양플랜트공학과
- 해양학과

- 수학
- 과학
- 기술·가정
- 정보
- 환경

- 현실형
- 탐구형

- 해양공학기사
- 해양기술사
- 해양자원개발기사
- 해양환경기사
- 해양조사산업기사
- 해양생산관리기사
- 항만 및 해안기술사
- 수자원개발기술사
- 측량 및 지형공간정보기사
- 측량 및 지형공간정보산업기사
- 수질환경기사
- 수질환경산업기사

- 해양과학연구원
- 해양지질연구원
- 해양물리연구원
- 해양생물연구원
- 해양화학연구원
- 수질환경기술자
- 폐기물처리기술자
- 항만설계기술자
- 해양관련사업체관리자
- 해양환경기술자
- 해양공학연구자
- 환경 및 해양과학연구원
- 플랜트기계공학기술자
- 조선공학기술자
- 해양수산기술자
- 해수담수화공정기술연구원
- 원해양설비기본설계사

적성과 흥미는?

해양공학기술자는 해양 환경 보전 및 해양 자원 개발에 대한 지식 습득과 해저 자원을 채취하고, 탐사 작업을 하기 위한 분석적 사고 능력이 중요합니다. 지속적으로 해양공학 분야에 대한 연구 개발이 필요하기 때문에 직업의식과 책임감, 사명감이 요구되고, 관련 공학 기술과도 융합되는 특성이 있으므로 다른 학문을 받아들이는 유연성과 열린 자세가 요구됩니다. 해양 환경에 대한 이해가 필수적이며, 전공 지식뿐만 아니라 관련 학문에 대한 지식도 필수적입니다. 바다는 물론 선박을 비롯한 해양 구조물에 대한 관심과 흥미, 호기심과 도전 정신도 갖추어야 합니다.

자원 과학 및 공학 전반에 걸쳐 폭넓은 지식과 이해력, 환경 문제에 대한 관심, 각종 설비를 기술적으로 다루는 능력, 복잡한 계산을 신속 정확하게 할 수 있는 수리 능력, 도면을 정확히 볼 수 있는 공간 지각 능력 등이 필요합니다. 새로운 해양 에너지를 연구하고 개발할 수 있는 창의력과 논리적으로 분석할 수 있는 분석적 사고 능력, 새로운 에너지를 개발하려는 탐구 자세도 요구됩니다. 최근에는 해양공학 업무에 컴퓨터를 많이 활용하기 때문에 컴퓨터 활용 능력도 갖추어야 합니다.

평소에 물리적·생물학적 현상들에 대해 호기심을 가지고 관찰하는 것을 즐기며, 창조적인 활동을 요구하는 조사나 연구 활동을 선호하고, 설득적이며, 사회적인 성격을 지니고 있으면 좋습니다. 해양공학기술자는 바다에서 업무를 수행하는 경우가 많기 때문에 강인한 체력과 인내심이 필요합니다. 해양의 시공 현장은 문제가 발생할 수 있는 변수들이 많기 때문에 문제 해결 능력과 판단력 또한 필요합니다.

해양공학기술자에 관심이 많다면 수학, 물리학, 화학, 지구과학, 정보 등의 교과 지식을 습득하는 데 노력해야 하고, 해양, 환경, 컴퓨터, 4차 산업 혁명, 미래학 등 다양한 분야의 지식을 독서를 통해 습득하는 것을 권장합니다. 컴퓨터 활용 능력을 키우고, 기초 체력을 기르기 위해 꾸준하게 운동을 하는 것도 중요합니다.

해양공학기술자
커리어맵

관련 학과 및 자격증은?

➡ 관련 학과: 해양공학과, 조선해양공학과, 조선해양공학부, 조선해양시스템공학부, 기계조선해양공학부, 선박해양공학과, 해양토목공학과, 해양환경과학과, 해양환경공학과, 해양융합공학과, 해양융합과학과, 조선해양플랜트공학과, 해양학과 등

➡ 관련 자격증: 해양기술사, 해양공학기사, 해양자원개발기사, 해양환경기사, 해양조사산업기사, 해양생산관리기사, 항만 및 해안기술사, 수자원개발기술사, 측량 및 지형공간정보기사, 수질환경기사, 수질환경산업기사 등

Jump Up

항만설계기술자에 대해 알아볼까요?

항만설계기술자는 해양 공간을 체계적이고 효율적으로 이용하기 위해 항만·해안·해양 구조물 등을 계획하고 설계해요. 오랫동안 축적된 프로젝트 수행 경험을 바탕으로, 다양한 분야의 전문화된 기술자들과 협력하여 항만 시설을 설계하는 일을 해요.

진출 방법은?

해양공학기술자가 되기 위해서는 전문 대학 및 대학교의 해양공학과, 조선해양공학과, 선박해양공학과, 환경공학과, 해양산업공학과, 해양환경학과, 산업시스템공학과, 테크노경영공학과, 안전공학과 등에서 관련 학문을 배우는 것이 유리합니다. 해양공학 분야는 수산, 생물, 토목, 지질 등 다양한 분야가 융합되어 있기 때문에 수산 관련 학과와 생물학, 화학, 물리학, 지질학 등 순수 과학 전공자들도 진출하고 있습니다.

국립 연구 기관은 채용 시 해양공학 관련 전공의 석사 이상의 학위를 요구하기도 합니다. 산업체의 경우는 학위보다도 해양 관련 기술, 기술사 등의 자격증 소지자를 우선 채용합니다. 자격증을 취득하게 되

면 공무원 시험에서도 가산점을 받을 수 있고, 아예 자격증 소지자로 공무원 시험 응시 자격을 제한하기도 합니다.

해양공학기술자는 보통 공개 채용으로 입사하는 경우가 대부분이며, 경력자인 경우에는 수시 모집을 통해 채용합니다. 일반 기업으로는 해양 및 자원 개발 업체, 해저 석유 개발 업체, 해양 구조물 설계 및 제작 회사, 항만 장비 개발 회사, 해양 환경 관련 업체 등으로 진출할 수 있습니다. 정부 출연 기관 및 연구 기관으로는 한국해양연구원, 국립해양조사원, 국립수산과학원, 한국해양수산개발원, 국립수산물질검사원 등으로 진출할 수 있습니다.

관련 직업은?

해양과학연구원, 해양지질연구원, 해양물리연구원, 해양생물연구원, 해양화학연구원, 수질환경기술자, 폐기물처리기술자, 항만설계기술자, 해양관련사업체관리자, 해양환경기술자, 해양공학연구자, 환경 및 해양과학연구원, 플랜트기계공학기술자, 조선공학기술자, 해양수산기술자, 해수담수화공정기술연구원, 원해양설비기본설계사 등

미래 전망은?

인공 지능, 로봇, 빅데이터, 사물 인터넷 등으로 대표되는 4차 산업 혁명 시대를 이끄는 기술들은 해양 분야에도 영향을 주고 있습니다. 도로 교통 분야에서 운전기사 없이 운행되는 자율 주행 자동차가 개발되고 있다면, 해양 분야에서는 자율 주행 선박이 개발되고 있습니다. 사람 모양의 스쿠버 로봇을 만들어 사람이 접근하기 힘든 깊은 바다에 숨어 있는 보물을 탐색하는 작업을 하며, 바다뱀, 게 등과 같은 생물체의 형상을 닮은 로봇을 개발하여 자연 생태계를 감시하는 작업을 하고 있습니다. 이와 같이 바다는 새로운 기술들이 개발되고 적용되는 중요한 장소가 되고 있습니다.

동아시아 지역이 중요한 경제 지역으로 부상함에 따라 정부에서도 해운 및 항만 산업의 선진화와 해양 문화 관광 육성을 위해 지속적으로 투자할 것으로 예상됩니다. 각종 항만 시설을 확충하고, 컨테이너 처리 시설을 확대해 빠른 물류 처리를 가능하게 하며, 친환경 레저 도시형 고부가 가치 항만 개발을 위해 계획을 수립하고 추진할 예정입니다.

해양공학 기술은 국가 성장 동력으로써 중요한 역할을 할 것으로 전망됩니다. 해양 바이오 디젤, 풍력, 파력 등 대체 에너지 개발을 비롯하여 해양 자원 개발을 위한 각종 구조물 건설, 이를 위한 해양 환경 영향 평가 등에서도 해양공학기술자의 역할은 커질 것입니다. 특히 해양 개발용 수중 건설 로봇의 개발, 무인 해저 탐사 통신 건설 장비와 분산형 수중 관측 제어망 기술의 개발 등 해양 산업 기술 개발을 위한 투자도 늘어날 예정이어서 해양공학기술자의 전망을 밝게 하고 있습니다. 몇 해 전 일본에서 발생한 지진 및 해일 사고에 의한 피해 등으로 해안 보안 시설물이나 방파제 등 해양 구조물에 대한 중요성이 강조되면서, 해양 구조물의 설계도 작성에서 시공까지의 작업이 활발해지고 있고, 이에 따라 해양공학기술자에 대한 인력 수요도 증가할 것으로 보입니다.

해양공학과
해양공학기술자 전공 분석

어떤 학과인가?

지구 표면의 70%를 차지하는 해양은 미래 인류의 생존을 위한 중요 자원의 공급처이므로 인류는 해양의 개발과 환경 보존이라는 과제를 안고 있습니다. 특히 우리나라는 삼면이 바다로 되어 있고, 외국과 무역 거래의 99%가 해상 운송을 통해 이뤄지고 있을 정도로 우리나라에서 해양 산업은 국가 발전에 중요한 역할을 하는 분야입니다.

해양공학은 해양 개발 및 보호에 필요한 학문인 해양물리학, 해양생물학, 해양지구물리학, 해양수산학, 해양토목공학 등을 종합적으로 다루는 학문으로, 해양의 이용이나 개발 분만 아니라 지구의 환경 보호와 관련한 해양 환경 보전과도 관련된 학문입니다.

해양공학과는 상대적으로 덜 개척된 공간인 해양의 개발과 이용을 위해 첨단 해양 과학 기술을 이끌어 갈 유능한 해양공학 인재를 양성하는 것을 목표로 합니다. 또한 해양 공간 및 해양 에너지의 개발, 해양·해안·항만 구조물의 건설, 해양 원격 탐사, 정보 관리, 해양 환경의 제어·보전 기술 등 해양의 종합적 이용·개발과 관련된 과학 기술을 중점적으로 배우는 학과입니다. 배를 만드는 방법과 관련된 공부 외에도 해양 자원과 해저 탐사선의 개발, 해양 생태계의 오염을 줄일 수 있는 방법에 대해서도 공부합니다.

교육 목표와 교육 내용은?

해양공학과에서는 물리학, 화학, 지구과학, 수학 등의 기초 지식과 동역학, 고체역학, 유체역학 등의 전공 관련 지식을 습득하여 문제 해결에 적용하는 능력을 배양합니다. 해양공학 관련 과목에 대한 이해를 통해 각종 선박 및 해양 구조물의 성능 해석, 설계 및 건조 업무에 필요한 기본적인 능력을 배양합니다. 또한 컴퓨터 활용 능력과 외국어 능력을 향상시켜 정보화 국제화 시대에 적합한 현장 맞춤형 해양공학 엔지니어 양성에 교육 목표를 두고 있습니다.

학과에 적합한 인재상은?

해양공학을 전공하려면 해양 환경에 대한 이해가 필수적이며, 전공 지식뿐만 아니라 관련 학문에 대한 지식도 필수적입니다. 수학, 물리학, 화학, 지질학, 역학 등에 대한 기초 학습이 필요하고, 바다는 물론 선박을 비롯한 해양 구조물에 대한 관심과 흥미, 호기심이 있어야 합니다.

> » 해양공학의 새로운 기술 습득과 학문 연구를 위한 기초 능력을 갖춘 인재를 양성합니다.
> » 해양공학 분야의 여러 문제들을 분석·평가할 수 있는 인재를 양성합니다.
> » 각종 선박 및 해양 구조물의 성능 해석, 설계 및 건조 업무에 필요한 기본 능력을 지닌 인재를 양성합니다.
> » 정보화·국제화 시대에 적합한 실무 능력을 갖춘 현장 맞춤형 엔지니어를 양성합니다.
> » 세계적 환경 변화에 효과적으로 적응하면서 국가와 인류에 기여할 수 있는 인재를 양성합니다.

해양 환경에서 일하는 것은 강인한 체력과 인내심을 요구하고, 탐사 및 시공 작업을 하기 때문에 높은 수준의 관찰력과 분석력, 판단력도 갖추어야 합니다. 해양의 시공 현장에서는 예측하지 못한 상황들이 발생할 수 있으므로 문제 해결을 위한 도전 정신과 창의력을 갖추는 것도 중요합니다.

평소에 기계나 컴퓨터 등 다양한 분야에 흥미가 있으면 좋습니다. 해양공학과에서는 컴퓨터를 활용한 다양한 응용 소프트웨어의 활용법을 배우기 때문에 컴퓨터 활용에 대한 기본 지식도 갖추어야 합니다. 복잡한 구조물에 대해서도 잘 이해할 수 있는 공간 지각 능력도 필요합니다. 리더십과 창의성, 책임감, 글로벌 감각을 지닌 사람, 미지의 세계에 도전할 수 있는 창조적 능력을 지닌 사람에게 적합합니다.

관련 학과는?

조선해양공학과, 기계조선해양공학부, 기관시스템공학과, 선박해양공학과, 조선공학과, 조선해양시스템공학부, 첨단운송기계시스템학과, 항만물류시스템학과, 항해정보시스템학부, 항해학부, 해양산업융합학과, 해양시스템공학과, 해양수산경영학과, 해양경찰시스템학과, 해양메카트로닉스학부, 해양환경공학과, 해양토목공학과, 기관시스템공학과, 첨단해양모빌리티학과, 첨단운송기계시스템학과 등

진출 직업은?

해양공학기술자, 해양과학연구자, 해양공학연구자, 수질환경기술자, 폐기물처리기술자, 해양관련사업체관리자, 해양환경기술자, 선박교통관제사, 선박운항관리사, 선장 및 항해사, 무선항해통신장비설치원, 해양경찰관, 수산학연구원, 환경 및 해양과학연구원, 도선사, 선박운항관리사, 조선공학기술자, 토목구조설계기술자, 플랜트기계공학기술자, 선박정비원, 해양수산기술자, 환경영향평가원, 레저선박시설전문가, 산업잠수사, 해수담수화공정기술연구, 원해양설비기본설계사 등

주요 교육 목표

공학적 이해·분석·응용 능력을
지닌 인재 양성

해양 구조물 분석 및 설계
능력을 지닌 인재 양성

폭넓은 교양과 국제화된
인성을 지닌 인재 양성

자신의 능력을 최대한
발휘할 수 있는 인재 양성

공학적 통찰력을 갖춘
융합형 인재 양성

종합적이고 창의적인
문제 해결 능력을 지닌 인재 양성

취득 가능 자격증은?

- ☑ 해양공학기사
- ☑ 해양환경기사
- ☑ 토목기사
- ☑ 토목산업기사
- ☑ 선박기계기사
- ☑ 선박기계기술사
- ☑ 건축기사
- ☑ 건축산업기사
- ☑ 수질환경기사
- ☑ 수질환경산업기사
- ☑ 항로표지기사
- ☑ 해양기술사
- ☑ 항로표지산업기사
- ☑ 해양조사산업기사
- ☑ 해양생산관리기사
- ☑ 항만 및 해안기술사
- ☑ 수자원개발기술사
- ☑ 해양자원개발기사
- ☑ 측량 및 지형공간정보기사
- ☑ 해양자원개발기사 등

추천 도서는?

- 해양 해저플랜트 공학(에이퍼브프레스, 신동훈 외)
- 십대를 위한 미래과학 콘서트(청아람미디어, 정재승 외)
- 나보다 똑똑한 AI와 사는 법(북트리거, 반병현)
- 해양개발: 기술과 미래(전파과학사, 후지이 키요미츠, 고유봉 역)
- 나의 첫번째 바다 생물 이야기
  (미래주니어, 진저 L. 클라크, 박은진 역)
- 작은 초능력자가 만드는 바이오수소(지성사, 강성균 외)
- 바다에 대한 예의(지성사, 주현희)
- 모두를 위한 초록별 에너지 전환 이야기
  (놀궁리, 상드린 뒤마 로이, 김현정 역)
- 아무도 본적 없던 바다(타인의 자유, 에디스 위더, 김보영 역)
- 눈부신 심연(시공사, 헬렌 스케일스, 조은영 역)
- 상어가 빛날 때(푸른숲, 율리아 슈네저, 오공훈 역)
- 작지만 무서워! 해양 플라스틱(아르볼, 이명희)
- 뜨거운 지구가 보내는 차가운 경고 기후 위기
  (머핀북, 데이비드 깁슨, 공우석 역)
- 사랑해 만타(나눅, 장재연)
- 새로원진 세계의 바다와 해양생물(재륜, 김기태)
- 해양 플랜트 공학(선학출판사, 김태희 외)
- 조선기술: 배 만들기의 모든 것(지성사, 대한조선학회)
- 생각하는 뇌, 생각하는 기계(멘토르, 제프 호킨스 외, 이한음 역)
- 과학의 미래 청소년이 묻고 과학자가 답하다
  (자유로운상상, 박승덕 외)
- 바다 위 인공섬 시토피아: 사람이 만드는 미래의
  해양 도시(지성사, 권오순 외)
- 이기적 유전자(올유문화사, 리처드 도킨스, 홍영남 외 역)
- 뉴턴과 아인슈타인, 우리가 몰랐던 천재들의 창조성
  (창작과비평사, 홍성욱)
- 엔트로피(세종연구원, 제레미 리프킨, 이창희 역)

학과 주요 교과목은?

기초 과목	해양공학개론, 미적분학, 통계학, 물리학, 화학, 창의공학설계, 공업역학Ⅰ, 공업수학Ⅰ, 유체역학, 재료역학Ⅰ, 수리학 및 실습, 측량학 및 실습, 토질역학 및 실험Ⅰ, 해양환경역학 등
심화 과목	파랑역학 및 연습, 수문기상학, 해양측량학 및 GIS, 기초공학, 해양공학 및 실험, 구조역학, 해양구도조물해석 및 설계, 해양에너지공학, 해안수리학, 해양환경 및 방재공학, 항만시스템공학, 해양공학실험, 선박운항제어론, 컴퓨터프로그래밍, 해양장비설계, 선체진동 등

졸업 후 진출 분야는?

기업체	대형 조선 회사, 해양 건설 관련 업체, 중공업 관련 업체, 항만 장비 개발 업체, 조선 담당 금융 기관, 선박 관련 기자재 산업체 등
연구 기관	해양 및 수산 관련 국가 연구소·민간 연구소, 해양 플랜트 사업 연구소, 국립재난안전연구원 등
정부 및 공공 기관	해양 관련 공무원, 국토해양부, 한국전력, 한국수자원공사, 한국도로공사, 해양수산부, 한국해양연구원, 국립수산과학원, 한국해양조사원, 국방과학연구소 등

🔍 전공 관련 선택 과목은?

▶ 국어, 영어 교과는 모든 학문의 기초적인 성격을 가진 도구교과로 모든 학과에 이수가 필요하여 생략함.

수능 필수	화법과 언어, 독서와 작문, 문학, 대수, 미적분Ⅰ, 확률과 통계, 영어Ⅰ, 영어Ⅱ, 한국사, 통합사회, 통합과학, 성공적인 직업생활(직업)		
교과군	선택 과목		
	일반 선택	진로 선택	융합 선택
수학, 사회, 과학	대수, 미적분Ⅰ, 확률과 통계, 세계시민과 지리, 물리학, 화학, 지구과학	기하, 미적분Ⅱ, 역학과 에너지, 전자기와 양자, 물질과 에너지, 화학 반응의 세계, 지구시스템과학, 행성우주과학	수학과제 탐구, 기후변화와 지속가능한 세계, 기후변화와 환경생태, 융합과학 탐구
체육·예술			
기술·가정/정보	기술·가정, 정보		창의 공학 설계
제2외국어/한문			
교양	생태와 환경		

학교생활기록부 관리는?

출결 사항	• 미인정(무단) 결석이나 지각, 조퇴, 결과 등이 있으면 인성 영역 등에서 부정적 평가를 받을 가능성이 높아요. • 근태 사항이 개근이 되도록 관리해요.
자율·자치활동	• 교내 활동에 적극적으로 참여하면서 사물과 현상을 보는 과학적 시각과 공학적 사고가 드러나도록 해요. • 자신의 책임과 역할을 다한 구체적인 사례를 보여 주고, 공학 분야에 대한 관심과 참여가 드러나도록 해요. • 리더십, 책임감, 창의력, 문제 해결 능력, 의사 결정 능력, 협업 능력이 드러나도록 하세요.
동아리활동	• 관련 동아리 활동을 통해 공학 분야에 대한 관심과 발전 가능성이 드러나도록 하세요. • 가입 동기, 본인의 역할, 배운 점, 느낀 점 등이 기록되도록 하세요. • 학교내에서 타인을 위해 할 수 있는 지속적인 봉사 활동을 하세요. • 학교에서 주관하는 보건소, 병원, 재활원, 사회 복지 시설 등 사회 소외 계층 및 약자를 대상으로 하는 봉사 활동에 참여하세요.
진로 활동	• 해양공학 분야의 직업 탐색 활동을 권장해요. • 해양공학 분야의 기업, 학과 체험 활동이 매우 중요해요. • 해양공학 분야의 진로 탐색 활동을 통해 진로 역량, 전공 적합성, 발전 가능성 등이 드러나도록 하세요.
교과학습발달 상황	• 수학, 물리학, 화학, 지구과학, 정보, 기술·가정 교과의 지식을 습득하는 데 노력하세요. • 공학적 응용에서 요구되는 창의성이 입증되도록 하세요. • 창의적 사고, 도전적이고 실천적인 자세를 통해 문제 해결 능력이 드러나도록 하세요.
독서 활동	• 인문학, 철학, 역사, 심리학 등 다양한 분야의 책을 읽으세요. • 공학, 해양학, 4차 산업 혁명, 환경 분야의 독서 활동을 통해 전공에 대한 기본 지식을 쌓으세요.
행동 발달 특성 및 종합 의견	• 창의력, 문제 해결 능력, 협업 능력, 리더십, 발전 가능성, 전공 적합성 등이 드러나도록 해요. • 학교생활에서 자기 주도성, 경험의 다양성, 성실성, 인성(나눔과 배려), 학업 태도와 학업 의지 등 장점이 기록되도록 관리해야 해요.

참고 문헌 및 참고 사이트

- "2015 개정 교육과정 시행에 따른 학생부종합전형 준비를 위한 선택교과목 가이드북", 명지대학교, 국민대학교, 서울여자대학교, 숭실대학교(2019).
- "2015 개정 교육과정에 따른 선택 과목 안내서", 교육청교육연구정보원서울특별시(2024).
- "2024 이후 학생부위주전형 모집단위별 인재상 및 권장과목", 부산대학교(2024).
- "2024 진로연계 과목 선택을 위한 학과안내서", 부산광역시교육청(2024).
- "2024학년도 서울대 권장 이수과목 목록", 서울대학교(2024).
- "고등학교 교과목 안내", 충청남도교육청(2019).
- "대학 전공 선택 길라잡이", 전라남도교육청(2024).
- "전공 적성 개발 길라잡이", 세종특별시자치교육청(2024).
- "진로 연계 과목 선택을 위한 학과 안내서", 광주광역시교육정보원(2024).
- "청소년을 사로잡는 진로디자인5", 부산광역시교육청(2024).
- "학생 진로진학과 연계한 과목 선택 가이드북", 교육부(2019).

- 커리어넷 www.career.go.kr
- 메이저맵 www.majormap.net
- 대입정보포털 어디가 www.adiga.kr
- 고용24 www.work24.go.kr
- 전국 각 대학 홈페이지

나만의 진로 가이드북 :
공학계열 (2022 개정 교육과정 적용)

1판 1쇄 찍음   2024년 12월 2일

출판   (주)캠토
저자   한승배

총괄기획   민하늘(sky@camtor.co.kr)
책임편집   이사라
디자인   북커북

R&D   오승훈·김예솔·박민아·최미화·강덕우·송지원·국희진·양채림·윤혜원·송나래·황건주
미디어사업   이동준·박지원
교육사업   문태준·박홍수·정훈모·송정민·변민혜
브랜드사업   윤영재·박선경·이경태·신숙진·이동훈·김지수·조용근·김연정
경영지원   김동욱·지재우·임철규·최영혜·이석기·노경희
발행인   안광배

주소   서울시 서초구 강남대로 557(잠원동, 성한빌딩) 9F
출판등록   제2012-000207
구입문의   (02) 333-5966
팩스   (02) 3785-0901
홈페이지   www.campusmentor.co.kr (교구몰)

ISBN 979-11-92382-25-8 (44080)
ISBN 979-11-92382-04-3 (세트)

ⓒ 한승배 2024